Özelsel · 40 Tage

Blattkalligraphie aus dem 17./18. Jahrhundert (Privatsammlung Özelsel; Foto: Günter Jantzen). Die Bedeutung dieser Kalligraphie ist: »Das Paradies liegt unter den Füßen der Mütter«, ein bekanntes Hadith, d. h. ein außerkoranisches Gotteswort.

Michaela M. Özelsel

40 Tage

Erfahrungsbericht
einer traditionellen Derwischklausur

Eingeleitet von
Annemarie Schimmel

Diederichs

Die Blattkalligraphie auf der vorderen Umschlagseite stammt aus dem 17./18. Jahrhundert (Privatsammlung Özelsel; Foto: Günter Jantzen); sie ist noch nicht entziffert, ihre Bedeutung noch nicht entschlüsselt worden.

To my Teacher

Die Deutsche Bibliothek – CIP-Einheitsaufnahme
Özelsel, Michaela M.:
40 Tage: Erfahrungsbericht einer traditionellen
Derwischklausur / Michaela M. Özelsel. Eingel. von
Annemarie Schimmel. – München: Diederichs, 1993
ISBN 3-424-01191-6

Umschlaggestaltung: Ute Dissmann, München
Produktion: Tillmann Roeder, München
Satz: Uhl + Massopust, Aalen
Druck und Bindung: Huber, Dießen
Printed in Germany

ISBN 3-424-01191-6

INHALT

EINLEITUNG

Wer sich wissenschaftlich mit dem Sufismus befaßt, findet immer wieder Berichte über die *arbaʿīn* oder *chilla,* d. h. die vierzigtägige Klausur, oder, wie man im Türkischen sagt, das *halvet* (arabisch *khalwa*), die »Einsamkeit«, Abschließung, Klausur. Der Sufi sollte im Anfang seiner Laufbahn an dem Punkte, da der Meister es für richtig und erforderlich hält, diese harte Übung vollziehen – vierzig Tage und Nächte allein, in einem engen, möglichst lichtlosen Raum bei allersparsamster Kost, nur mit der Lektüre des Korans und der Meditation sowie der Rezitation bestimmter Litaneien oder Gottesnamen beschäftigt. Der Meister pflegte ihn in der Regel am Abend zu besuchen, um seinen Fortschritt zu überwachen, seine Träume zu deuten oder, wenn er zu schwach war, die Exerzitien durchzuführen, ihn wieder in die Welt zu holen.

Viele Sufi-Meister haben im Laufe ihres Lebens diese Übung wiederholt, und es wird von besonders frommen Männern gesagt, daß sie bei ihrem Tode vierzigmal die *chilla* vollbracht hätten.

Aber was geschieht in diesen vierzig Tagen? Der große persische Dichter Farīdaddīn ʿAṭṭār (gest. 1221) hat in seinem »Muṣībat-nāma« die Suche des in der Zelle lebenden Jüngers poetisch beschrieben: Jeden Tag fragt er die Geschöpfe, wo man Gott finden kann, und jedes von ihnen – Sonne und Mond, Sterne und Pflanzen, Wind und Tiere – antworten ihm, daß sie selbst nach Gott suchen, bis der Sucher auf Anraten des Propheten des Islam den gesuchten Gott im »Meer seiner Seele« findet, denn die Seele, das Herz, ist die eigentliche Wohnstatt des Geliebten. ʿAṭṭārs Epos ist ein exquisiter Ausdruck der unendlichen Sehnsucht, des »Harrens und Seufzens der Kreatur«, welches das ganze Universum durchflutet.

Wer im Orient reist, kennt die winzigen Zellen, die einer Moschee angeschlossen sein können, die Höhlen unter gewaltigen Bäumen, die Felsspalten in den Gebirgen, wohin sich der Sucher zurückzieht – und auch eine winzige Wohnung in einer quirlenden Großstadt kann unter modernen Verhältnissen in ein *halvet* umgeformt werden.

Aber für den Uneingeweihten, der diese Erfahrung nur von außen kennt, ist es schwierig, sich in die Lage eines Menschen zu versetzen, der diese Abschließung auf sich nimmt. Was empfindet er? Wie verwandelt sich sein Herz, sein Körper? Gewiß, authentische Berichte über die seelische und körperliche Wirkung des *dhikr,* der vieltausendfachen Wiederholung einer vom Meister gegebenen Formel, eines Gottesnamens, sind bekannt. Vielleicht die klarste und eindringlichste Darstellung, die dem westlichen Leser zugänglich ist, stammt von Quschairī (gest. 1074), dessen »Risāla« seit Jahrhunderten ein Standardwerk des gemäßigten Sufismus ist. In einem kleinen Werk, »Tartīb as-sulūk«, »Die Anordnung des Fortschreitens«, hat er seine Erfahrungen dargelegt, und der Leser erfährt in dieser von Fritz Meier mit gewohnter Akribie und großem Verständnis edierten und übersetzten Schrift Schritt für Schritt, wie der *dhikr* sich geradezu verselbständigt, ein Eigenleben annimmt und den Menschen durchglüht.

Andere Zustände auf diesem Wege sind die Erscheinungen verschiedenfarbiger Lichter, wie sie vor allem in den Schriften Nadschmaddīn Kubrās (gest. ca. 1221) und seiner Schüler beschrieben sind; auch hier hat Fritz Meier Pionierarbeit geleistet. Eine weitere gute Einführung ist Henry Corbins bekanntes Werk »L'Homme de lumière dans le Soufisme Iranien« (deutsch von Annemarie Schimmel, »Die smaragdene Vision«), das den Leser in die verschiedenen Licht-Erfahrungen einführt.

Aber der Jünger darf den Weg nicht allein gehen. Sufismus – das kann nicht oft genug gegenüber vielen modernen Strömungen betont werden – ist nicht ein entzücktes Schweben in einem blaßblauen Meer der Liebe; nein, als Sufi kann man sich nur bezeichnen, wenn man von einem echten Meister eingeweiht ist, wenn man sich in die geistige Kette einreiht, die über die jeweiligen Führer der Bruderschaft, die frühen Meister des Mittelalters und schließlich bis zum Propheten Muhammad reicht, der als Quell der mystischen Weisheit gilt. Dadurch wird – wie bei der apostolischen Sukzession – die Segenskraft weitergeleitet. Nur an der Hand des Meisters, dem man absolut vertraut, darf man sich den überaus harten Bedingungen des *halvet* nahen; denn nur der geistige Führer weiß auf Grund seiner inneren Einsicht, welche *dhikr*-Formel für den Sucher in jedem Augenblick angemessen ist – ein falscher *dhikr* würde, wie es oft geschieht, böse Folgen nicht nur in der Seele, sondern auch im Körper nach sich ziehen. Mittelalterliche arabische Werke wie Ibn ʿAṭāʾ Allāhs »Miftāḥ al-falāḥ«, »Der Schlüssel zum Heil und die Leuchte der Seelen«, geben genau an, welcher Gottesname für wen zu verwenden ist.

Der Religionshistoriker, vor allem der an vergleichender Religionsphänomenologie Interessierte, wird in den vorliegenden »Eröffnungen« Dr. Michaela M. Özelsels vieles finden, das sich in den allgemeinen Rahmen der mystischen und generell religiösen Erfahrungen einpaßt. Das Blutopfer zu Beginn des Weges gehört dazu; denn »Opfer« ist ja der eigentliche Sinn der *halvet*-Erfahrung: Opfer, um ein höheres Ziel zu erreichen.

Sehr wichtig scheint mir die Interpretation der »Morphischen Resonanz« – in Ibn ʿArabis Werk findet man den Gedanken, daß jeder Mensch das Göttliche oder das zutiefst Religiöse nur in seiner eigenen Bilderwelt erfahren kann: Es gibt eine jedem ganz gemäße »Welt«, in die er sich »einhakt«, die ihm die Möglichkeiten des rechten Ausdrucks schenkt – daher die Christus- oder Marienvisionen der christlichen Mystiker, die Muhammad-Träume der Muslime –; und wenn Ibn ʿArabi in seiner Vision das Göttliche in Gestalt eines Buchstabens, nämlich des abschließenden Buchstabens *h* von *Allāh*, erblickt, dann, weil sich Gott ja nach islamischer Lehre in der Welt durch den Koran »inlibriert«, im Buch, in den Buchstaben sichtbar wird, während er sich nach christlicher Lehre »im Fleisch«, in Jesus »inkarniert«.

Das durch ungezählte Generationen geformte »morphische Feld«, wie die Autorin es beschreibt, zeigt sich, soviel ich verstehe, auch in der Tatsache, daß manche Orte geradezu mit Heiligkeit »geladen« erscheinen, daß – wie es in einer chassidischen Geschichte heißt – der ganze Raum mit Gebeten angefüllt ist, die auf den dort Betenden gewissermaßen »zurückwirken«. Die »Einklinkung« in die geistige Macht des Meisters gehört hierzu – nur wenn eine vollkommene Harmonie zwischen Meister und Jünger besteht, kann die Verbindung, das *tawadschdschuh*, wirken. Daher die Notwendigkeit, den richtigen Meister zu finden; daher auch die bei einigen Orden, wie z. B. der Naqschbandiyya, vorkommende Tendenz, sich auf die Seele eines der großen Frommen der

Frühzeit zu konzentrieren. Das Kraftfeld ist notwendig, um die rechte Erfahrung zu finden, und nicht zu Unrecht hat ein moderner einfacher Sufi die Beziehung zwischen Meister und Jünger mit dem Einstellen eines Fernsehers verglichen.

Eine kleine Verdeutlichung scheint mir terminologisch notwendig. Man übersetzt den philosophischen Ausdruck *wahdat al-wudschūd* im allgemeinen als »Einheit des Seins« und sieht darin eine Art Pantheismus oder mystischen Monismus. Aber man vergißt allzu leicht, daß in der Theosophie Ibn ʿArabis, der diesen Begriff übrigens nie in seinem Werk verwendet, die »Einheit des Seins« der *kathrat al-ʿilm,* der »Vielheit des Wissens«, entgegengesetzt ist (wie William Chittick das mehrfach sehr klar herausgearbeitet hat). Gottes Wesen, Seine Essenz ist absolut eins und unteilbar; er ist der *deus absconditus,* den auch das höchste Denken, auch die höchste Liebe niemals erreichen kann, denn das Absolut Eine entzieht sich jeder Definition, ja, jeder aussagbaren Erfahrung. Aber diese Eine Essenz war, wie das außerkoranische Gotteswort sagt, »ein verborgener Schatz«, und in einem Akt des Ausbrechens entsprangen die göttlichen Namen dem Einen Wirklichen, und dadurch wurde das Nicht-Sein mit der Fülle von Manifestationen begnadet, die nun die für uns sichtbare und greifbare Welt darstellen, welche jedoch sofort verschwinden würde, wenn die Namen sie nicht hielten. Goethes Zeile:

...da erklang ein schmerzlich Ach
als das All mit Machtgebärde
in die Wirklichkeiten brach...

beschreibt diesen Akt der Schöpfung, der von den Dichtern oft mit dem Ausgießen von Licht auf unsichtbare Glasstückchen verglichen worden ist, die nur dadurch, daß sie das Licht reflektieren, sichtbar werden. Man muß also mit dem so viel mißbrauchten Begriff der *wahdat al-wudschūd* vorsichtig umgehen, wenngleich die »lockere« Form dieser Lehre, wie sie sich in den späteren Jahrhunderten vor allem im Ostteil der islamischen Welt entwickelt hat (*hama ūst,* »Alles ist Er«), der modernen Interpretation den Weg geöffnet hat.

Im allgemeinen wünscht der Meister nicht, daß die Erfahrungen des Suchers im *halvet* bekannt gemacht werden, denn er weiß, daß die höchste oder tiefste Erfahrung, mit der der Sucher begnadet werden kann, jenseits der Worte liegt. Beschreibungen könnten dem Außenstehenden nur falsche Eindrücke vermitteln, und wer jemals mystische Literatur in den verschiedensten Religionen der Erde gelesen hat, weiß, daß nur das Paradox oder scheinbar sinnlose Worte andeuten können, was dem Menschen in dieser Zeit geschieht. Die islamische Mystik ist voll von solchen Paradoxen, die zu lösen auch den klügsten (und vielleicht *gerade* den klügsten) Lesern schwerfällt. Auch bei dem Bericht über das, was der Mensch im *halvet* erlebt, muß der Leser das tun, was Seyyed Hossein Nasr »das Weiße zwischen den Buchstaben lesen« nennt, und darf sich nicht nur an das sichtbare Wort halten.

Das hier vorliegende Buch ist meines Wissens der erste Versuch einer Europäerin, die nicht nur Muslim ist, sondern auch promovierte Psychologin und Psychotherapeutin, die Erfahrungen des *halvet* darzulegen. Dabei ist ihre kritische Beobachtung der Ereignisse faszinierend, und doch läßt ihre Selbstanalyse keinen Zweifel daran, daß es sich hier um ein letzthin religiöses, gnadenhaftes Erleben handelt – jeder Schritt auf dem Pfade, selbst momentane »Rückschritte« oder Schwächen, wird zu einem Zeichen für die göttliche Leitung. Und wenn Gelehrte in den Erfahrungen der Meditation, des ständigen Gebetes, der Einsamkeit gern die rein psychologische Komponente betont haben und noch betonen, so ist dieser Bericht gerade wegen der zutiefst religiösen Haltung der Verfasserin so außerordentlich wichtig, ja, meines Wissens einmalig.

Vielleicht öffnet dieses Buch das Tor zu einem neuen Verständnis des Sufismus und der inneren Dimensionen des Islam, dessen Bild oft so verzerrt erscheint. Wir sind der Verfasserin, die den Mut gehabt hat, sich der Härte des *halvet* zu unterziehen, und ihrem Meister, der ihr aufgetragen hat, ihre Tagebuchnotizen zu veröffentlichen, außerordentlich dankbar und wünschen diesem ungewöhnlichen Buch viele Leser.

Annemarie Schimmel

VORBEMERKUNG

»Mit Reden kann man kein Verständnis bewirken; durch Reden kann man so weit kommen, daß Unruhe im Hörer aufkommt [so daß er ahnt], daß außerhalb dieser sinnenhaft wahrnehmbaren Welt, die wir sehen, eine andere Welt ist, die wir suchen müssen.«

HZ. MEVLÂNA*
(im Westen »Rumi« genannt)

Dies ist ein Erfahrungsbericht einer spirituellen Schulung im Rahmen der Sufi-Tradition. Im Vordergrund steht zunächst der Bericht über ein vierzigtägiges Halvet, eine von strengem Fasten begleitete Zeit der absoluten Zurückgezogenheit. Erfahrungen dieser Art können nicht durch Reden oder Bücher allein weitergegeben werden. Die Frage stellt sich, warum ich ein solches Unterfangen dennoch angehe. Hz. Mevlâna sagt: »Gebt Weisheit nicht denen, die ihrer nicht würdig sind, damit ihr ihr nicht unrecht tut, und enthaltet sie nicht denen vor, die ihrer würdig sind, damit ihr denen nicht unrecht tut« (FmF, S. 256).**

Es ist nicht Weisheit, die ich geben könnte. Die Erfahrungen jedoch, die ich machen durfte, gehen in ihrer Tiefe und Weite über alles hinaus, das mir als transkulturell arbeitender Psychologin aus unseren westlichen Methoden des Wachstums bekannt ist. Dies ist nicht weiter verwunderlich, ist doch das Sufitum so viel älter – und damit auch ausgereifter – als die noch verhältnismäßig junge westliche Psychologie.

Wie ergeht es also einer westlich ausgebildeten, ethnologisch interessierten Sozialwissenschaftlerin, die sich auf der direkten

---

* Hz. = Hazreti = »der Verehrungswürdige«, »der Heilige«.
** Die Hauptquellen dieses Textes (die zugleich meine Halvet-Lektüre waren), werden mit folgenden Abkürzungen zitiert: Hz. Mevlâna, Fihi ma Fihi = FmF; Hz. Mevlâna, Open Secret = OS; Ibn ʿArabi, Fūṣuṣ al Ḥikam = FaH.

13

Erfahrungsebene auf eine alte, spirituelle Tradition einläßt? Anliegen dieses Buchs ist es, Einblick in diese Prozesse zu gewähren. Es ist daher ein sehr persönliches Buch.

Hz. Mevlâna sagt: »Jetzt will ich meinen Freunden einen Rat geben. Wenn jene Bräute geistiger Wahrheiten euch im Inneren ihr Gesicht zeigen und Geheimnisse enthüllt werden, hütet euch, o hütet euch, sie Fremden zu erzählen oder anderen Menschen zu beschreiben! Und diese Worte, die ihr von mir hört, erzählt sie nicht jedem« (FmF, S. 140). Das wirft die alte, allen esoterischen Traditionen eigene Frage auf, was an wen durch wen und unter welchen Umständen weitergegeben werden darf. So gebe ich das weiter, zu dessen Weitergabe ich autorisiert worden bin.

Im Sufitum sagt man, »das Geheimnis schützt sich selbst«. Gemeint ist damit, daß Erfahrungen tatsächlich nur denen vermittelt werden können, die hierfür reif sind. Ähnliche Prozesse beobachtet man, wenn jemand versucht, eine Drogenerfahrung einem anderen zu erklären, der selbst noch keine derartigen Erfahrungen gemacht hat. Hz. Mevlâna weist auf die Unmöglichkeit eines solchen Unterfangens hin: »Es ist besser, den Fakir nicht zu fragen (...), denn wenn ein [noch] dem Körper Verhafteter ihn befragt, muß er ihm entsprechend seiner Fähigkeit und seinem Verstehen antworten, nämlich indem er eine Lüge erfindet (...), und obgleich alles, was der Fakir sagt, wahr ist und keine Lüge sein kann, ist es doch im Vergleich mit der richtigen Antwort und Feststellung und Wahrheit eine Lüge; doch im Hinblick auf den Hörer erscheint es richtig, ja mehr als richtig« (FmF, S. 208).

Mein Umgang mit dieser aufgabeninhärenten Schwierigkeit ist eine – den Prinzipien des Sufitums entsprechende – mehrschichtige und teils indirekte Weise der Wissensvermittlung. Für den Halvet-Bericht habe ich die Tagebuchform meiner Notizen beibehalten, um den Leser so direkt wie möglich an den transformativen Prozessen teilhaben zu lassen. Diese entfalten sich jedoch vor der Gesamtheit meines Lebens im allgemeinen und in der Gesamtheit der Schulung auf dem Pfad im besonderen. Dieser Teil ist eine äußerst persönliche Angelegenheit.

Dem Tagebuchteil folgt ein Kommentarteil, in dem – auf der Basis meiner direkten Erfahrung – verschiedene Aspekte des Halvets aus ethnopsychologischer, psychotherapeutischer und kulturanthropologischer Perspektive untersucht werden. Für mich selbst waren diese ›Brücken‹ hilfreich bei meinem allmählichen Eindringen und schließlich erreichten Beheimatet-Sein in anderen Sichtweisen.

Vorrangiges Thema ist die Frage nach den Möglichkeiten einer tatsächlichen Bewußtseinserweiterung und den physiologischen Prozessen, die ihr zugrundeliegen. Dazu werden neuere naturwissenschaftliche und medizinische Forschungsergebnisse wiedergegeben und ausgewählte, meines Erachtens bedeutsame wissenschaftliche Positionen aus dem Bereich der Bewußtseinsforschung referiert. Zueinander in Beziehung gesetzt, geben diese Einzeluntersuchungen Anlaß zu neuen Überlegungen und zu Thesen, die eine weitere fachübergreifende Forschungsarbeit lohnenswert erscheinen lassen. Ergänzt werden die Kommentare durch Aussagen des Sufitums selbst. Hierfür ziehe ich Autoren verschiedener Jahrhunderte heran. Meine Auswahl ist notwendigerweise subjektiv, ebenso wie mein Verständnis dessen, was sie uns über Raum und Zeit hinweg zu sagen haben.

Die Methode der verbalen Informationsvermittlung aus unterschiedlichen Blickwinkeln – von der Wiedergabe des direkten Erlebens bis hin zur Darstellung objektiv meßbarer wissenschaftlicher Fakten – bildet den äußeren Rahmen, innerhalb dessen sich schließlich, inschallah, weitere Ebenen des Verstehens entfalten können. Hz. Mevlâna sagt: »Worte haben den Nutzen, daß sie dich das Gewünschte suchen lassen und dich anregen; nicht, daß das Ziel der Suche durch Worte erreicht werden könnte. Wäre das so, dann brauchte man nicht soviel Streben und Selbstvernichtung« (FmF, S. 311).

Esoterische Pfade sind, damals wie heute, für die wenigen geeignet, die bereit sind, den erforderlichen Preis zu zahlen: »Niemand ist je auf diesem Wege gegangen, der geklagt hätte, außer dem, der den Fuß mit Leichtfertigkeit und Lüsternheit darauf gesetzt hat« (Hz. Mevlâna, FmF, S. 245). So ist dieses Buch in seiner Offenheit letztendlich auch eine Warnung gegen die ›Leichtfertigkeit‹.

»Ich sage«, erklärt Hz. Mevlâna, »was immer aus dem Verborgenen kommt. Wenn Gott will, dann macht er dieses bißchen Rede nützlich und läßt es sich in eurer Brust festsetzen, und es bringt gewaltigen Nutzen. Wenn Gott nicht will, könnten hunderttausend Worte gesprochen sein, und keines würde sich im Herzen festsetzen; sie alle würden vorübergehen und vergessen werden« (FmF, S. 121).

Auch dieses Buch kommt aus dem ›Verborgenen‹, aus dem Verborgenen meines innersten Erlebens. Möge es für einige Suchende auf dem Pfad etwas ›Unruhe‹ im Sinne Hz. Mevlânas stiften.

Istanbul, im September 1991   *Michaela Mihribân Özelsel*

Vorbemerkungen des Verlages

Die nachfolgenden Tagebuch-Aufzeichnungen von Frau Özelsel sind so wiedergegeben, wie sie im Frühjahr 1991 in Istanbul an Ort und Stelle von ihr niedergeschrieben worden sind. Das bedeutet vor allem, daß stilistische Korrekturen vermieden und Wiederholungen bewußt in Kauf genommen wurden, um die Echtheit des Erlebnisses und der persönlichen Entwicklung der Autorin den Leserinnen und Lesern bestmöglich vermitteln zu können. Auch die Zitierweise von Frau Özelsel wurde authentisch belassen, so zum Beispiel die fremdsprachigen Texte – deren Übersetzung man im Anhang nachlesen kann – oder die ihr damals eigene Art und Weise der Quellenangabe. Entscheidend war für Frau Özelsel auch, im Tagebuch-Teil die türkische Schreibweise »Hz. Mevlâna« (Mevlâna Celaleddin Rumi) für den berühmten muslimischen Mystiker und Dichter zu belassen, der im Westen als »Rumi« (Maulana Dschelaleddin Rumi) bekannt ist und als solcher auch in anderen Büchern des Eugen Diederichs Verlages erscheint. So betraf also die redaktionelle Bearbeitung des Tagebuches von Michaela Mihribân Özelsel im wesentlichen nur Orthographie und Interpunktion.

Alle Übersetzungen aus dem Englischen (Amerikanischen), Französischen, Spanischen und Türkischen stammen – sofern nicht anders vermerkt – von der Autorin selbst.

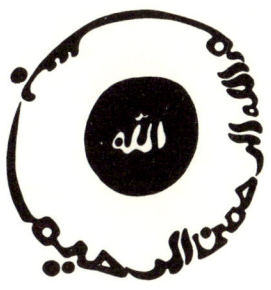

TAGEBUCH

»... so suchet Zuflucht in der Höhle; euer Herr wird Seine Barmherzigkeit über euch breiten und euch einen tröstlichen Ausweg aus eurer Lage weisen.«

SURA 18/17

»Asya'ya hoş geldiniz, Mihribân Hanım«°, sagt lächelnd der Sheykh°°, »willkommen in Asien.« »Hoş bulduk«, antworte ich und löse mich von dem Anblick der großen Moscheen, die hinter uns gegen den langsam dunkel werdenden Istanbuler Abendhimmel aufragen.

Der Sheykh sitzt heute selbst am Steuer des kleinen weißen Autos, das nach einigen Mühen an diesem kalten, regnerischen Januartag doch noch angesprungen ist. Wir lassen die große, moderne Brücke hinter uns, die Europa mit Asien verbindet. Schon bald sind wir mitten in den alten Gassen Üsküdars, des asiatischen Teils dieser Stadt zweier Kontinente. Noch zweimal halten wir kurz: »Die Oliven hier sind gut.« »Äpfel zwischendurch, so ab und zu, sind auch nützlich.« Ach ja, auch noch ein Paar Plastik-Badeschuhe.

Weiter geht die Fahrt, an den Mauern der sich schier endlos ausdehnenden alten Friedhöfe entlang. Die Autoscheinwerfer

---

° Im Türkischen ist der Vorname die offizielle Anrede, gefolgt von *Hanım* = »Frau« oder *Bey* = »Herr«.
°° *Sheykh, Pir* oder *Murshid* sind Bezeichnungen für die spirituellen Führer der Sufi-Orden.

erfassen die Silhouetten der stillen, hohen Zypressen und der schmalen islamischen Grabsteine, die dort einträchtig in dem langsam in Schnee übergehenden Regen stehen.

Am Abend vorher war ich in Istanbul angekommen. Ein unwirklicher, gespenstischer Flug: Der große Jet der Turkish Airlines fast leer, nur einige Geschäftsleute, ich die einzige Frau, die einzige Ausländerin an Bord. In zwei Tagen würde das Ultimatum gegen Saddam Hussein ablaufen. »Wer fliegt schon heute Richtung Orient?« sagte die Stewardeß. Dann ein kurzes Treffen mit Mehmet, meinem Mann. »Ich habe alles für unsere Scheidung eingeleitet. Du brauchst nur noch einem Anwalt eine Generalvollmacht zu unterzeichnen. Dann geht alles ganz schnell.«

»Wir sind da«, verkündet Murat*, einer der Jünger des Sheykhs, der bisher still auf dem Beifahrersitz gesessen hatte. Hinauf geht es im Halbdunkel eines Treppenhauses, das meine Mutter als Stiege bezeichnet hätte. In der leerstehenden Wohnung des bescheidenen dreistöckigen Mietshauses in einem armen Viertel dieser wuchernden Millionenstadt schlägt uns klamm die Kälte entgegen. Im kleinsten der drei Zimmer setzt Murat meinen Koffer ab und stöpselt einen kleinen Elektro-Ofen ein. Ich habe nun etwa zwei Stunden Zeit, um die islamische Vollreinigung, *Gusl***, zu vollziehen, bis der Sheykh wiederkommen wird, um mich ›hineinzugeben‹***.

Schließlich ist es soweit. Noch einmal erinnert er mich: Man geht nicht um seiner selbst willen in ein Halvet****, im Islam gibt es kein Mönchtum*****, der Rückzug ist nur vorübergehend, um dann der *Umma*, der Gemeinschaft, noch besser von Nutzen sein zu können. »Beten Sie um Frieden in der Welt«, sagt er, »Sie

---

* Alle Namen, außer denen meiner eigenen Familie, sind zum Schutz der Betroffenen geändert worden.
** *Gusl* = rituelle Waschung des ganzen Körpers.
*** Die Eingabe erfolgte nach der Tradition Hoca Ahmet Yesevis (s. Glossar muslimischer Personen im Anhang, S. 224 ff.).
**** *Halvet* (Einsamkeit) oder *çile* (40 Tage) = islamische Klausur.
***** »Das Mönchtum jedoch, das sie [die Christen] sich erfanden – das schrieben Wir ihnen nicht vor...« *Sura* 57/28.

gehen zu einer sehr ereignisreichen Zeit ins *çile.*« Und dann, schließlich, nach einigen melodisch rezitierten Gebeten *(Gülbank),* »Yumuşak geçsin«, »Möge es sanft vorübergehen«. Dann fällt die Zimmertür zu, dann die Wohnungstür, der Schlüssel dreht sich von draußen im Schloß, und ich bin allein.

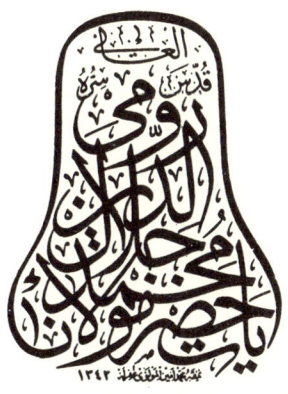

Ihr Fleisch [das der Opfertiere] erreicht Allah nicht, noch tut es ihr
Blut, sondern eure Ehrfurcht ist es, die Ihn erreicht. Also hat Er sie euch
dienstbar gemacht, daß ihr Allah dafür preiset, daß Er euch geleitet hat.

SURA 22/38

Eine flache, harte Baumwollmatratze ist mein einziges Möbelstück. Ich sehe mich in dem Zimmer um, das nun für 40 Tage, für fast sechs Wochen, meine Wohnstatt sein wird: Das Fenster ist mit einem zerschlissenen oliv-gelb gestreiften Vorhang verdunkelt. Dazu eine Biedermeier-Streifentapete, cremefarbig mit Rosenblüten, wie in deutschen Schlafzimmern der fünfziger Jahre. Teils hat sie sich von der Wand gelöst und hängt locker herab. In einer Ecke habe ich auf einer leeren Kaufhof-Plastiktüte meine Habseligkeiten ausgebreitet: meine Zahnbürste, Zahnpasta (mein Sohn Timur hat mir noch schnell seine eigene zugesteckt, die, wie er meint, viel besser sei als meine »Durchschnittsmarke«), Shampoo und Haarbürste, einen Fön. In einer anderen Ecke liegt der Koffer mit meiner Kleidung und der Ersatz-Bettwäsche. An den langen Nägeln, die über dem kleinen Fenster aus geriffeltem Glas in die Tür geschlagen sind, hängen mein Handtuch und mein

Bademantel. Direkt neben meiner Matratze, auf einer Karstadt-Plastiktüte, der Heilige Koran und die Bücher der beiden Autoren des 13. Jahrhunderts, die mir der Sheykh zusätzlich genehmigt hat: Hz. Mevlâna* und Ibn Arabi**.

An einen Nagel über meinem Lager habe ich den Kalender gehängt, den mir meine Tochter Amina gemalt hat: In arabischer Kalligraphie hat sie geschrieben *Bismillāhi'r-rahmāni'r-rahīm** und das *Hadith*** »Strebe nach Wissen, von der Wiege bis zum Grab«. Dann die ganzen Daten der nächsten 40 Tage... »Wenn du die Nase voll hast, dreh den Kalender einfach um«, hat sie gesagt. Auf der anderen Seite klebt die Kopie eines Posters, das sie gerade bei ihrem Internatsaufenthalt in Frankreich erstanden hatte: zwei Hände, die eine nasse, äußerst indigniert guckende, von Wasser und Shampoo triefende Katze hochhalten. Dazu hat sie dem Tier eine Sprechblase in den Mund gelegt: »Have fun learning!!«

Ich denke an das andere Tier, das heute sein Leben für mich gegeben hat***, an all das Blut, das rot dampfend über den weißen Marmor rann. Wir waren durch den dichten Istanbuler Nachmittagsverkehr nach Eyüp gefahren, um dort das erforderliche Ritualopfer zu erbringen. Ich muß wohl ziemlich hilflos die etwa 30 Schafe angesehen haben, die sich unter einem Überdach zusammendrängten. Jedenfalls entschied Recep, ein weiterer Jünger des Sheykhs, für mich: »Dies da!«

Nun geht alles ganz schnell: Drei Beine werden zusammengebunden, das Tier wird gewogen und dann in einem Schubkarren zur Opferstelle gefahren. »Wer übernimmt die Statthalterschaft

---

* Hazreti Mevlâna Celaleddin Rumi (1207–1273). Siehe auch das Glossar muslimischer Personen im Anhang, S. 225.
** Auch als »as-Sheykh al-Akbar«, der »größte Scheich«, bekannt (1165–1240).
* *Bismillāhi'r-rahmāni'r-rahīm* = »Im Namen Gottes, des Barmherzigen, des Allerbarmers«, die Eröffnungszeilen jeder Sura des Korans, mit denen in islamischen Ländern fast jegliche Handlung eingeleitet wird.
** *Hadith Qudsi* = außerkoranische Worte Gottes, die in der islamischen Tradition neben der »Sunnah«, der von Muhammad (s. a.) konkret vorgelebten Handlungsweise, als verbindlich für eine beispielhafte Lebensführung stehen.
*** Siehe Kommentar »Das Blutopfer«, S. 135.

(*vekillik*)?« fragt einer der Angestellten. Ich nicke nur, habe Angst, daß ich in Tränen ausbrechen werde, wenn ich auch nur ein Wort sage. Aber es hilft nichts. »So sagen Sie es doch«, fordert der Mann mich auf, das scharfe Messer in der Hand. Irgendwie bringe ich doch die nötigen Worte heraus. Die Angestellten rezitieren die erforderlichen Gebete.

»Sie müssen das Schaf noch einmal berühren, noch einmal bewußt Kontakt mit ihm aufnehmen«, hatte der Sheykh gesagt. Ich lege dem Tier meine Hand zwischen die weichen Ohren. Ganz ruhig und gelassen sieht es mich an, kaut noch die letzten Grashalme, die ihm aus dem Maul hängen. Warum es bloß noch kaut? Ob es nicht weiß, daß es jetzt sterben wird? Oder weiß es um ganz andere Dinge, so kurz vor dem Tod?

Als ich zurücktrete, durchschneidet einer der Angestellten mit einem raschen Schnitt die Kehle. Der Kopf wird zurückgebogen, und das hellrote Blut schießt pulsierend hervor, in die hierfür vorgesehene Rinne aus weißem Marmor. Ein anderer Angestellter steht mit einem Wasserschlauch bereit, um nachzuspülen. Einer der Männer taucht einen Finger hinein und drückt mir ein blutiges Mal auf die Stirn. Der inzwischen in matschige Schneeflocken übergegangene Regen wird von dem starken Ostwind in die Opferstätte hineingetrieben und mischt sich mit dem Blut und dem Wasser, das dampfend durch die Rinne fließt, um wieder mit der Erde eins zu werden.

Und irgendwie ist es mir weiterhin gelungen, nicht zu weinen. Wann ist Leben wohl zu Ende? Das Tier hat keinen Laut von sich gegeben, zittert nur in Schüben, zwischendurch ist es reglos. Dann, schließlich, Staccatobewegungen mit den Beinen, drei zusammengebunden, eines frei in der Luft. Irgendwann beschließen die Angestellten, daß nun der Tod das Leben abgelöst hat. Sie durchschneiden die Schnur, und die drei Beine fallen auseinander. Das Abhäuten geht unglaublich schnell: Mit einem Autoreifen-Aufpumpgerät wird Luft zwischen die Haut und das Fleisch geblasen. Dann wird das Fell in einem Stück sauber vom Körper getrennt. Das noch junge, kleine Tier ist – vielmehr: war – ein Männchen, wie ich jetzt sehe. In wenigen Minuten hängt es an einem Fleischerhaken, die Eingeweide an einem anderen Haken, das Fell liegt in einer Ecke. Ob ich selbst auch von dem Fleisch haben möchte? Wieder spricht zum Glück Recep für mich, nein, Tier und Fell sollen komplett an die Armen gehen.

Alles scheint mir so unwirklich wie dieser fast leere Flug am Abend zuvor. Irgendwie aus der Ferne betrachtend, frage ich mich, was ich, eine Wissenschaftlerin aus einem westlichen Industrieland des 20. Jahrhunderts, hier bei diesem uralten archaischen Ritual verloren habe. Langsam gehen wir hinaus, und ich bin froh, daß auch Recep nichts sagt, daß wir miteinander schweigen können.

Als wir fast draußen sind, kommt uns eine kleine, armselig gekleidete alte Frau entgegengehumpelt. Sie sieht das frische Blutmal auf meiner Stirn und ergreift mit ihren beiden Händen eine meiner Hände, führt diese an Mund und Stirn und murmelt lächelnd: »Allah razi olsun«, »Möge Allah es Ihnen vergelten«. Dann eilt sie durch den eisigen, von Windböen getriebenen Schneeregen weiter, um sich in der dort angegliederten Armenküche ihre Ration Opferfleisch zu holen.

Ich denke daran, wie oft ich gedankenlos im Supermarkt in Klarsichtfolie abgepacktes Fleisch in meinen Einkaufswagen habe gleiten lassen. Fleisch von Tieren, die ohne Gebete geschlachtet worden waren, deren Blut nicht an die Erde zurückgegeben wurde und für deren Sterben kein Mensch bewußt die Verantwortung, die »Statthalterschaft«, übernommen hat.

1. Tag

»Istanbul'u dinliyorum, yemyeşil...«,
»Ich lausch' auf Istanbul, so grün, so grün...«

Aufgestanden mit dem *Ezan*°, rituelle Waschung, *Namaz*°°.
Versuche, im Koran zu lesen, bin irgendwie sehr müde, zerschlagen. Die Erschöpfung der letzten Wochen und Monate? Das
Haus ist voll von Geräuschen, Schicht um Schicht von ›Menschlichem‹. Muß eingeschlafen sein. Blamabel, dafür bin ich nicht
hier! Und das Schaf ist für mich gestorben. 40 Tage! Einerseits so
lang. Andererseits, reichen die überhaupt aus? Versuche zu beten
(aber wie?), »möge ich diese besondere Zeit weise nutzen, laß das
Schaf nicht umsonst gestorben sein; und all die Menschen, die
verschiedenste Opfer erbringen, damit ich dies machen kann!
Möge ich mich all diesem als würdig erweisen!« Draußen das
Geräusch von eisigem Schneeregen, der an mein Fenster schlägt.
Trotz der Kargheit meiner Zelle ist es irgendwie gemütlich.

»Istanbul'u dinliyorum, yemyeşil...«, »Ich lausch' auf Istanbul,
so grün, so grün...« Wie lange das her ist! Mir fallen die ersten
Zeilen dieses Gedichts ein, das mein Bruder und ich damals im
Türkisch-Unterricht hatten auswendig lernen müssen. »Grün« ist
Istanbul schon lange nicht mehr, aber darauf »lauschen«, das lohnt
sich immer noch. Eine Stadt voller Geräusche, vertraut und – hier
in Üsküdar – doch fremd. Einen großen Teil meiner Teenager-
Jahre verbrachte ich in Nişantaş, einem der wohlhabenden,
ganz anders klingenden Viertel der Stadt.

Was gleich klingt, hier wie dort, sind die Tiergeräusche: die
Katzen, die sich mit ziemlicher Lautstärke um den Abfall in den
Mülltonnen balgen und deren Liebesspiele fast ebenso geräusch-
voll und heftig ablaufen, das Gurren der unzähligen Tauben der
vielen Moscheen der Stadt, die Hunde, aber auch die Rufe der
Straßenverkäufer.

° *Ezan* = Gebetsruf, der fünfmal täglich in den islamischen Ländern die
Gebetszeiten angibt.
°° *Namaz* = persisch-türkischer Ausdruck für *ṣalāṭ*, das muslimische Gebetsri-
tual. Siehe auch »Methoden der Sufi-Schulung«, S. 160 ff.

Manches ist anders hier in Üsküdar. Auch das Haus selbst ist so viel hellhöriger gebaut. Von überall kommen die Geräusche: Wasserspülungen der Toiletten, dann das Gerüttel, mit dem die kalte Asche aus den Öfen geschüttelt wird, draußen das Klopfen der Teppiche, das Lärmen vieler, vieler spielender Kinder. Statt der Zentralheizungen, Staubsauger, Kindermädchen und Kindertagesstätten von Nişantaş! Ja, ein gutes Vierteljahrhundert später »lausche« ich nun wieder auf Istanbul.

Zum Lauschen bin ich aber nicht hier. Es gilt, sich nach innen zu wenden, die äußere Welt für eine Weile zurückzulassen. Ich muß lachen bei dem Gedanken, daß offensichtlich ein jeder die Umstände erhält, die er braucht. Die meisten Menschen, die ein Halvet in Erwägung ziehen, haben Angst bei dem Gedanken, fast sechs Wochen in absoluter Stille und Einsamkeit zu verbringen. Das hat mich nie erschreckt, liebe ich doch die Ruhe. Und innerer Rückzug ist eine starke Tendenz bei mir, eine meiner altbewährten Bewältigungsstrategien. So ist es nur passend, daß ausgerechnet meine ›Zelle‹ so voll von Geräuschen ist! Und dann noch Fernsehen! Zu Hause kann ich leicht entkommen, unser Haus ist groß, die Wände gut schallisoliert, und der Apparat ist in einem kleinen Extrazimmer untergebracht. Aber hier! Die Familie im Nachbarhaus hat ihr Gerät offensichtlich direkt genau an der Wand stehen, die sie mit mir teilt. Und was die Programme angeht, scheinen sie keineswegs wählerisch zu sein, denn das Ding läuft vom frühen Vormittag bis nach Mitternacht. Auf Brüllstärke!

Auch die Familie selbst ist recht lautstark, und irgendwer streitet sich ständig mit irgendwem: Mutter mit Vater, Mutter mit Tochter, Tochter mit kleinerem Bruder, Vater mit Tochter, Tochter mit Freundin. Ich komme mir wie ein »auditiver Yoyeur« vor. Werde ich doch in gewisser Weise nun für Wochen ihre Privatsphäre teilen, während sie von meiner Existenz nichts wissen.

Ein weiterer, wie für mich maßgeschneiderter Umstand: Ich bin ein Reinlichkeitsfan. Und hier ist es einigermaßen kompliziert, sich zu waschen. Neben meiner Kammer gibt es ein ganz kleines Badezimmer. Wie in vielen türkischen Wohnungen ist nachträglich eine Dusche eingebaut worden, die sich direkt in den kleinen

Raum, über die Toilette hinweg, ergießt. Dazu ein vorsintflutlicher Elektroboiler, ziemlich durchgerostet. Er benötigt etwa eineinhalb Stunden Aufheizzeit für fünf bis sechs Minuten Duschzeit. Während er aufheizt, darf der Thermostat nicht abgeschaltet werden, das soll zu Kurzschluß führen. Außerdem kann zur gleichen Zeit kein anderes Elektrogerät benutzt werden, da sonst das Gesamtsystem überlastet wird. Das heißt auch, daß ich meinen kleinen Ofen abstellen muß, solange ich Badewasser erhitze. Mein Zimmer wird dann innerhalb von Minuten eisigkalt, die Wände sind offensichtlich kaum isoliert. Aber seit heute morgen gibt es sowieso kein Wasser in diesem Stadtteil, Duschen ist nicht drin.

Da ich Istanbuler Gegebenheiten kenne, hatte ich schon vorsichtshalber gestern bei meiner Ankunft die vier leeren großen Coca-Cola-Flaschen gefüllt, die da herumstanden. Um Trinkwasser muß ich mir also zunächst keine Gedanken machen. Und die erforderlichen Ritualwaschungen können bei Wassermangel auch mit Sand vollzogen werden. Das mag für ein Wüstenleben ganz praktisch sein, hier habe ich aber auch keinen Sand. So müssen eben der Bewegungsablauf und die gute Absicht genügen!

Das Ritualgebet, *namaz,* ist sowieso so eine Sache. Ich habe diese Pflicht, die eine der Basisgebote, eine der sogenannten »Fünf Säulen« des Islams ist, eigentlich noch nie durchgehend erfüllt. Jetzt ist die Zeit! Ich greife nach meinem Kopftuch und komme mir irgendwie blöd vor. Ob das nötig ist, wo ich ja ganz allein hier in meiner Zelle bin? Wenn ich diesen Ritus in Gemeinschaft vollziehe, klar, dann folge ich der Tradition. Aber wer kann mich jetzt schon sehen? Aus islamischer Sicht ist die Antwort eindeutig: Allah sieht dich immer! Einigermaßen widerspenstig denke ich: Schließlich hat Er mich nackt erschaffen, dann sollte mein unbedecktes Haar ja wohl nicht so schlimm sein!

Auf rationaler Ebene bin ich mit meiner Logik ganz zufrieden. Dennoch fühle ich mich überhaupt nicht wohl dabei. Eine prinzipielle Scheu, Tabus zu brechen, habe ich auch nicht. Woran liegt es also? Ich weiß es nicht, beschließe aber, mein Kopftuch dennoch umzubinden. Es fühlt sich richtig an. Anschließend grüble ich weiter über die »Logik« des Ganzen nach. Schließlich habe ich eine für mich befriedigende Lösung: Rupert Sheldrakes

Thesen*! Das ist es, das »fehlende Glied« der Kette! Wenn ich wieder draußen bin, muß ich das mal mit ihm besprechen.

2. Tag

Was genau soll ich nun eigentlich den ganzen Tag lang tun? Die Anleitungen, die ich erhalten habe, sind eher Richtlinien, mit viel Ermessensspielraum. Das Essen zum Beispiel. Prinzipiell wird das mir aus dem Ramadan vertraute islamische Fasten eingehalten, also von vor Sonnenaufgang bis nach Sonnenuntergang keine Nahrungsaufnahme, auch kein Wasser, eben gar nichts. Aber nachts kann man im Fastenmonat essen, was und wieviel man möchte. Im Halvet darf ich dann »eine Handvoll Datteln« essen, auch einen kleinen Beutel Oliven und eine Plastiktüte voller Äpfel habe ich erhalten. Wieviel »eine Handvoll« wohl sind? Ich probiere aus, komme auf sechs bis acht, je nach Größe. Die Vorräte an Oliven und Äpfeln sind überschaubarer, pro Abend kann ich etwa acht Oliven zu mir nehmen und alle drei Tage einen Apfel. Dann reicht alles über 40 Tage. Trinken darf ich nachts, soviel ich will. Istanbuler Leitungswasser!!

Ferner darf ich lesen, den Koran, Hz. Mevlâna und Ibn Arabi. Auch zwei Tonbandkassetten sind mir genehmigt, mit *Ilahis*** und gesungenen *Dhikrs**** darauf. Mein Sohn Cengiz hat mir seinen Walkman für diesen Zweck mitgegeben. Außerdem die fünf täglichen Ritualgebete**** und die Dhikrs. Nur, in welcher Zusammenstellung, mit welchem Schwerpunkt, das scheint wie-

---

* Siehe Kommentar »Betrachtungen zur These der ›Morphischen Resonanz‹«, S. 138 ff.

** *Ilahi* = Zwiegespräch mit Gott, in Poesie- und Prosaform, gesprochen oder gesungen.

*** *Dhikr* = wiederholte Nennung der Namen Gottes oder der Gebetsformeln; eine alte Derwischübung, bei der verschiedene Gebetsformeln mantraähnlich – verbunden mit Kopf- und/oder Körperbewegungen – rhythmisch wiederholt werden (siehe Kommentar »Methoden der Sufi-Schulung«, S. 165 ff.).

**** Die islamischen Ritualgebete sind keine Bittgebete *(Dua)*, sondern vom Wort- und Bewegungsablauf her weitgehend festgelegt (siehe Kommentar »Methoden der Sufi-Schulung«, S. 160 ff.).

der meinem Ermessen überlassen zu sein. Lesen ist schon immer eine meiner Lieblingsbeschäftigungen gewesen, das wäre also keinerlei Opfer. Auch kommt es meinem kognitiven Herangehen an das Leben eher entgegen. Aus psychologischer Sicht ist die menschliche Tendenz, das schon Vertraute zu bevorzugen und somit noch weiter zu verstärken, hinreichend bekannt. Demnach müßte ich, um mir neue Erfahrungen zu erschließen, gerade das Gegenteil dessen tun, das mir intuitiv gefallen würde. Also: Dhikr!

Der Sheykh hat mir sieben Dhikrs ›verschrieben‹. »An den ersten beiden Tagen«, sagte er, »sehr viel *Estağfirullah*° und *Bismillahi*°°, an den folgenden Tagen dann alle.« Wieviel nun ist »sehr viel«? Wären zwei Stunden viel? Oder sechs? Vielleicht zehn? Auf unseren Treffen im Frankfurter Raum gehen die Dhikrs meist nicht über eine Stunde hinaus. Ich fange einfach erst mal an.

Außerdem hat er mir geraten, täglich Notizen über mein Erleben zu führen.

° *Estağfirullah* = Bitte um die Vergebung eigener Fehler; ein »Reinigungsmantra«, das den anderen Mantren vorausgeht. Es bedeutet dem Sinn nach: Als Mensch lebe ich nur eine begrenzte Zeitspanne auf dieser Welt. Alles Wissen, das ich mir hier aneigne, ist relativ und vergänglich, und deshalb bin ich Irrtümern unterworfen. Bei Gott dem Schöpfer ist das vollkommene unveränderliche Wissen. Ich bitte deshalb um Gottes Hilfe bei der Überwindung meiner Fehler, um durch Ihn zur Vollkommenheit zu gelangen.
°° *Bismillahi* = Kurzform von: *Bismillāhi'r-raḥmāni'r-raḥīm*, »im Namen Gottes, des Barmherzigen, des Allerbarmers«. Dieses Mantra gilt als Schlüssel zum Verständnis des Sufitums. Es bedeutet dem Sinn nach: Was immer ich tue, beginne ich im Namen Gottes, des Barmherzigen, des Erbarmers. Er hat alle schönen Namen (d. h. Eigenschaften) und ist doch durch Namen nicht erfaßbar.

3. Tag

Schon der zweite Tag ohne Wasser. Morgens geht das Licht nicht. Ich renne mit meiner Kerze durch die leere Wohnung, um nach einer anderen Glühbirne zu suchen. Als ich zurückkomme, geht meine alte wieder! Ein sinnloser Umweg? Wie oft im Leben machen wir wohl solche ›Umwege‹? Vielleicht liegt der Sinn darin, diese als solche zu erkennen?

Ich bemerke Gefühle der Dankbarkeit für alles, was mich umgibt: das Wasser, das ich trinke, meine Handvoll Datteln, die Wärme meines kleinen Öfchens, meine Kleidung. Morgens wieder (!) beim Koranlesen eingeschlafen! Wie soll das bloß werden? Die Nachbarn sehen ständig fern mit Brüllstärke – bis Mitternacht! Welche Lektion in Toleranz für mich!!

Heute geht es mit den Dhikrs schon etwas anders als gestern und vorgestern. Irgendwie ›stehe ich daneben‹ und beobachte, wie sich ›unnütze‹ Gedanken dazwischendrängen und sich dann auflösen, wenn ich ›hingucke‹. Der Dhikr »*Allah*« bringt mich zum Weinen. Warum eigentlich nicht? Weine immer mehr, habe eigentlich seit Jahren und Jahren nicht richtig geweint.

Abends draußen Schritte in der Wohnung; ein Schlüssel liegt dann vor meiner Tür. Das muß Yusuf gewesen sein, der ältere Bruder des Sheykhs. Er soll jeden Tag einmal die Runde machen und so, aus der Distanz, nach mir schauen. Gestern ist er wohl nicht dazu gekommen. Wenn es mir irgendwie nicht gutgehen sollte, kann ich ihm eine entsprechende Notiz hinlegen. Aber der Sheykh hatte empfohlen, diese Kontakte nur im wirklichen Notfall herzustellen. Auch soll ich das Halvet nur abbrechen, falls es wirklich nicht mehr anders geht. Auch er würde mich seinerseits nur im äußersten Ernstfall herausholen. Vorsichtshalber war weder meiner deutschen noch meiner türkischen Familie meine Adresse mitgeteilt worden, waren doch alle total gegen mein Unterfangen. Nun habe ich ja selbst einen Schlüssel, dadurch kriegt mein Eingeschlossensein eher Symbolcharakter.

4. Tag

»Bist du ein Freund Gottes, so ist Feuer dein Wasser.«

HZ. MEVLÂNA

Schon der dritte Tag ohne Wasser, meine Haare waren wohl im Leben noch nicht so schmutzig! Habe schon ziemlich viel Gewicht verloren. Jetzt bringt mich auch noch der Dhikr »Bismillahi« zum Weinen! Wenn man das Weinen erst mal zuläßt, dann kommen dauernd die Tränen! Dabei bin ich gar nicht traurig, eher ist es tröstlich. »Allah'ın dediği olur«, es geschieht doch alles so, wie Allah es will. Kein Blatt fällt vom Baum, ohne daß Er es so will[*]. Eigentlich kann mir keiner irgend etwas antun, ohne daß es so hat sein sollen, eigentlich geht es nur darum zu erkennen, die »Schleier« langsam zu entfernen, die »Dinge zu sehen, wie sie wirklich sind«[**]. Ruhige Gelassenheit stellt sich ein, auch meine eigenen Absichten werden nur zu den Ergebnissen führen, die Er zuläßt, eigentlich ist alles so einfach, so tröstlich. Und schon wieder Tränen! Was als Schmerz erscheint, ist eigentlich Gnade, Hz. Mevlânas »trickreiche Umkehrungen« von Schmerz und Vergnügen, von Absicht und Ergebnis! So ist das also gemeint. Ob ich die Kraft habe, diese »Gnade des Gerufenwerdens« zu ertragen? Und schon ist meine Absicht, mein ursprünglicher Grund für dieses Halvet, geändert, transformiert. Das schon am 4. Tag! *Al-hamdulillah!*[***]

»Wenn der Schmerz kommt, wird der Schleier der Vergeßlichkeit zerrissen.«

HZ. MEVLÂNA

---

[*] *»Bei Ihm sind die Schlüssel des Verborgenen; keiner kennt sie als Er allein. Und Er weiß, was auf dem Lande ist und was im Meer. Und nicht ein Blatt fällt nieder, ohne daß Er es weiß;...* Sura 6/60.

[**] Bekannte Bitte des Propheten (s. a.) an Allah.

[***] *Al-hamdulillah* = Gelobt sei Allah, aller Dank sei bei Allah, Preis sei Gott.

Was hatte ich eigentlich mit dem Halvet bezweckt? Meine Gedanken gehen zurück. Ungefähr ein halbes Jahr nachdem mein Lehrer° mich als Schülerin angenommen hatte, hatte er, so ganz nebenbei, in einem Restaurant, gesagt: »Auf dem Pfad wirst du genau das verlieren, was dir das Liebste ist.« Mein erster Gedanke war: »Um Himmels willen, meine Kinder!« Doch so ruhig und nebenbei erwähnt, erschien mir dies als so ungeheuerlich, daß es gerade dadurch auch unwirklich werden konnte. Schnell sprach ich von etwas anderem. Die nächsten zwei Jahre war es mir dann tatsächlich gelungen, diese entsetzliche Bemerkung weitgehend aus meinem Bewußtsein zu verdrängen.

Als es mich traf, im Januar 1990, war es wie ein Blitz aus heiterem Himmel. Es hatte sich nicht um meine Kinder gehandelt; es war so ganz anders, als ich mir je hätte ausmalen können, lag auf einer »anderen Ebene« des Seins, so unwirklich und unglaublich, daß es gerade durch diese Unfaßbarkeit noch entsetzlicher wurde, daß ich diesem Erleben noch hilfloser gegenüberstand. Und doch wußte ich im selben Moment, mit dem tiefsten Wissen, das mir möglich ist, daß es dies war, daß »es« nun eingetreten war.

Auch meine Reaktionen waren für mich selbst nicht faßbar: Während ich auf »dieser« Ebene schlicht und einfach meinen täglichen Arbeiten nachging, als sei nichts geschehen, traf ich im Lauf einiger Wochen die schwere Entscheidung, dennoch weiterzuleben. Mein Schmerz war von einer Dimension, die mir bis dahin unmöglich erschienen war, ›unirdisch‹. Wurde er so stark, daß ich befürchtete – oder hoffte –, daß es mich im nächsten Moment buchstäblich zerreißen würde, daß ich vielleicht psychotisch würde, gerade dann gelangte ich irgendwie auf die ›andere Seite‹. Diese ›andere Seite‹ war ein taubes Gefühl unendlicher Benommenheit. Was zunächst als Erleichterung erschien, war ein teuflischer Mechanismus: Es gab mir die Ruhepause, die mein

---

° Gemeint ist mein »eigentlicher« Lehrer, mit dem ich – im Gegensatz zu seinen Vorläufern oder dem Sheykh, der mir die Halvet-Erfahrung ermöglichte – ein initiatorisches Abkommen habe; siehe Kommentar »Die Person des Lehrers«, S. 146 ff.

Organismus nutzte, erneut für den entsetzlichen Schmerz empfänglich zu werden.

Die Existenz in ihrer Gesamtheit war unendlich sinnlos. Was ich erlebte, konnte ich mit niemandem teilen, denn auf ›dieser‹ Ebene war ja überhaupt nichts geschehen. Aber das Allerschlimmste war, daß von diesem Moment an mein Lehrer für mich nicht mehr zu erreichen war.

Ich erholte mich nur sehr, sehr langsam. Ich fühlte mich wie eine leere, tote Schale, eine Marionette, die so tut, als sei sie ein denkender, fühlender Mensch. Das Gefühl der Unwirklichkeit dehnte sich auf alles aus. Ich kam mir vor wie ein Außerirdischer unter Erdbewohnern, deren Freuden, Sorgen und Bedürfnisse ich nicht mehr teilen konnte. Mein Lehrer hatte in einem anderen Zusammenhang einmal gesagt, man müsse manchmal einfach so tun, als sei »es« wirklich. So tat ich so.

Alles wurde noch unwirklicher dadurch, daß offensichtlich keiner etwas bemerkte. Eine Patientin sagte gerade in dieser Zeit zu mir: »Ihr Lächeln gibt mir immer den Mut, den ich brauche, um weiterzumachen. Es zeigt, daß es jedenfalls einen Menschen gibt, dem das Schicksal nichts anhaben kann, der immer gleichbleibend ausgeglichen und fröhlich ist.« Mein Gott, war wirklich alles nur *Maya*, nur Schein, wie die fernöstlichen spirituellen Traditionen lehren? So machte ich einfach weiter, Stunde um Stunde, Tag um Tag. Ich war schließlich so sehr von der Sinnlosigkeit des Seins durchdrungen, so ausgebrannt von dem unwirklichen Schmerz, daß selbst der Gedanke, meinem Leben ein Ende zu setzen, keinen Sinn mehr ergab.

Irgendwann im Sommer dann, auf einem Flug nach Berlin, fand ich, daß es eigentlich doch okay wäre, wenn die Maschine nicht abstürzen würde. Ich erkannte, daß ein Teil von mir offensichtlich auf eine solche ›Lösung von außen‹ gewartet hatte: ein Unglück, eine tödliche Krankheit, irgend etwas... Aber auf diesem Flug wurde mir klar, daß mich nicht einmal das mehr interessierte; es machte auch nichts aus, einfach weiterzuleben.

Im Laufe des Jahres hatte sich der nicht faßbare Schmerz dann – in einer nun abgeschwächten Form – auf das einzig Faßbare verlagert: die verzweifelte Sehnsucht, wieder mit meinem Lehrer in Kommunikation zu sein. Aber meine vielen Briefe blieben unbeantwortet, am Telefon war immer nur der Anrufbeantworter zu ›sprechen‹, und gemeinsame Freunde, die ihn aus anderen Gründen auch suchten, kamen zu dem Schluß: Er ist wie vom Erdboden verschwunden.

Beruflich hatte sich alles merkwürdig positiv für mich ausgewirkt. Ich hatte keinerlei Interesse mehr an irgend etwas, inklusive meiner selbst. So erhielten unter anderem meine Vorträge eine neue Dimension: Nun, da ich befreit war vom Wunsch nach Erfolg und Anerkennung, stellten diese sich – fast unweigerlich, wie mir schien – immer ausgeprägter ein.

Aber innerlich war die anfängliche ›Todesruhe‹ der Gleichgültigkeit langsam einer zunehmenden Besessenheit* gewichen, irgendeine Nachricht von meinem Lehrer zu erhalten. Hatte er mich vielleicht tatsächlich verlassen? Die Handlungen eines Lehrers können vom Schüler schließlich weder verstanden noch beurteilt werden. Ein schlimmer innerer Zustand des Getriebenseins, der sich durch nichts besänftigen ließ. Es war wie Khalil Gibrans ›Durst‹: »Ist nicht Angst vor Durst, wenn der Brunnen voll ist, der Durst, der unlöschbar ist?« Jeden Tag fieberte ich der Postzustellung entgegen, gleichzeitig wissend, daß keine Nachricht kommen würde. Zunächst hatte ich zumindest sonntags noch ein gewisses Maß an Gleichmut, war doch keine Post zu erwarten. Doch dann begann meine Besessenheit sich weiter auszudehnen: ein Anruf, ein Telegramm, sie könnten doch jederzeit kommen ... Wer weiß, vielleicht jetzt, vielleicht gerade diese Minute ...

»Wie kommt es, daß du, wenn du leidest, gesehen und gefunden hast, und jetzt siehst du nicht? Da du daher siehst, wenn du leidest, wird Leiden geschickt und über dich gesetzt, damit du Gott gedenken mögest.«

Hz. Mevlâna

Ein Leben auf Abruf. Fast das Erbärmlichste daran war das Wissen, wie unendlich weit ich mich durch diesen Zustand von dem entfernt hatte, was mein Lehrer eigentlich von mir erwartete. Inzwischen war der Winter gekommen, es war also fast ein ganzes

---

* Siehe Kommentar »Die Funktionalität von Trauer und Verlust«, S. 179 f.

Jahr vergangen, und meine eigenen Kräfte, meine eigenen Fähigkeiten hatten nicht ausgereicht, mit dem Coup meines Lehrers auf konstruktive Weise umzugehen. Langsam begann der Gedanke an ein Halvet in mir Form anzunehmen.

Ein Patient hatte mir einmal von einem seiner Freunde erzählt. Dieser Mann habe Krebs in einem Stadium gehabt, in dem medizinisch weder Hoffnung noch Behandlungsmöglichkeiten mehr bestanden hätten. In einem letzten, verzweifelten Willensakt habe besagter Freund dann beschlossen, so lange zu fasten, bis entweder er, der Krebs oder beide verhungert seien. Es sei der Krebs gewesen, der zuerst aufgegeben habe. Nun sei besagter Freund gesund. Ein Halvet erschien mir als der einzige Weg, auf dem ich meine – gegen alle mir aus der Psychotherapie bekannten Maßnahmen resistente – Besessenheit vielleicht doch noch überwinden konnte, war es doch die drastischste spirituelle Übung, die ich kannte.

»Wenn jemandem Erwachen aus Irrtum und Nachlässigkeit zuteil ward, das ist die Gnade Gottes und reine Gabe.«

Hz. Mevlâna

Erst der 4. Tag! Und alles, alles ist schon anders! Es gab ja nicht einmal den geringsten Grund zur Verzweiflung! Ein fast euphorisches Jubeln in mir: Nichts kann geschehen, außer wenn Er es so will! Das gilt auch für Lehrer! Lehrer (auch meiner!) sind nur Werkzeuge für einen höheren Zweck! Wie konnte ich nur so blind sein, die Ebenen so total zu verwechseln? Meine unglaubliche Misere lag in nichts anderem begründet als in meiner eigenen Kurzsichtigkeit! Auch in meiner Nichtbeachtung alter Sufi-Prinzipien: »Mit Vertrauen und Geduld ist der halbe Weg schon geschafft.«

Der Lehrer ist Übungsobjekt für den Schüler. Die Gesamtheit des Seins, der Schöpfer, Allah – wie man es auch nennen mag – sind zu unfaßbar für den unvorbereiteten Menschen, als daß darauf hingearbeitet werden könnte. Das gilt auch für Vertrauen und Geduld, die zunächst dem Lehrer gegenüber erworben werden müssen, bevor sie auf Allah übertragen werden können. Wie hatte es mir an beidem gemangelt! Die Akzeptanz all dessen, was ein Lehrer tut, war für mich ja offensichtlich nur Theorie gewesen! Hätte ich tatsächlich, tief innerlich, akzeptiert und vertraut, meine ganze quälende Besessenheit der letzten Monate wäre nicht gewesen! Welch andere Perspektive, welche Befreiung, meine begrenzte, kleinliche Realität in einer unermeßlich viel größeren ›aufgelöst‹ zu sehen!

Das meint Hz. Mevlâna wohl, wenn er sagt:

»Wenn sie gehorsam sind, müssen sie derart gehorsam sein, daß sie dem gehorchen, was er [der Lehrer] immer tun möge, und dürfen nicht auf ihren eigenen Verstand zurückgreifen. Denn es mag sein, daß sie mit ihrem Verstand das, was er tut, nicht verstehen; deshalb müssen sie ihm gehorchen.«

Diese Bestrebungen erst bahnen den Weg, auf dem die »Gnade« kommen kann:

»Wenn jemandem Erwachen aus Irrtum und Nachlässigkeit zuteil ward, das ist die Gnade Gottes und reine Gabe. (...) Gnade ist wie ein Feuerfunke. Dieser Funke ist eine Gabe Gottes, aber wenn du ein Baumwollstückchen dazu tust und den Funken nährst und zunehmen läßt, dann ist es Dank für die Gnade und Lohn für das Geschenk. Zuerst ist die Gabe da und am Ende Gnade und Lohn.« (FmF, S. 120, 121).

In mir steigt Jubel hoch, der Dhikr »Al-Hamdulillah«, das mir der Sheykh gar nicht aufgetragen hat, bricht von allein aus mir hervor, einfach so! Wie eine sprudelnde Quelle fühlt es sich an, die freudig nach oben drängt. Wie recht hat Hz. Mevlâna, und wie unglaublich schnell es doch geht! Aus welchen Gründen war ich bloß in das

Halvet gegangen! Um meine kleinliche Besessenheit loszuwerden. Und jetzt! Ein erster kleiner Funke des Erkennens, daß es um soviel mehr geht! Eigentlich gefällt mir das Wort »Gnade« gar nicht. Aber was sonst? Diese unglaubliche Befreiung, diese innere Leichtigkeit nach so vielen Monaten sinnlosen Leidens, wie kann man das anders nennen als »Gnade«?

>*Es ist Schmerz, der den Menschen leitet. Solange es in einem Werk keinen Schmerz, keine Leidenschaft und keine sehnsüchtige Liebe gibt, wird er nicht danach streben.«*

Hz. Mevlâna

Aber wie komme ich überhaupt zu der Beurteilung des Schmerzes als sinnlos? Wie nötig war doch offensichtlich diese qualvolle Zeit, um für diesen Durchbruch bereit zu werden! Nicht Leiden als Selbstzweck (das wäre äußerst unislamisch!), wohl aber Leiden als Katalysator*, davon ist doch die ganze alte Literatur voll. Wie sonst kann es verstanden werden, wenn Hz. Mevlâna seine gesamte spirituelle Entwicklung zusammenfaßt mit den Worten: »Ich war roh, ich wurde gekocht, ich bin verbrannt.« Oder der bekannte Ausspruch des Propheten (s. a.)**: »Sterbt, bevor ihr sterbt!« Das muß mein Lehrer gemeint haben, als er sagte, man würde auf dem Pfad gerade das verlieren, was einem das Liebste ist. Es hat sich tatsächlich wie Sterben angefühlt. »Das Licht des Feuers in der Lampe zu sehen, ist Wissenschaft der Körper, aber im Feuer oder im Licht der Lampe zu verbrennen, ist Wissenschaft der Religionen.« (FmF, S. 361).

Immer wieder die Metapher des Verbrennens, die sich wie ein roter Faden durch die Sufi-Literatur zieht. Das wohl bekannteste Bild ist das vom Falter und der Flamme, von Hz. Mevlâna so ausgedrückt:

»Gäbe es irgendein Tier wie den Falter, das es ohne das Licht der Kerze aushalten könnte und sich nicht in dieses Licht

---

* Siehe Kommentar »Methoden spiritueller Schulungen: ›Gesund machend‹ oder ›krank machend‹?«, S. 174ff.
** (s. a.) = ṣallā Allāhu ʿalaihi wa sallam = »der Friede Gottes sei mit ihm«.

stürzte, so wäre das kein richtiger Falter; und falls der Falter sich ins Kerzenlicht stürzte und die Kerze ihn nicht verbrennte, so wäre das keine richtige Kerze. Deshalb ist ein Mensch, der es ohne Gott aushalten kann und keinerlei Anstrengungen macht, überhaupt kein richtiger Mensch; aber falls er Gott begreifen könnte, wäre das nicht Gott. (...) Und Gott ist es, der den Menschen verbrennt und zunichte werden läßt, und kein Verstand kann Ihn erfassen.« (FmF, S. 96).

Ich lasse mich einfach von einem Dhikr zum nächsten treiben, das »Al-Hamdulillah« geht über in »La ilahe illallah«°, und es entsteht eine ganz andere Erfahrungsebene: Ideomotorbewegungen°°. Ich muß lachen, daß ich hier, mitten im Halvet, im tiefen Erleben, einen psychologischen Fachausdruck verwende. Jedenfalls beginnt mein Kopf ganz von allein, ohne jegliches willentliches Tun meinerseits, die traditionellen Bewegungen auszuführen. Immer stärker, immer schneller, zunächst von rechts nach links, gleitend, dann einfach auf und ab, auf und ab. Ein Trance-Gefühl stellt sich ein, es ist, als würde mein Körper zu dem wehmütigen Klang der Ney°°° über der Weite Anatoliens schweben.

° *La ilahe illallah* (eigtl.: *La ilahe illa Allah*) = das islamische Einheitsbekenntnis: »Es gibt keinen Gott (kein Idol, kein Fetisch) außer dem einzigen Gott.« Er ist allgegenwärtig und ewig.
°° Siehe Glossar medizinischer und psychologischer Fachausdrücke im Anhang, S. 228.
°°° *Ney* = Flöte aus Bambusrohr, wichtigstes Musikinstrument des Sufitums: »Sie singt das Lied der Sehnsucht nach Vereinigung«, wie Hz. Mevlâna im Eingangsgedicht seines Mathnawi andeutet.

5. Tag

»Es gibt so viele Leute, die etwas tun. Ihr Ziel ist eines, und Gottes Zweck ist etwas anderes.«

HZ. MEVLÂNA

Beim Aufwachen ein großer Schreck: Ich habe deutlich zugenommen! Bei einer Zeit zurückgezogenen Fastens!! Ich habe es selbst verursacht, aus bester Absicht heraus das Falsche getan: Vorgestern hatte ich angefangen, mir über meinen drastischen Gewichtsverlust Gedanken zu machen. Schon nach drei Tagen war ich deutlich abgemagert. Da ich bei einer Körpergröße von 1,68 m mit 54 kg sowieso an der unteren Grenze der Norm bin, kommt es mir bedenklich vor.

Ein Grundprinzip des Islam ist schließlich, sich nicht selbst zu schaden, sich nicht krank zu machen. Im Ramadan ist das Fasten keine Pflicht für die, denen es eher schaden als nützen könnte, seien es Kranke und Schwache oder außergewöhnlich Belastete, so wie Reisende oder menstruierende Frauen.

Daher hatte ich – obwohl ich gar nicht sehr hungrig war – viele, viele Datteln in mich hineingestopft. Wollte ich doch nicht durch falsches Asketentum meine Gesundheit und damit auch den Ausgang des Halvet gefährden. Aber so zuzunehmen! Sicherlich liegt es mit daran, daß ich mich ja, abgesehen von den Gebetszeiten, überhaupt nicht bewege. Und Datteln sind eben kalorienreich. Aber wie peinlich! Zuzunehmen im Halvet! Wieviel Datteln wohl für mich richtig sind? »Eine Handvoll« ist eben eine vage Angabe.

Ich beginne wieder mit den mir aufgetragenen Dhikrs. Was hier wohl das richtige Maß ist? Ich soll viel Dhikr machen, aber was ist viel? Meine gewöhnliche Herangehensweise an das Leben ist eben intellektuell, kognitiv, während Dhikrs ganz auf intuitiver Ebene wirksam sind. Hier geht es ja um andere Dimensionen, um die, in denen mein »Verstand zur Fessel« wird. Wo es gilt, ihn zurückzulassen. Vorübergehend zwar, denn ein klarer, funktionstüchtiger Verstand ist in vielen Situationen eine wertvolle Gabe. Hier jedoch . . . Ibn Arabi sagt: »Das Geschöpf aber, das ›Mensch‹ heißt, ist [in seiner Gotteserkenntnis] beschränkt durch Verstand,

Überlegung oder durch Abhängigkeit von Autoritäten in seinem Glauben« (FaH, S. 36). Am letzten Abend, an dem ich meinen Lehrer sah, hatte er kopfschüttelnd gesagt: »Immer noch gehst du durch deinen Kopf, nicht durch dein Herz. Aber das ist eben die Art und Weise, in der du dein Leben gemeistert hast, durch die du überlebt hast.« Es geht nicht darum, diese Fähigkeiten abzustellen, sondern es gilt, sich andere, zusätzliche zugänglich zu machen.

Als ich an den Punkt komme, an dem ich sonst üblicherweise Dhikrs abbreche, beschließe ich weiterzumachen. Vielleicht erschließen sich gewisse intuitive Zustände, die mir bisher nicht so zugänglich sind, ja gerade dann, wenn ich von meinen mich sonst leitenden Entscheidungsprozessen absehe.

Irgendwann erkenne ich, daß ich wieder eingeschlafen bin! Ich fühle mich einfach erbärmlich, mir kommt der Ausdruck der »Made im Speck« in den Sinn. Ein Halvet, in dem man zunimmt und während der alten, heiligen Übungen einschläft! Ich bin ziemlich verzweifelt. Immer fällt mir das Schaf ein, das hierfür sein Leben gelassen hat. Das Ganze ist kein Scherz, keine Laune oder Spielerei, es ist im wahrsten Sinn des Wortes »todernst«, jedenfalls was besagtes Schaf angeht. Und die Golfkrise! Dafür soll ich beten, für Frieden in der Welt. Ob tatsächlich Krieg ausgebrochen ist? Die Welt da draußen ist so unwirklich.

Meine Verzweiflung über mein unangebrachtes Verhalten wächst. Ob ich jetzt auch noch, zu allem Überfluß (!) anfange, in Selbstmitleid aufzugehen, mich in meiner Reue und Blamage zu sonnen? Eigentlich gibt es nur eins, was ich noch tun kann: weitermachen.

Und nach einer Weile, irgendwann, setzt die Befreiung ein. Das Bemühen, die Dhikrs gut zu machen, sie richtig zu machen, ist verschwunden. Aufgegeben in der Hoffnungslosigkeit der Erkenntnis meiner Unfähigkeit zu allem, was eben nicht durch den Intellekt oder durch Willenskraft bewirkt werden kann. Auf einmal sind sie nicht mehr Praktiken, durch die etwas anderes erreicht werden kann, sie SIND einfach. Ein Zustand tiefen Wohlbefindens stellt sich ein, einfach so. Es fühlt sich irgendwie ›komplett‹ an, allumfassend, es hat außer der geistig-seelischen auch eine deutliche körperliche Komponente.

Wieder ist diese Umkehrung geschehen! Gerade durch mein Versagen entstand der innere Zustand, der das Tor zu Größerem öffnete. Im »*Fihi ma Fihi*« lese ich kurz darauf:

> »So wissen wir absolut, daß der Schöpfer aller Akte Gott ist, nicht der Mensch. Jede Handlung, die von einem Menschen ausgeht, sei sie gut oder böse, unternimmt er mit einer Absicht und mit einem Vorsatz: Aber der wahre Sinn dieser Handlung ist nicht so beschränkt, wie er es sich vorstellt« (S. 319).

Das scheint mir für meine Dattelnvöllerei und mein Einschlafen ganz passend.

Mir ist schon in den letzten Tagen aufgefallen, daß ich in meinen Büchern jeweils genau das lese, was zu meinen inneren Prozessen paßt. Zufall gibt es aus islamischer Sicht nicht. Jungs Synchronizitäten? Oder »lese« ich die Bedeutung in den Text hinein, so wie Menschen es im allgemeinen bei den Horoskopen in den Massenmedien machen? Ich beschließe, diesen Prozeß im Auge zu behalten.

Wenn ich auf mein Leben zurückblicke, so waren es immer die schwierigen Zeiten, die im Endeffekt eine Weiterentwicklung ermöglichten. Auch jeder der Lehrer, die mir im Laufe der letzten Jahre begegneten (geschickt wurden?), war mit schmerzhaftem Erleben verbunden gewesen. Und alle verschwanden sie aus meinem Leben – doch in jedem Fall war das Verschwinden vorübergehend gewesen. Sie waren alle wiedergekommen, in anderer Form. Warum soll es nicht wieder so sein, mit meinem Lehrer? »Sei nicht traurig«, schreibt Hz. Mevlâna, »alles, was du verlierst, kommt wieder, in anderer Form.« (OS, S. 46).

»Wir haben in dich eine Substanz, ein Suchen, ein Sehnen gelegt, und wir wachen darüber und lassen es nicht verloren gehen, sondern bringen es zu einem bestimmten Ort.«

HZ. MEVLÂNA

Wie war es eigentlich dazu gekommen, daß Lehrer in mein Leben traten?[*] In dem sanften Zustand schwebenden Wohlseins, der

---

[*] Siehe Kommentar »Der ›Ruf zum Pfad‹ und seine Konsequenzen«, S. 180 ff.

mich jetzt umfängt, erscheint die Vergangenheit auf einmal so logisch, so folgerichtig, von allem Anfang an auf dieses Ziel ausgerichtet.

In meiner Familie war Religion kein Thema gewesen: Es wurde größerer Wert darauf gelegt, sich nach dem »gesunden Menschenverstand« zu orientieren, sich »menschlich« zu verhalten. Dazu brauchte man keine Kirche. Ab und zu kamen wir dennoch mit der Bibel in Berührung. Dort gab es einen Gott, der zu den Menschen sprach. Das war als Kind meine tiefe Sehnsucht, dieser Dialog. Aber alle Gebete meiner Kindertage blieben unbeantwortet. Schließlich ging Gott dann den gleichen Weg wie Klapperstorch, Weihnachtsmann und Osterhase.

Die innere Suche jedoch ging weiter. Der naive Kindheitsglaube wurde zu all den »Ismen«: Kommunismus, Altruismus, Humanismus, Atheismus. Religion, die ich nur als leeres Dogma erlebt hatte, tat ich ab als »Opium fürs Volk« oder als »notwendige Strukturierungshilfe für Menschen mit schwachen moralisch-ethischen Grundsätzen, ohne ausgeprägtes Gewissen«. Meine Suchbemühungen wurden von meiner Familie liebevoll-spöttisch als meine »soziale Ader« bezeichnet.

Mein Lebensziel war, nach all der Desillusionierung, schließlich ganz einfach, pragmatisch: eine gute Ehe und vier Kinder, denen ich die ideale Mutter sein wollte. Je leerer ich dann meine Ehe erlebte, was den mir so wichtigen geistigen Austausch anging, desto größer wurde mein Engagement für die drei Kinder, die wir nach einigen Mühen doch noch bekommen hatten. Dann, irgendwann, mein ältester Sohn war wohl sieben oder acht, sagte er zu mir: »Mama, kannst du dir nicht mal selbst was zum Spielen suchen, damit wir unsere Ruhe haben?«

Ich sah mich plötzlich selbst, Jahre später, als eine Frau mittleren Alters, die sich an ihre flügge werdenden Kinder klammert – möge es meinen Kindern und mir erspart bleiben! Nur – was sollte ich »spielen«? Irgendwo lag noch mein Abiturzeugnis, und in nicht allzu weiter Entfernung gab es eine Uni. Es dauerte mehr als ein Jahr, bis mein Mann meinen Studienplänen zustimmte. Die Uni war so anders als die Schule, die mir nie gefallen hatte. Ich wurde zu einer begeisterten, eifrigen Studentin. Das mußte es gewesen sein, was ich, ohne es zu wissen, schon so lange gesucht hatte, die geistige Stimulierung, der Wissenserwerb! Die Kurse um die Bedürfnisse der Kinder ›herumbauend‹, studierte ich lange – aber mit Freude – vor mich hin. Mein Leben erschien mir ausgefüllt, gut. Die Unfähigkeit, tieferes Erleben mit meinem Mann zu teilen, die Einsicht, daß Kinder kein Besitz, sondern eher eine uns anvertraute »Leihgabe des Lebens« sind, enthielten keinen Schrecken mehr. Es war mir gelungen zu kompensieren, die Frustrationen in kreatives Tun zu verwandeln. Als alles okay war, als die Suche aufgehört hatte, begannen merkwürdige »Zustände« *(hal)*° mich zu »finden«. Zustände, die zunächst isoliert aneinandergereiht einfach dastanden. In meinem von Logik und Ratio beherrschten Weltbild hatten sie keinen Bezugsrahmen, der ihnen Bedeutung hätte verleihen können.

Irgendwann hatten sich dann zu den Zuständen Menschen gesellt – Lehrer, wie ich sie später nannte –, die diese entweder auszulösen schienen oder aber ihnen Bedeutung verliehen. Manchmal beides zugleich. Und welch merkwürdige Ansammlung von Lehrern das war! Ein atheistischer Hypnotherapeut, ein amerikanischer Kollege, von dem es hieß, er sei »far out«, sogar nach kalifornischen Maßstäben, ein seit Jahrhunderten verstorbener islamischer Heiliger... Einen gemeinsamen Nenner gab es: Es gelang jedem einzelnen, meine ›intellektuelle Schale‹ um ein weiteres, großes Stück aufzubrechen. Jedesmal war es schmerzhaft. Jedesmal folgten dauerhafte Veränderungen. Schließlich wurde mein gesamtes Weltbild umgestoßen.

»Diese werden gerufen von einem fernen Platz.«

SURA 41/44

Auf einmal, in diesem weichen, schwebenden Zustand auf meiner Baumwollmatratze, sehe ich das ›große Muster‹, sehe die Folgerichtigkeit, mit der alles geschah, ja, hatte geschehen *müssen*. Die scheinbar unzusammenhängenden Ereignisse waren einfach verschiedene Manifestationen derselben, der Einen, zugrundeliegenden Kraft. Plötzlich verstehe ich Hz. Mevlânas Worte: »Gottes

---

° Siehe Kommentar »Das Halvet im transkulturellen Vergleich«, S. 195 ff.

41

Freude bewegt sich von einer unbeschriebenen Schachtel zur anderen, von Zelle zu Zelle. Als Regenwasser, hinab in ein Blumenbeet. Als Rosen, aus dem Boden empor.« (OS, S. 46). Bei Ibn Arabi (FaH, S. 57) lese ich kurz darauf:

>»So ist beispielsweise das Regenwasser eine einzige Realität, die sich aber im Geschmack differenziert je nach den Böden, in die es eindringt; daher ist ein Teil davon süß und mild, anderes aber salzig und bitter; dieses Wasser bleibt aber in allen Zuständen Wasser, ohne von seiner wesentlichen Beschaffenheit abzuweichen, wenn auch die von ihm hervorgerufenen Geschmacksempfindungen verschieden sind.«

Wie war ich so blind gewesen, über so lange Zeit! Und wie tröstlich für jetzt, für die Zukunft, um die Zusammenhänge der Einen, zugrundeliegenden Realität zu wissen! Zu *wissen,* daß das islamische Grundprinzip *Tauhid**, das Prinzip der Einheit hinter der Vielfältigkeit, sich auch so sonnenklar in meiner eigenen Existenz manifestiert! Wie denn wohl sonst?!

Immer war zur rechten Zeit jemand oder etwas in mein Leben getreten, um die Entwicklung in Gang zu halten, die nun hierin kulminierte, in der ›Reise auf dem Pfad‹. Es kam also gar nicht auf die einzelnen Personen an, auf die Lehrer. Diese waren nur Werkzeuge dieser übergeordneten, zielgerichteten, Allah genannten Kraft, die mein naives Gottesverständnis der Kindheit abgelöst hatte. Nicht nur war die quälende Besessenheit, meinen Lehrer wiederzusehen, wie durch Magie verschwunden, ich hatte jetzt sogar eine rationale Erklärung hierfür!

Der Ezan holt mich irgendwann aus diesem trancegleichen Zustand heraus. Doch wohl nicht ganz: Das Ritualgebet erschließt sich mir immer mehr, jeder Satz der *Fatiha** ist so voller Bedeutung, so voller Leben! Ich verstehe auf einmal, was damit gemeint ist, der gesamte Koran sei in seiner Essenz in der *Fatiha* enthalten. Alte, heilige Formeln, die ich mit immer größerer Ehrfurcht spreche.

Immer tieferes Glücksempfinden erfüllt mich. Alles Unglücklichsein entsteht wohl doch durch Festhalten, durch das Bestehen

---

* *Tauhid* = Bekenntnis zum Glauben an den ewigen Gott.

darauf, daß die Dinge so sein müssen, wie man das sich selbst vorstellt. Und der Schlüssel zu diesem tiefen inneren Frieden, der so kostbar ist, liegt in der Bereitschaft zur Annahme. Mein Lehrer hatte einmal gesagt: »›Wünschen‹ darf man, aber nicht ›benötigen‹.« Warum bloß ist es so schwer, wo es doch eigentlich so einfach ist? Möge ich doch nie wieder diese Erkenntnis verlieren, das eigentliche Ziel nie mehr aus den Augen verlieren! Mögen die Schleier sich weiter lüften!

Im Koran lese ich in der Sura *Al-Fath:*

> *»Wir haben dir einen offenkundigen Sieg gewährt. Auf daß Allah dich schirme gegen deine Fehler, vergangene und künftige, und daß Er Seine Gnade an dir vollende und dich leite auf den geraden Weg. Und daß Allah dir helfe mit mächtiger Hilfe. Er ist es, Der die Ruhe in die Herzen der Gläubigen niedersandte, damit sie Glauben hinzufügen ihrem Glauben (…)«* (48/2–5).

»Ruhe im Herzen« – seit über einem Jahr bin ich nicht mehr so gelöst, so ruhig und voller Frieden eingeschlafen. Dieses Halvet war doch die beste Idee, die ich je hatte!

6. Tag

Es gibt wieder Wasser! Welch ein Genuß, sich zu waschen! Ganz bewußt vollziehe ich die rituellen Aspekte dieser Reinigung. Innen und Außen bedingen einander, so auch die äußere und die innere Säuberung. Mein Zimmer wird in den eineinhalb Stunden ohne mein Öfchen sofort empfindlich kalt. Ich kuschle mich unter meine dicke Steppdecke, um dort den Koran zu lesen. Bald werden auch meine Finger sehr klamm. Wenn man fastet, friert man eben leichter. Obwohl das Duschwasser wirklich schön heiß ist, ist doch das Badezimmer ungeheizt. Anschließend schnell zurück in meine Zelle und, unter der Decke hockend, Haare fönen. Dann – endlich – kann ich meinen Ofen wieder einstecken.

° *Fatiha* = die »Eröffnende«, d. h. die erste und am häufigsten rezitierte Sura des Korans.

Schon zehn Minuten später wird es deutlich wärmer. Wieder empfinde ich tiefe Dankbarkeit für alles, was mich umgibt. *Al-Hamdulillah!*

Habe heute jedoch große Schwierigkeiten mit der Konzentration. Meine Gedanken schweifen ständig von den Dhikr-Formeln* ab. Meine Zufriedenheit und Dankbarkeit gehen langsam in Frustration über. Jetzt erst fällt mir auf, wie überraschend leicht es mir doch bisher gefallen war, ›beim Thema‹ zu bleiben. Heute gehen meine Gedanken nach draußen: Ob wohl Krieg ausgebrochen ist? Ich versuche sogar, den brüllenden Fernseher nebenan zu verstehen. Aber durch das Dröhnen kommen nur Bruchstücke klar herüber. Das Wort »*savaş*« (Kampf, Krieg) fällt häufig. Ob nur von Kriegsgefahr oder tatsächlich vom Ausbruch des Krieges die Rede ist? Zugleich ärgere ich mich über mich selbst: Statt mich zu bemühen, mich ganz nach innen zu wenden, versuche ich sogar bewußt, nach draußen zu lauschen! Und immer noch wollen die Dhikrs nicht so, wie ich will! Ich denke daran, daß heute mein Sohn Timur wieder nach Deutschland zurückfliegt. »Flieg bloß vorsichtig, mein Aslan**!« schicke ich ihm meine guten Wünsche nach. Wer ihn wohl abholt? An welche Uni er nun gekommen ist? Warum, um Himmels willen, kann ich heute nicht mit »Leib und Seele« bei den Übungen bleiben? Meine Frustration geht in Hilflosigkeit über. Worüber habe ich denn überhaupt Kontrolle, wenn nicht mal über das Allerpersönlichste, meine ureigenen Gedanken?!

Ich resigniere und wende mich dem »*Fihi ma Fihi*« zu. Lesen ist immer die Rettung, da bin ich in meinem Element. Was für ein Mensch, dieser Hz. Mevlâna! Welch' Gabe, soviel transzendente Weisheit so allgemeinverständlich auszudrücken! Und so relevant, über die Jahrhunderte hinweg! Und wieder scheint dasjenige, was ich gerade lese, direkt auf meine eigenen inneren Prozesse zugeschnitten:

»Der Mensch nimmt an, er werde die tadelnswerten Eigenschaften durch eigene Arbeit und Kampf forttreiben. Wenn er

---

* Siehe Kommentar »Methoden der Sufi-Schulung«, S. 165 ff.
** *Aslan* = »Löwe«, eine zärtliche Bezeichnung türkischer Mütter für ihre Söhne.

sehr hart kämpft und alle seine Kräfte und Mittel ausgegeben hat und verzweifelt, dann sagt Gott zu ihm: ›Hast du gedacht, daß dies durch deine Macht und Aktivität und Intelligenz passieren würde?‹ (...) Suche Vergebung für diese Gedanken und Vorstellungen. Denn du hast dir eingebildet, daß die Sache durch deine Hände und Füße erreicht würde, und nicht, daß es durch Uns erreicht wird. Jetzt, da du gesehen hast, daß es durch Uns zustande gekommen ist, suche Vergebung, denn Er ist vergebend« (FmF, S. 151).

Dies muß wohl meine *Nefs Emmare*° sein, meine »zum Bösen anstachelnde Seele«: meine Überheblichkeit! Wie hinterhältig! Meist geht es beim Überwinden der *Nefs Emmare* nämlich darum, verschiedensten Versuchungen zu widerstehen. Da ›eiserne Selbstdisziplin‹ für mich schon seit langem nicht mehr das geringste Problem ist, hatte ich angenommen, meine *Nefs* lange überwunden zu haben. Natürlich warnen die Sufi-Autoren aller Jahrhunderte gerade davor: Es gibt selten etwas Suspekteres als die Annahme, man habe es schon geschafft ... Es ist eine der vielen bekannten ›Fallen‹ auf dem Pfad. Um die Fallen zu wissen, schützt offensichtlich nur begrenzt davor.

So muß es sein, meine Nefs Emmare ist wohl die Überheblichkeit. Das Hinterhältige an der Sache ist, daß die Form, die diese Überheblichkeit nimmt, bestens im Einklang mit gängigen Anzeigern ›psychischer Gesundheit‹ steht! Meine Annahme, daß der Ausgang vieler Dinge einfach von mir selbst abhängt, von dem Ausmaß meines Eigeneinsatzes, der Gründlichkeit meiner Planung, der Bereitschaft, ›am Ball zu bleiben‹ ... Psychologisch gesehen wunderbar! Aus Sufi-Perspektive ist intensiver Eigeneinsatz zwar auch unerläßlich; der Ausgang der Dinge läßt sich daraus jedoch keineswegs kausal ableiten. Der liegt in anderer Hand.

Die ganze Geschichte ist sogar noch hinterhältiger: Wenn mir etwas nicht gelingt, übernehme ich mit größter Selbstverständlichkeit auch hierfür die Verantwortung. Ich hätte mich eben sorgfältiger vorbereiten müssen, hätte zu größerem Einsatz bereit

---

° *Nefs emmare* = Inbegriff der Begierden im Menschen; das niedere Ich, das zu Ausschweifungen antreibt (vgl. Koran Sura 12/53).

sein müssen etc. Sogar diese totale Übernahme der Verantwortlichkeit für Fehlschläge ist eigentlich Anmaßung! Welch teuflischer Trick! Für Psychologen ist ein Hineintappen in diese Falle
praktisch vorprogrammiert.

Irgendwann gehen die Dhikrs wieder besser. Man sagt, nichts
entferne den ›Rost des Herzens‹ so gut wie Dhikrs. Bei mir ist
offensichtlich noch viel Polieren nötig. Gut, daß es hierfür so alte,
zeitbewährte Methoden gibt.

Über die nächsten Stunden hinweg nehmen Veränderungen in
der Körperwahrnehmung deutlich zu. Eigentlich ist dies eine
Fortsetzung von Prozessen, die im letzten Sommer begannen und
für die ich keine Erklärung habe*. Der Sheykh hatte sich auch
nicht weiter dazu geäußert, sondern nur empfohlen, diesen
Erscheinungen Bedeutung beizumessen und mit Geduld die
Weiterentwicklung zu erwarten. Weder mit Furcht noch mit allzu
großem Eifer, einfach offen bleibend. Nun geht es also weiter!

Viele Abende des letzten Sommers hatte ich alleine auf meiner
Terrasse verbracht, hatte mir Zeit gegeben, meine Lage zu
bedenken. Als ein Vogel, dessen Flug ich beobachtete, plötzlich
steil nach unten stieß, spürte ich dies unvermittelt ganz deutlich
innerhalb meines Körpers. Fast so ein Gefühl wie das Ziehen im
Bauch, wenn es in einer Achterbahn auf einmal steil abwärts geht.
Diese merkwürdige Wahrnehmung beschrieb ich mir selbst als
Synästhesie oder ein »Überlappen von Repräsentationssystemen«,
das heißt, daß eine visuelle Erfahrung beispielsweise außerdem
auch kinästhetisch erlebt wird.

---

* Siehe Kommentar »Physiologische Begleiterscheinungen«, S. 151 ff.

Ich hatte es schon fast wieder vergessen, als einige Abende später etwas Ähnliches geschah. Ich schaute, auf dem Rücken liegend, in die Baumkronen über mir, die sich sanft im Wind bewegten. Plötzlich spürte ich auch diese Bewegung ganz deutlich in mir. Diesmal überließ ich mich bewußt der neuartigen Erfahrung. Nun kam sogar die auditive Ebene hinzu: Ich ›hörte‹ in mir den Dhikr »Allah ya daim«°, im Einklang mit der Bewegung in den Bäumen sowie in mir selbst. Dann ging die Erfahrung langsam über »mich« hinaus, d. h. über die Begrenzung, die meine Haut darstellt. Es war, als sei eine unsichtbare Substanz um mich herum, die sanft mit mir und den Bäumen gemeinsam schaukelte. Schließlich nahm ich gar nicht mehr so konkret wahr, wo meine ›Grenzen‹ nun eigentlich waren, jedenfalls reichte ›ich‹ weit über meine Haut hinaus.

Einige Zeit später begann ich auch, bestimmte Klänge kinästhetisch zu erleben, so beispielsweise Kirchenglocken und den Klang der Ney. Zugleich begann ein starkes Zittern in meinem gesamten Körper. Ab und zu wurde es so intensiv, daß richtiggehende Zuckungen entstanden. Es war merkwürdig, daß es einfach so geschah, ohne die üblichen auslösenden Momente wie etwa Kälte, Angst oder Aufregung. Es war auch Außenstehenden deutlich sichtbar. Freunde neckten mich, ich sei ja auf meine alten Tage wohl doch noch dem Alkohol verfallen.

Im Laufe der nächsten Monate war das Zittern immer feiner geworden und schließlich in ein Vibrieren übergegangen, das manchmal stromartig meinen Körper durchpulste. Ab und zu entstand auch ein Innendruck gegen meine Schädeldecke, manchmal ein Gefühl, als sei mein unterer Beckenraum mit einer sektähnlichen, perlenden Flüssigkeit gefüllt. Meist fand all dies Geschehen innerhalb des Raumes statt, der durch meine Haut begrenzt ist. Dann wieder ging es über ›mich‹ hinaus, verband mich mit der Umgebung und wurde oft wellenförmig. All diese Empfindungen waren sehr angenehm, und nach einiger Zeit lernte ich, diese willentlich ›anzuschalten‹. Eigentlich handelte es sich eher um ein Zulassen, denn prinzipiell schienen diese

---

° *Allah ya daim* = »Allah, o Ewiger, immer Bestehender«.

Vorgänge ununterbrochen abzulaufen. Sie bewußt zu registrieren, war wohl eher eine Sache der Aufmerksamkeit.

Nun, die letzten Tage hindurch hatten sich während der Dhikrs diese Empfindungen deutlich verstärkt, als sei mein Körper von einer Art Hülle umgeben, gefüllt mit einer Substanz von etwas größerer Dichte als Luft. In Ermangelung eines Ausdrucks dafür begann ich dies für mich als meinen ›Luftkörper‹ zu bezeichnen. Auf einer meiner Kassetten war ein längeres Ney-Instrumentalstück. Ich begann nun, in diesem Luftkörper zu der Melodie zu ›schweben‹. Dies ging einher mit einem Gefühl großer innerer Weite. Der Luftkörper war zu meinem Erstaunen einigermaßen schreckhaft: Bei plötzlichen lauten Geräuschen der Nachbarn ›zuckte er zurück‹ (während mein ›körperlicher Körper‹ ruhig blieb), so ungefähr wie eine Schnecke, wenn man sie sanft berührt.

Wieder gab es von meinem theoretischen Wissen her keinen Bezugsrahmen, in den ich diese Erfahrungen hätte einordnen können. So überließ ich mich einfach interessiert dem Geschehen.

*

Im Lauf des Nachmittags erschrecke ich sehr, mit ›allen Körpern‹ zugleich: Es wird Sturm geklingelt! Ich höre mehrere Männer laut diskutieren, dann fangen sie an, wie wild gegen die Tür zu schlagen. Hoffentlich hält das Schloß! Es nimmt einfach kein Ende, wer kann das bloß sein? Wer weiß, daß ich hier bin?

Es dauert wohl mindestens fünf Minuten, bis sie aufgeben und sich entfernen. Mir schlägt das Herz bis zum Hals. Zu meiner Verwunderung dauert es lange, bis ich mich wieder ganz beruhigt habe. Ich bin doch eigentlich überhaupt kein ängstlicher Typ. Und was können die schon wollen? Vielleicht suchen die ja gar nicht mich, sondern den Wohnungsbesitzer. Wieso hat mir dies Geschehen bloß so zugesetzt? Irgendwie kommt mir meine kleine Klausurzelle ›entheiligt‹ vor durch diese rohe Gewalt, die sich dort an der Tür austobte. Wie sicher hatte ich mich doch gefühlt, wie geborgen. Das merke ich erst jetzt, wo meine Abgeschiedenheit verletzt worden ist.

Was, wenn sie wiederkommen und gar die Tür aufbrechen? Ich beschließe, doch mit Yusuf Kontakt aufzunehmen, schreibe es ihm auf. Als er abends seine Runde macht, höre ich seine Schritte innehalten, nun liest er wohl meinen Zettel. Dann geht er, dreht diesmal den Schlüssel zweimal im Schloß. Irgendwie fühle ich mich wieder sicherer.

Heute abend scheint im Fernsehen eine Sondersendung über die Golfkrise zu laufen. Jedenfalls wird ewig gesprochen, wie bei einer Berichterstattung, und das Wort *savaş* fällt ständig. Ob nun wohl wirklich der Krieg ausgebrochen ist? Hoffentlich, hoffentlich nicht, womöglich wird dann mein Halvet abgebrochen!

Mit ziemlichem Entsetzen verfolge ich meine Gedankengänge. Mein Halvet! Statt mir Sorgen um all die Menschen zu machen, die im Kriegsfall betroffen sind, denke ich an mein Halvet! Wie kann ich nur so egoistisch sein? Ich bin total entmutigt – habe ich denn auf dem Pfad noch nicht einmal das Geringste gelernt?

Mir fallen die Worte eines lieben Freundes ein. Da er schon zweimal die Halvet-Erfahrung durchlebt hat, hatte ich ihn um Empfehlungen für diese Zeit gebeten. Nach einigem Nachdenken sagte er: »Habe Geduld mit dir selbst.« Wie recht er doch hatte! Was bleibt mir denn übrig, außer mit Geduld meine Unzulänglichkeiten zu akzeptieren? Und ich hatte tatsächlich geglaubt, meine Nefs Emmare schon überwunden zu haben, nur weil Verzicht verschiedenster Art keinerlei Problem für mich ist!!

Spät in der Nacht überkommt mich wieder tiefe Dankbarkeit. Wie selbstgefällig war ich in den letzten Tagen doch geworden! Statt die unerwartet rasch eingetretenen, beglückenden neuen Erkenntnisse als die Gnade zu sehen, die sie sind, hatte ich sie doch tatsächlich meinem eigenen Tun zugeschrieben! Dabei bin ich ja noch nicht einmal imstande, meine Gedanken dort zu halten, wo ich sie haben möchte! Aber jedenfalls beginne ich, meine Vermessenheit kennenzulernen. Auch wird mir das tatsächliche Ausmaß der Gnade der letzten beiden Tage deutlicher bewußt. So schlafe ich dann doch noch mit ruhiger Dankbarkeit statt mit dieser vorausgegangenen Entmutigung ein.

7. Tag

»Stay with us. Don't sink to the bottom like a fish going to sleep. Be with the ocean moving steadily all night, not scattered like a rainstorm.« °

Hz. Mevlâna, OS, S. 53

Heute bin ich schon eine Woche im Halvet. Wie schnell die Zeit vergangen ist! Irgendwie erstaunlich, daß sich keine Routine einstellt, trotz des durch den Rhythmus der Gebetszeiten sowie die begrenzte Auswahl an Aktivitäten bestimmten, jeweils fast gleichen Tagesablaufs. Das innere Erleben ist offensichtlich so tiefgehend, daß mir jeder neue Tag wieder ereignisreich und ganz anders als die vorhergegangenen erscheint.

Heute nacht hatte ich jedoch einen ziemlichen Schrecken bekommen: Durch ein Geräusch vor meiner Tür aus dem Schlaf gerissen, sah ich, wie mein kleiner Ofen langsam erlosch. Er ging von dem üblichen rötlichen Glühen der Heizstäbe zu einem hellen Weiß über und dann ganz aus. Mir fielen die Männer wieder ein, die versucht hatten, in die Wohnung einzudringen, und billige Kriminalromane kamen mir in den Sinn, in denen der Mörder zunächst die elektrischen Leitungen durchschneidet, bevor er sich seines Opfers bemächtigt. Während mein Herz rast, lausche ich der nun stockfinsteren Dunkelheit. Aber alles bleibt still. Und einige Minuten später geht auf einmal mein Ofen wieder an. Wie tröstlich, das nun schon so lieb gewordene rötliche Glühen wiederzusehen! Wahrscheinlich war die Elektrizität kurz ausgefallen, wie so oft in Istanbul. Und das Geräusch, das mich geweckt hat, muß wohl aus einer der Nachbarwohnungen gekommen sein. Es ist ja alles so hellhörig hier. Auch mein Herz beruhigt sich wieder, und ich schlafe weiter.

Beim morgendlichen Aufwachen erinnerte ich mich mit großer Eindringlichkeit an einen Traum, der wohl teils durch diesen Schrecken ausgelöst worden ist: Ich bin tief unten auf dem Boden des Ozeans. Ich frage mich, wie lange ich es dort wohl noch aushalten kann, ohne zu atmen. Irgendwie erkenne ich, daß es ohne Atmen geht, daß Luftholen aus irgendeinem Grund nicht

---

° Siehe Übersetzung fremdsprachlicher Zitate im Anhang, S. 230.

nötig ist. Dennoch beschließe ich, doch lieber wieder an die Oberfläche zu gehen. Eine letzte Sache habe ich noch dort unten zu erledigen: Ich muß dafür sorgen, daß der Leichnam bequem ruht, den ich zurücklasse. Ich tue, was ich kann, und dann eilt es irgendwie, ich muß auftauchen. Ich greife nach meinen Kindern und meiner Handtasche, dann geht's hoch. Noch während ich auftauche, wird der Traum luzid, und ich erkenne, daß meine Eile nicht nötig gewesen wäre, schließlich konnte ich ja aus irgendeinem Grund dort unten existieren, ohne zu atmen.

Anschließend an das Morgengebet beschäftigt mich der Traum weiter. Mir ist klar, daß der Leichnam mein Mann war, Mehmet. Die Ozeanmetapher ist ein gängiges Bild im Sufitum. Das Meer ist das Dasein an sich, in seiner Unendlichkeit. Der spirituell entwikkelte Mensch ist in den Bildern Hz. Mevlânas einer, der sich »wie ein Versunkener« vom Ozean bewegen, mittragen läßt. Jemand, der weder auf seinen eigenen Willen pochend zielgerichtet selbst schwimmt, noch jemand, der wie »ein schlafender Fisch« auf dem Boden des Meeres liegt.

Mehmet war mir, dort am Boden ruhend, als der »schlafende Fisch« erschienen. Wenn es schon nicht möglich ist, ihn zu wecken, so versuche ich jedenfalls, ihm den weiteren Schlaf bequem zu machen, bevor ich die Kinder mit mir nehme und gehe. Habe ich wirklich nicht mehr für ihn tun können? Und wie weit bin ich selbst entfernt von Hz. Mevlânas Zustand des »Versunkenen«! Nicht nur, daß ich eigenmächtig steuern will, auftauchen will, statt mich dem Meer zu überlassen, nein, auch meine Handtasche nehme ich noch mit! Dies scheint mir mein Verhaftetsein an weltlichen Dingen zu symbolisieren. Der Weg ist noch so weit!

»Figure how to be delivered from your own figuring« (OS, S. 78), schreibt Hz. Mevlâna. Aber wie? Könnte ich doch »durch mein Herz gehen«! Dabei weiß ich nicht einmal genau, was das eigentlich heißt. Wie kann ich etwas zustande bringen, von dem ich nicht mal weiß, was es ist? Ziemlich entmutigt, wende ich mich wieder den Dhikrs zu.

Beim »Bismillahi« ändert sich auf einmal wieder deutlich das Körpergefühl: Mein Kopf gleitet mit unglaublicher Leichtigkeit hin und her, als rolle er auf Kugellagern. Schließlich ist es, als schwebte er, als sei er gar nicht mehr mit meinem Körper verbunden. Auch Bilder stellen sich wieder ein: eine stille Nacht in der Weite Anatoliens, eine kleine, einfache Moschee im Sternenlicht, sanfte Bergketten, die sich weiter und weiter ausdehnen, den ganzen Weg bis Mekka hin.

Irgendwann dringen von draußen wieder die Stimmen der spielenden Kinder an mein Ohr. Sie spielen Krieg: »Ich bin der Feind, ich bin Saddam Hussein!« »Nein, der Feind, das ist Amerika!« Kleine Jungen mit den Namen von Propheten und Heiligen: Mustafa, Ahmet, Yusuf, Yunus, Ibrahim, Ali. Langsam sind sie mir vertraut. Auch einen Mädchennamen höre ich ab und zu: Ayşegül, die Rosen-Aischa. Aischa war die spätere Lieblingsfrau des Propheten (s. a.), bekannt für ihre Intelligenz, Bildung, Schlagfertigkeit und Redegewandtheit. El Zubeir sagte über sie: »Ich kenne niemanden, der in Theologie, Medizin und Dichtung solche Kenntnisse besitzt wie Aisha.« Noch heute ist sie, die auch in Kriegen und Schlachten kämpfte und in der Öffentlichkeit sogar dem Propheten (s. a.) manchmal widersprach, in islamischen Ländern der Inbegriff einer ›emanzipierten‹ Frau. »Nur weiter so, kleine Rosen-Aisha«, lasse ich meine Gedanken wieder nach draußen gehen. Ob das Kriegsspiel der Kinder bedeutet, daß tatsächlich Krieg ausgebrochen ist?

Kurz vor 10 Uhr abends höre ich wieder Yusufs Schritte. Diesmal klopft er leicht an meine Tür. Als seine Schritte verklungen sind, mache ich auf. Reissuppe! In einer kleinen chinesischen Schale heißes, milchiges Wasser, am Boden etwa zwei Eßlöffel Reiskörner. Die Schale paßt genau in die Höhlung meiner Hand, wie ein kleiner Vogel in sein Nest. Eine Weile freue ich mich einfach an der ausströmenden Wärme und wundere mich, daß ich nicht ausgehungerter bin. Mir fällt erst jetzt auf, daß ich überhaupt nicht mehr an Essen denke. Das war während der ersten zwei Tage noch nicht so. Schließlich esse ich die Suppe ganz bewußt, finde, etwas Salz hätte nicht geschadet, bin aber dankbar dafür, etwas Heißes zu haben. Außerdem geht mir jetzt erst auf, daß meine Nachbarn heute abend nicht fernsehen!

8. Tag

Morgens ist der Ezan, der eigentlich ein ganzer Chor von Muezzinen ist, besonders schön. Durch die sehr unterschiedlichen Anfangszeiten zieht er sich fast 20 Minuten hin. Er beginnt, wenn man »in der Morgendämmerung mit bloßem Auge einen weißen von einem schwarzen Faden unterscheiden kann«. Das Augenlicht ist wohl bei all den Muezzinen, die in meinem Hörbereich ausrufen, sehr unterschiedlich.

Die Versuchung ist groß, sich diesem Klang hinzugeben, einfach liegenzubleiben, bis der letzte fertig ist. Das ist aber gefährlich, da ich dann leicht wieder einschlafe. So springe ich mit den ersten Lauten, »*Allahu akbar, Allahu akbar*«°, förmlich von meiner Matratze hoch, um die Waschungen zu vollziehen. Das ungeheizte kleine Bad und das eiskalte Leitungswasser machen mich schnell munter. Ich denke an den zeitgenössischen Autor As Sufi, der von dem »süßen Schock des kalten Wassers« spricht, das somit eine Trennlinie bildet zwischen den täglichen, profanen Aktivitäten und der Zeit, in der der Gläubige bewußt vor seinen Schöpfer tritt.

Heute weine ich aus irgendeinem Grund wieder viel. Auch habe ich einen ausgewachsenen Rückfall erlitten: Meine Besessenheit macht sich wieder, alles andere überschattend, bemerkbar! Und ich hatte schon geglaubt, wirklich darüber hinausgewachsen zu sein! Aber das wäre wohl zu einfach gewesen, eine so plötzliche Änderung nach so langem vorangegangenem Festhängen. Hz. Mevlâna sagt: »There is that in me that has to be told 50 times a day: Stop hunting. Step on this net« (OS, S. 58). So muß es wohl sein, der Rückfall ist etwas, das mir sagt: stop hunting, es geht nicht so, wie du dir das vorstellst!

Die Elektrizität fällt für eine Stunde aus. Wie schnell es empfindlich kalt wird! Und wieder kommen die Tränen. Ich fühle meine Hilflosigkeit. So einfach kann diese Besessenheit also wieder Besitz von mir ergreifen! Ich rolle mich in der Kälte mit dem »*Fihi ma Fihi*« unter meiner Decke zusammen. Und wieder

---

° *Allahu akbar, Allahu akbar* = »Allah ist größer« (als alles).

scheint die Stelle, an der ich gerade bin, genau auf meinen Zustand zugeschnitten:

>Die Fischer ziehen einen großen Fisch nicht auf einmal heraus. Wenn der Haken ihm in den Schlund gekommen ist, ziehen sie an, damit er das Bewußtsein verliere und schwach und geschwächt werde; dann lassen sie wieder locker, dann ziehen sie wieder, bis er ganz schwach geworden ist. Auch wenn der Angelhaken der Liebe einem Menschen in die Kehle kommt, dann zieht Gott ihn stufenweise, so daß diese nutzlose Fähigkeit und das Blut, das in ihm ist, langsam, langsam herauskommen. *Gott preßt zusammen und entspannt*« (S. 202).

Der Koran weist immer wieder darauf hin, daß da Zeichen sind für die, die »mit Verständnis begabt sind«. Und Muhammad (s. a.) selbst bat: »Zeige mir die Dinge, wie sie wirklich sind!« Wie viele Zeichen ich wohl noch brauchen werde, bis ich tatsächlich sehe?

Welch treuer Weggefährte Hz. Mevlâna doch ist! Seine Worte geben meinem Erleben einen Rahmen, sie sind sinngebend in meinem sonst vielleicht überwältigenden Unverständnis der Prozesse, in denen ich stecke. Andererseits mache ich wohl einige innere Erfahrungen nur dadurch, daß seine Worte mir den Boden für dieses Erkennen geebnet haben. So ist es tatsächlich zirkulär: Ich erlebe durch seine Worte, und seine Worte geben meinem Erleben Sinn usw. usw. Vielleicht ist es sogar eine Art Spirale, die meinem allmählichen Erkennen den nötigen strukturellen Rahmen gibt? »Worte regen den Sucher zum Suchen an und Nachlässige zur Müdigkeit«, sagt Hz. Mevlâna (FmF, S. 313).

Irgendwann hören meine Tränen auf. Bei dem Dhikr »*Allah ya hayy, ya qayyum*«[°] setzen ungeheuer starke Ideomotorbewegungen ein. Fast reißt es meinen Kopf von einer Seite zur anderen, schließlich auf und ab. Dann irgendwann, ganz plötzlich, fast übergangslos, die tiefste Ruhe, innerer Frieden. Und Farben, Muster, die vor meinem inneren Auge entstehen und wieder vergehen... Es taucht ein großes Auge mit dichten langen

---

[°] *Allah ya hayy, ya qayyum* = »Allah, der Lebendige, der durch sich selbst Bestehende« (aus dem »Thronvers«, Sura 2/255).

Wimpern auf, das mich unbewegt ansieht. Der Mensch ist aus sufischer Sicht wie die Pupille des Auges, durch das Allah sich selbst betrachtet... Ich sehe in das Auge vor mir, wer sieht mich durch dieses Auge an? Ich bin in Trance, geht es mir durch den Kopf.

9. Tag

»Siehe, das Falsche schwindet schnell.«
SURA 17/82

Die Unvorhersagbarkeit des Tagesverlaufs ist schon fast vorhersagbar: Tage, die banal beginnen, enden oft mit wichtigen Erkenntnissen. Tage, die vielversprechend anfangen, enden meist alles andere als das!

Fühle mich körperlich ziemlich schwach, treibe morgens eine Weile zwischen Schlaf und Erschöpfung hin und her. Setze mal meine Kontaktschalen wieder ein, um die Gewöhnung zu erhalten. Wie das klarere Sehen zugleich auch den Alltag dort draußen wieder eindringen läßt! Gleich fällt die Konzentration auf das Wesentliche schwerer. Wie soll das bloß werden, wenn das Halvet vorbei ist? Wie kann ich die neuen Erkenntnisse dann schützen vor dem offensichtlich so mächtigen Zugriff des Alltäglichen? »Das Gebet schützt«, sagt der Prophet (s. a.). Vielleicht kann ich mich sichern, indem ich wirklich, auch später dort draußen, die fünf täglichen Gebete vollziehe? Oder ob diese ständig vorhandenen, elektrischen Strömungen ähnlichen Körpergefühle mich an die eigentlichen Wahrheiten werden erinnern können? 40 Tage sind so kurz, um so viel Bleibendes zu bewirken. Ich muß einfach Vertrauen haben.

Und plötzlich ist die Besessenheit wieder weg, als ob sie einfach von mir abgehoben worden sei. *»Und sprich: Gekommen ist die Wahrheit, und dahingeschwunden ist das Falsche. Siehe, das Falsche schwindet schnell«,* lese ich im Koran (Sura 17/82).

Blattkalligraphie aus dem 17./18. Jahrhundert (Privatsammlung Özelsel; Foto: Günter Jantzen). Sie gibt eine Anrede Gottes an den Propheten wieder: »Wenn du nicht wärst, wenn du nicht wärst, hätte ich die Welten nicht geschaffen.«

10. Tag

Ob die Besessenheit wirklich weg ist? Ich wage nicht, es auszuprobieren, lasse keine Gedanken in diese Richtung zu. Lieber beschäftige ich mich mit den Dhikrs. Heute verbringe ich viel Zeit damit. Draußen spielen die Kinder schon wieder Krieg.

Wie die Tage sich doch ›in sich selbst umkehren‹: Heute dachte ich nicht, daß ich viel zu schreiben haben würde. Den größten Teil des Tages ging alles sehr unspektakulär seinen Gang. Aber dann! Spätabends!

Während des Dhikrs »Bismillahi«, ganz unvorbereitet, plötzlich, trifft mich die Liebe zu Muhammad (s. a.). Ich kann es tatsächlich nur als ein Getroffenwerden bezeichnen. Naive Bilder von Herzen, die von Amors Pfeil durchbohrt werden, scheinen es passend zu beschreiben. Ich weine mehr denn je, mitten im Dhikr, aber es fühlt sich total anders an als sonst. Die Liebe, die ich spüre, ist so tief, daß es schmerzt.

Welch ein Mann, dieser Muhammad! Womit haben wir Menschen es bloß verdient, daß er uns geschickt wurde? Wie können wir uns dieser Gnade jemals würdig erweisen? Auf einmal geht mein Denken ›direkt zu Gott‹. Sonst ist Er (Sie? Es?) zu unfaßbar, als daß ich mehr erreichen kann als abstrakte Überlegungen. Jetzt auf einmal ist ein nicht beschreibbarer, direkter Zugang da! Und erneut trifft mich, überwältigt mich eine Welle der innigsten Liebe zu Muhammad (s. a.), Seinem Gesandten. Und sofort, fast synchron, ist wieder diese ›Direktverbindung‹ zu Allah da, *Allah, ar-rahman ar-rahim,* der Allbarmherzige, der Allerbarmer! Ich spüre dieses unermeßliche Erbarmen so lebendig, daß ungeheure Freude mich durchpulst, die mich immer mehr weinen läßt. Tränen ganz anderer Art! Ja, verdient haben wir es bestimmt nicht, einen Menschen wie den Propheten (s. a.) unter uns gehabt zu haben. Es ist ganz klar das Ergebnis absoluter Barmherzigkeit, reinsten Allerbarmens.

Meine Gedanken – und eigentlich ist es kein Denken mehr, eher ein Wahrnehmen – springen von Muhammad zu Allah zu Muhammad zu Allah . . .

Schließlich entsteht aus diesem Hin und Her ein inneres Kreisen. Dann wird auch die Bewegung, die mein Körper wieder wie von alleine zum Dhikr ausführt, zum Kreisen. Heute ist es Ibn Arabi, bei dem ich anschließend lese, was ich empfinde:

>»Wer aber die kreisförmige Bewegung vollführt, für den gibt es keinen Anfang – und kein Endziel –; folglich wird diesem die vollkommene Gotteserkenntnis zuteil und er ist es, dem alle Worte und Weisheiten geoffenbart werden.« (FaH, S. 25). Inschallah!°

Es dauert noch eine Weile, bis das volle Ausmaß des Wunders, das heute für mich geschehen ist, auch meinem bewußten Wissen zugänglich wird. Oft habe ich über eine grundsätzliche Forderung des Islam nachgedacht: Man muß den Propheten (s. a.) *lieben.* Mir erschien das immer als ein Ding der Unmöglichkeit. So, wie ich ›lieben‹ verstehe, ist dies ein Gefühl, das sich ausbildet im Umgang mit einem anderen Wesen, aufgrund von bestimmten geteilten Erfahrungen. Wie kann ich für jemanden Liebe empfinden, der vor so langer Zeit gelebt hat? Mit dem ich nie Umgang hatte haben können? Die Forderung, Achtung und Respekt für den Propheten (s. a.) zu empfinden, wäre mir angemessen erschienen. Aber Liebe? Meine intensive Beschäftigung mit dem historischen

---

° *Inschallah* = »So Gott will«.

Muhammad hatte mir tatsächlich Hochachtung vor diesem außergewöhnlichen Menschen beigebracht – gut und schön. Aber die islamische Forderung, ihn, einen längst Verstorbenen, zu lieben, erschien mir absolut unmöglich, unlogisch, undenkbar.

Wie korrekt das Wort un-›denkbar‹ für diese Forderung tatsächlich ist, sehe ich erst jetzt. Diese Liebe ist ganz selbstverständlich nichts, das sich durch Denken, durch willentliche Anstrengung, je erreichen ließe. Es ist reine Gnade, wenn es ›trifft‹. Ob das gemeint ist, wenn mein Lehrer immer wieder davon spricht, »durchs Herz zu gehen«? Verstehen kann ich immer noch nicht, was das heißt. Aber auf einmal habe ich die direkte, lebendige Erfahrung des ›Undenkbaren‹ machen dürfen.

Ein Leitsatz des Sufitums lautet: »Wer schmeckt, der weiß.« Wenn jemand beispielsweise auch nur einmal an einer Zitrone gelutscht hat, so wird ihm dieses Schmecken soviel unmittelbares Wissen geben, daß allein die Erinnerung daran ausreicht, physiologische Prozesse wie Speichelbildung im Mund zu bewirken. Es ist ein exaktes Erfahrungswissen, das selbst durch jahrelanges theoretisches Studium aller Eigenschaften von Zitronen nicht erworben werden kann. Es ist das »*Ayn al-yakin*«[*] im Gegensatz zum »*Ilm al-yakin*«[**]. Die Begrenzungen des Verstandes! Erst wenn sie fallen, wird ihr Ausmaß ersichtlich! O Muhammad, lehre mich den Weg des Herzens, den Weg der Armut! »Let me be prey in this lovely hunt, let me step on this net!« (OS, S. 58, 78).

Nach einiger Zeit greife ich wieder nach dem Koran. Die Suren 93 und 94 finden mich. Wieder und wieder lese ich:

> »*Dein Herr hat dich nicht verlassen, noch ist Er böse. (...) Fand er dich nicht als Waise und gab dir Obdach? Er fand dich irrend [in deiner Sehnsucht nach Ihm] und führte [dich] richtig. (...) Und haben Wir [nicht] deinen Ruf erhört? (...) Wahrlich, mit der Drangsal kommt die Erleichterung. Und wenn du nun entlastet bist, mühe dich eifrig. Und deinem Herrn widme dich ganz.*«

Al-Hamdulillah!

---

[*] *Ayn al-yakin* = eine durch innere Schau erlebte Gewißheit.
[**] *Ilm al-yakin* = eine intellektuell erworbene Gewißheit.

11. Tag

»If you are a friend of God, fire is your water. You should wish to have a hundred thousand sets of mothwings, so you could burn them away, one set a night. (...) One molecule-mote-second thinking of God's reversal of comfort and pain is better than any attending ritual.«

Hz. MEVLÂNA, OS, S. 76

Während des Dhikr auf einmal eine Vision: Mein ganzer Körper steht in Flammen, jede einzelne Zelle brennt sich rein mit einem heiligen Feuer. Sogar meine inzwischen ausgeprägte Magerkeit fühlt sich gut an. »Fasting protects: If the brain and belly are burning clean with fasting, every moment a new song comes out of the fire«, sagt Hz. Mevlâna (OS, S. 42).

Während des Dhikrs »*Hayy Allah*«°, ganz unvermittelt, trifft mich wieder Muhammads (s. a.) Liebe. Wieder ist es ihm gelungen, die Begrenztheit meines Verstands zu umgehen. Und wieder weine ich, mehr und mehr.

Irgendwann gehen die Freudentränen, die aus dieser intensiv-schmerzlichen Liebeserfahrung kommen, in Traurigkeit, ja Verzweiflung über. Es hält an. Zum ersten Mal im Halvet schlafe ich nachts ein, ohne daß mein Kummer erneut in Trost oder Zuversicht übergegangen wäre.

Mir fällt ein, daß ich in den letzten Tagen inbrünstigst um »hunderttausend Falterflügel« (OS, S. 76) gebetet habe. Wenn es schon nötig ist, sich wie der Falter in der Flamme zu verzehren, dann braucht man Flügel über Flügel, um zu verbrennen... Ob diese Verzweiflung, für die heute zum ersten Mal kein Trost kommt, das Erhören meiner Gebete ist? Woraus können »Falterflügel zum Verbrennen« bestehen, wenn nicht aus Schmerz?

° *Hayy Allah* = »Allah ist der Lebendige«.

12. Tag

Gegen 4 Uhr morgens, noch vor dem Ezan, wache ich auf mit den koranischen Worten, die wie eine Stimme in mir nachklingen: *»Wenn Könige in eine Stadt eintreten, zerstören sie diese«* (Sura 27/34). Wenn das ›exakte Wissen‹ beginnt, das ›relative Wissen‹ zu ersetzen, dann sind die bisherigen Strukturen des Menschen einfach zu eng, sie müssen zerbrechen, um Raum für das neue Erkennen zu schaffen. So, wie eine Schlange sich häuten muß, um zu wachsen ...

Ich muß wieder eingeschlafen sein. Mit dem ersten Klang des Muezzin springe ich hoch, wie jeden Morgen. Erst Sekunden später erkenne ich, daß ich wieder auf meiner Matratze liege. Alles dreht sich.

Erst als es vor meinen Augen wieder hell wird, merke ich, daß es dunkel gewesen sein muß. Ich merke auch, daß ich mich am Türrahmen des Badezimmers festklammere. Wie ich wohl hierher gekommen bin? Das letzte, das ich erinnere, ist, daß ich beim Versuch aufzustehen auf die Matratze zurückgefallen bin.

Immer noch erklingt der allmorgendliche Chor der Muezzine. Als ich nach unten blicke, sehe ich langsam, aber stetig mein Blut aus mir heraustropfen. Es mischt sich mit der Wasserlache, die immer auf dem leicht konkaven Betonfußboden des Badezimmers steht.

Ich halte mich weiter fest und sehe eine Zeitlang einfach zu. Eigentlich sieht es genauso aus wie das Blut des Schafs, das für mich gestorben ist, als es sich mit dem Schneeregen und dem Nachspülwasser aus dem Schlauch mischte. *»Kurban olayĭm«* fällt mir ein, aus einem alten Sufi-Lied, *»... werde eben ich zum Opfer ...«*

Vor sieben Tagen schon hatte meine Periode begonnen. Was tun? Im Ramadan ist man zu dieser Zeit ja vom Fasten befreit, man holt die Tage einfach nach, indem man sie ›hintendranhängt‹. Das geht aber im Halvet nicht. Wenn die 40 Tage abgelaufen sind, werde ich herausgeholt. Der Sheykh hat keine diesbezüglichen Verhaltensanweisungen gegeben, ich habe auch nicht daran gedacht zu fragen. Im Ramadan macht es mir nichts aus, was sind schon drei oder vier Tage? Abends darf man ja essen, das reicht mir. Aber nun bin ich doch schon sehr geschwächt, ziemlich abgemagert. Schon ein Verlust von zehn Prozent des Körpergewichts kann die Menstruation beeinträchtigen. Daran liegt es wohl, daß meine Periode nun schon doppelt so lange anhält wie üblich. Die von Tag zu Tag zunehmende Schwäche ist sicherlich auch darauf zurückzuführen.*

Ich stehe im *Qiyam*, der Ausgangshaltung des Gebets. Auf einmal bin ich mir nicht mehr sicher, ob ich auch die erforderliche Waschung vollzogen habe. Wieso kann ich mich nicht mehr daran erinnern, was ich gerade eben gemacht habe? Oder auch nicht? Dann erschrecke ich wirklich: Es ist noch schlimmer, ich habe nicht nur vergessen, daß ich die Waschung ordnungsgemäß vollzogen habe, ich weiß jetzt, daß ich auch das Ritualgebet schon hinter mich gebracht habe. Tatsächlich bin ich fertig, und die Endstellung entspricht der Ausgangsstellung...

Vielleicht muß ich das Halvet doch abbrechen. Man darf sich nicht wissentlich schädigen... Warum nimmt diese Periode kein Ende? Warum hat der Sheykh nichts gesagt? Ob ich geistig noch ganz ›da bin‹? Wie kann ich das beurteilen? Ich lese Ibn Arabi. Der ist äußerst komplex. Mich tröstet, daß ich ihn nicht weniger verstehe als sonst auch. Ganz kann ich den Verstand doch noch nicht verloren haben. »*Kurban olayïm*«, sei es, werde ich selbst zum Opfer, wenn es dann so sein soll.

Ich merke, daß Sauberkeit immer noch ein vorrangiges Bedürfnis ist. Ich stelle meinen Boiler an, um mir die Haare zu waschen.

---

* Die Menstruation brachte weitere Schwierigkeiten mit sich: Zu dieser Zeit dürfen weder das Ritualgebet ausgeführt noch der Koran berührt oder rezitiert werden, denn »*niemand berührt ihn als die Gereinigten*« (Sura 56/79). Mir war bewußt, gegen diese Gebote der Scharia zu verstoßen. Warum ich es tat, ist schwer zu erklären. Mir kam das gesamte Halvet als eine einzige Reinigung vor, ich hatte subjektiv das Gefühl, mich seit der »Einsiegelung« ununterbrochen im Zustand spiritueller Reinheit zu befinden. Im Mathnawi heißt es, daß die Gebete der Menstrua angenommen werden. Als ich dem Sheykh anschließend hiervon berichtete, äußerte er sich nicht weiter. (Moralpredigten nach einem fait accompli sind nicht seine Art.) Bei meinem zweiten Halvet erhielt ich jedoch die Anweisung, dem Koran während dieser Zeit fernzubleiben, die Dhikrs aber fortzusetzen. Ich nehme an, aufgrund der koranischen Anweisung, zu jeder Zeit und überall Allahs zu gedenken (»... *Männer, die nicht Handel oder Kauf vom Gedenken an Gott abhält*«, Sura 24/37).

Wenn es denn so sein soll, sollen sie mich jedenfalls sauber finden. Klingt melodramatisch, aber was soll's.

Bevor das Halvet begann, hatte mich der Sheykh gebeten, eine Erklärung zu schreiben und bei mir zu führen, daß ich aus eigenem freiem Willen hineingegangen bin. Wieso, weiß ich nicht, aber ich hatte diese Erklärung auf Englisch geschrieben. Vorsichtshalber schreibe ich sie jetzt noch mal, auf Türkisch, und lege sie an eine deutlich sichtbare Stelle neben die Tür. Die einzige tatsächliche Gefahrenquelle, die ich sehe, ist mein kleiner Ofen. Sollte ich wieder umkippen und meine Haare an die offenen Brennstäbe geraten, könnte es böse ausgehen. Vorsichtshalber beschließe ich, auf allen vieren im großen Bogen um den Ofen herumzukrabbeln, wenn ich zu den rituellen Waschungen ins Bad muß. Wenn mir hier etwas zustößt, wird es ja keinem so bald auffallen, außer ich schreibe noch schnell eine diesbezügliche Notiz.

Und plötzlich wieder ein Rückfall! Diese Besessenheit scheint ein Eigenleben zu haben, das stärker ist als ich. Es kommt mir gar nicht so unwahrscheinlich vor, daß sie irgendwie, in irgendeiner Weise, weiter existieren wird, falls ich hier sterbe. Sie ist übermächtig. Ich resigniere und lese das »Open Secret«, was ich normalerweise nur kurz vor dem Einschlafen tue. Ist es doch nicht Hz. Mevlâna, der dort direkt spricht, sondern die von seinen Übersetzern nachempfundenen »Versions of Rumi«. Dennoch...

»Only One is worth chasing with your living. He can't be trapped. You must throw away your lovetraps and walk into His« (OS,75).[*] Ich muß eben nicht nur die Tatsache akzeptieren, daß diese spirituelle Schulung sehr weh tut, ich muß auch akzeptieren, daß es so lange dauert, wie es eben dauert. Es endet nicht, nur weil ich meine, daß es reicht! Ich muß aufhören, mich innerlich dagegen zur Wehr zu setzen.

Das Geheimnis liegt tatsächlich in der Akzeptanz. Sobald ich dazu in der Lage bin, sobald ich bewußt in ›Seine Fallen treten kann‹ – das muß der innere Friede sein, die Herzensruhe, von der der Islam spricht. Die wahre Bedeutung des Wortes »Islam«, »Hingabe«, das den gleichen etymologischen Ursprung hat wie

---

[*] Siehe Übersetzung fremdsprachiger Zitate, S. 230.

das Wort »Frieden«. Frieden in der Hingabe an den göttlichen Willen... Eigentlich ist es so einfach. Wie nur kann ich dieses Erkennen manifest werden lassen, wie kann ich mich »erinnern«?[*]

13. Tag

»Wenn die Zeit kommt, daß das, was er gelesen und begriffen hat, ins Sein tritt, wird sein Glaube an den Schöpfer und seine Liebe und sein Rausch noch stärker.«

Hz. Mevlâna

Meine Periode hat über Nacht ein bißchen nachgelassen. Ich fühle mich auch schon stärker, und die ziehenden Schmerzen, die ich die letzten Tage in Bauch und Rücken hatte, sind auch weg. Al-Hamdulillah!

Als ich aus dem Bad komme, sitzen auf meinem Bett zwei großen schwarze Kakerlaken und wackeln bedächtig mit ihren langen Fühlern hin und her, fast wie ein Dhikr. *»Alle Geschöpfe singen Gottes Lob, nur ihr versteht es nicht«,* heißt es im Koran. Ich fange sie und trage sie in das Zimmer am anderen Ende der kleinen Wohnung. Schon bald ist erst eine wieder da, dann auch die andere. Sie ziehen wohl die Wärme meiner Zelle vor. Wieder lassen sie sich willig einfangen. Diesmal nehme ich meinen Schlüssel, und als im Treppenhaus alles still ist, schließe ich schnell auf und setze die beiden draußen ab. Irgendwie habe ich es eilig, wieder zu meiner Zelle zu kommen.

Auf einmal erkenne ich, daß mein Lehrer genauso handeln mußte, wie er es tat: Hätte er meinem Bedürfnis nach Kontakt nachgegeben, hätte sich meine Verzweiflung nie in dem Maße aufbauen können, daß sie mich bis hierhin, ins Halvet, gebracht hätte. Tiefste Dankbarkeit, Liebe und sogar Freude überfluten mich. Liebe, die immer jubelnder wird. Mein Lehrer läßt zum Glück nicht zu, daß ich mich aus Unwissenheit selbst sabotiere, er

---

[*] Aus islamischer Sicht ist alles Wissen schon vorhanden. Es muß nicht ›erworben‹, sondern ›erinnert‹ werden.

ist unerbittlich. War es Hz. Mevlâna, der sagte: »Mit einem Lehrer wird ein Weg von tausend Schritten zu einem Schritt?« In ihrer Einleitung zum »Fihi ma Fihi« beschreibt Annemarie Schimmel die »Härte« traditioneller Lehrer:

> »Auf dem langen und harten Weg, der den Jünger erwartet, braucht er einen Führer, den Schaich, denn es ist gefährlich, allein zu wandern. Die Propheten und Heiligen sind die Seelenärzte, denen es gelingen kann, die Krankheiten und Schwächen der Seele zu diagnostizieren und, wenn der Mensch sich ihnen fraglos anvertraut, auch zu heilen; doch sind ihre Heilmethoden manchmal recht hart. Sie zeigen den Wanderern, daß sie ›vor dem Tode sterben‹, sich ganz entwerden müssen (...)« (S. 41).

Die Gedanken, die sich beim Dhikr dazwischendrängen und die ich bisher nur als störend erlebte, haben jetzt eine Funktion: Ihr Inhalt zeigt mir, auf welchen Gebieten meine Nefs Emmare noch hauptsächlich aktiv ist – Selbstgefälligkeit, Überheblichkeit, Geltungsbedürfnis! Diese hinweisenden Gedanken tauchen vor meinem inneren Auge auf, gerade so wie Rostflecken auf einem blanken Spiegel. »Es gibt Mittel, um alles und jedes zu polieren und den Rost zu entfernen; was das Herz poliert, ist der Dhikr«, sagt der Prophet (s. a.)

Die verschiedenen Dhikrs beginnen deutlich unterschiedliche ›Färbungen‹ anzunehmen: »*Hu Allah*«° fließt weich und warm in mich hinein, fast wie dunkler Honig, wie Nektar, »*Hay Allah*«°° hat dagegen etwas sehr Aktives, Freudiges, Energiegeladenes. Ähnlich wie die Qualität von »*Ya Aziz*«°°°, das so triumphierend klingt, das aktive Element des Islam verkörpernd. »*Allah*« klingt einfach tröstlich, allumfassend.

° *Hu Allah* = »Er«, die vollkommenste Form der Anrufung, der heiligste Laut des Islam, der erste Klang im Kosmos. Dieser Dhikr gilt als der »Schlüssel zur anderen Dimension«. Wenn das Tor erreicht wird, öffnet es sich mit dem Laut »hu«.
°° *Hayy Allah* = »der Lebendige«.
°°° *Ya Aziz* = »der Mächtige«, einer der »99 schönsten Namen« Allahs.

Mehr und mehr beginne ich, hinter allem Allah wahrzunehmen. Nicht nur im Gesang der Vögel, sogar im Brummen der Flugzeuge, die über die Stadt hinfliegen, und im Tuten der Nebelhörner vom Bosporus. Als ich ein junges Mädchen war, hatte ich ein Zimmer mit Blick auf den Bosporus. Mein Schreibtisch stand vor dem Fenster, und oft sah ich beim Hausaufgabenmachen den großen Schiffen zu, die hell erleuchtet in Richtung Schwarzes Meer vorbeizogen.

Damals, in den sechziger Jahren, als mein Bruder und ich in dieser von Meeren umgebenen Stadt aufwuchsen, konnte man noch überall schwimmen. Die Ferien gingen von Mai bis September und entschädigten uns für das enorme Pensum, das die Deutsche Schule Istanbuls uns abverlangte. Mein Vater war in die Türkei versetzt worden, um als leitender Arzt der Deutschen Verbindungsstelle die Vorsorgeuntersuchung der sogenannten »Gastarbeiter« aufzubauen. Wie anders mein ganzes Leben verlaufen wäre, wenn wir im ›hohen Norden‹, in meinem lieben, heimatlichen Schleswig-Holstein, geblieben wären! Welch ein Segen, daß dem nicht so war! Und wie folgerichtig hat eins zum anderen geführt! Immer klarer erkenne ich »die Hand, die die Feder führt«.

14. Tag

Schon zwei Wochen. Wie die Zeit doch vergeht. Fühle mich körperlich noch etwas stärker. Mir ist auch weniger schwindlig. Wenn ich mich morgens ganz langsam aufrichte, in Etappen sozusagen, dann geht es schon ganz gut. Ich halte es auch nicht mehr für nötig, auf allen vieren um meinen Ofen herumzukrabbeln, gehe vorsichtig, aber wieder aufrecht.

Innerlich fühle ich mich heute aber irgendwie trübe, wie taub, gleichgültig. Kein Schmerz, keine Freude. Abgetrennt von allem, wie aus der Entfernung wahrnehmend. Dieses Abgetrenntsein ist tatsächlich schlimmer als das Verbundensein im lebendigsten Schmerz! Hz. Mevlâna sagt (OS, 674): »You don't have ›good‹ days or ›bad‹ days...«

Mein Bauch ist merkwürdig geschwollen und sehr hart, tut aber nicht weh. Hungerödeme können es wohl noch nicht sein. Ob ich bei den vielen Dhikrs, die ja mit bestimmten Atemmustern einhergehen, Luft geschluckt habe?

Draußen schneit es. Nach dem Abendgebet: Suppe! Diesmal ist viel Reis drin. Obwohl ich wirklich bewußt und mit Genuß esse, als meine Schale leer ist – was war's schon groß? Vielleicht ein Hinweis auf die relative Unwichtigkeit weltlicher Bedürfnisse? *»Alles vergeht außer Seinem Antlitz«* (Sura 28/88). Welch ein nüchterner Tag!

Diesmal läßt mich der Gedanke an Hz. Mevlâna weinen. Ich habe wohl in den letzten 30 Jahren zusammen nicht soviel geweint wie in diesen zwei Wochen. Aber warum auch nicht? Wen könnte es hier schon stören? Ich beschließe, ganz konkret eine der alten Übungen zu machen, den ›Weg der Derwische‹: »Wenn die Nefs Emmare zu klagen wünscht, dann soll man ihr zuwiderhandeln und danksagen und dabei so übertreiben, daß man Liebe in sich erwirbt. Denn lügend Dank sagen heißt, Liebe von Gott suchen« (FmF, S. 366). Danken dafür, über das schon hinausgewachsen zu sein, was einem noch zusetzt?

Also fange ich an, so inbrünstig ich kann, dafür zu danken, daß meine Besessenheit schon von mir genommen worden ist. Zunächst stelle ich fest, daß diese Übung zu immer stärkerem, sehr lebendigem Schmerz führt, fühle Allahs Gegenwart nahe, fühle weitere Schleier sich lüften. Wieviel besser dieser Schmerz der Gegenwart als die Gleichgültigkeit des Abgetrenntseins! Ich möchte mehr Schmerz und mehr Schmerz, bis ich ganz und gar rein gebrannt bin, so wie die Ney, die durchs Feuer geht, bis ihr Klang voll und rein ertönt. Möchte Schmerz, bis ich ›offen‹ bleibe. Mir fällt das Ohrloch-Stechen ein. Während das Ohr heilt, muß man den neuen Ohrring ständig drehen, so daß er nicht einwächst, damit sich tatsächlich ein Loch bildet. Dieses Drehen tut so lange weh, wie das Ohr noch versucht, sich wieder zu schließen. Erst wenn das Loch freiwillig offen bleibt, schmerzt das Drehen nicht mehr – und ist daher auch nicht mehr nötig.

Ich bitte um mehr und mehr Schmerz. Es fühlt sich soviel richtiger an als die vorhergegangene tote Gleichgültigkeit. Ich spüre auch immer deutlicher, daß der Prozeß der ›Übertragung‹

vom Lehrer auf Allah stattfindet, erkenne, daß das eigentliche Ziel meiner Besessenheit die Nähe Allahs ist. Könnte ich mich doch immer daran erinnern. Wenn doch bloß die Schleier sich nicht wieder schließen mögen! Auf einmal verstehe ich auch Hz. Mevlânas paradox erscheinende Verse: »In pain I breathe easier«, »When I'm ruined, I'm healed« (OS, S. 1115 u. S. 1131). Die sonst sanften, angenehmen ›Ströme‹ in mir sind, wie zu Anfang im letzten Sommer, zu einem heftigen Zittern des ganzen Körpers geworden. Ob Hz. Mevlâna das meint, wenn er sagt:

> »So ist es klar geworden, daß Beben und leidenschaftliche Liebe bei der Suche nach Gott notwendig sind. Wer nicht bebt, muß den Bebenden dienen. Keine Frucht wächst auf dem Stamm eines Baumes; denn Stämme zittern unten nicht; die Spitzen der Zweige zittern« (FmF, S. 346).

Könnte mein Zittern mich doch ständig mich erinnern lassen. Wie zahlreich sind die Schleier der Vergeßlichkeit! Auf einmal erschließt sich mir ein tieferer Sinn zweier weiterer Leitsätze des Sufitums: »Man muß nicht nur für die Rose danken oder für ihre Dornen; man muß auch danken, wenn überhaupt keine Rose da ist«, und: »Die Hölle ist süß für die Ungläubigen, denn sie lehrt sie die Gegenwart Allahs erkennen. Und nichts ist süßer als Seine Gegenwart«.

15. Tag

Habe immer noch meine Periode, fühle mich dennoch kräftiger. Wenn ich langsam und bedacht meine jeweilige Sitz- oder Liegehaltung ändere, bleibt das Schwindelgefühl gering. Draußen fallen ganz zarte, kleine Flocken. Sie fangen an liegenzubleiben und den unschönen Boden des Abbruchgeländes, auf das mein Zimmerfenster hinausgeht, sauber zu ›bepudern‹. Aus dem Fenster gucken ist keine Aktivität, die das Sich-nach-innen-Wenden fördert. So genehmige ich mir nur jeden Morgen nach dem Gebet einen ganz schnellen, kurzen Blick durch die eine sehr zerschlissene Stelle meines Vorhangs.

Dies Halvet ist eine Gehirnwäsche par excellence! Ich stelle fest, daß meine Sprache ›koranisiert‹ wird. Immer häufiger schieben sich Ausdrücke wie *inschallah*, »wenn Gott es so will« oder *al hamdulillah*, »Gott sei gelobt«, in meine Gedanken ein. Eigentlich klar: Abgeschnitten von allen Außenreizen, wird man viel empfänglicher für die begrenzten Stimuli, die zur Verfügung stehen. Da diese sich auf heilige Schriften des Islam beschränken, ist die resultierende ›islamische Gehirnwäsche‹ eine natürliche Konsequenz. Wer ›neutral‹ in so ein Halvet hineingeht, kommt garantiert als Muslim wieder heraus. Wer als solcher hineingeht, kommt als ›Muslim hoch zwei‹ heraus. Ob man aus ethischen Gründen Mitteleuropäer warnen müßte, indem man ihnen diese Gehirnwäsche-Dimension vorher eindringlichst deutlich macht? Andererseits, wer läßt sich schon auf so etwas ein, außer er steht dem islamischen Gedankengut zumindest nahe? Und denen wird es ja auch gut bekommen, für die wird, wie auch für mich, das Ergebnis eine lebendige Stärkung und Festigung des Wissens sein, das bis dahin nur kognitiv vorhanden war. Wer nicht ›manipuliert‹ werden will, wird sich sowieso nicht einem traditionellen Weg, einem Lehrer, anvertrauen.

Ich bin dankbar für die Kombination der mir erlaubten Autoren. Die oft drastischen Analogien und ekstatischen Liebesworte Hz. Mevlânas finden ihren Gegenpol in der gelehrt-gelassenen Nüchternheit Ibn Arabis. So geschieht mit mir eine ausgewogene, harmonische Gehirnwäsche, der ich mich in tiefem Vertrauen ganz hingeben kann.

Mein Bauch ist immer noch hart und angeschwollen*. Ich beschließe, die Dhikrs ab jetzt lautlos auszuführen, einen ›Dhikr des Herzens‹ daraus zu machen. Im Lauf des Tages führt dies zu einer neuen Dimension des Erlebens. Zunächst verdichtet sich der Luftkörper deutlich. Es ist fast, als sei diese unsichtbare Hülle, die ich um mich fühle, nun mit einer sirupähnlichen Masse angefüllt. Je mehr ich mich ganz auf das Gefühl einlasse, in dieser leichten Widerstand leistenden ›Substanz‹ im Rhythmus des Dhikrs hin und her zu schwingen, um so intensiver wird das

---

* Siehe Kommentar »Physiologische Begleiterscheinungen«, S. 151 ff.

körperlich-seelische Gefühl ausgeprägten Wohlseins: Irgendwann ist es nicht mehr zu übersehen: Dieses intensive Wohlsein hat eine erotische Komponente! Ob das zum Dhikr gehört??*

Ich beginne, mehr auf diese Gefühle zu achten. Beim Dhikr »*La ilahe illallah*«** wird es ganz deutlich. Und je tiefer meine Konzentration auf diese alte heilige Formel wird, je mehr ich mit ›Leib und Seele‹ dabei bin, um so ausgeprägter werden diese äußerst angenehmen Empfindungen. Irgendwie sexuell, und auf vielerlei Art und Weise doch anders. Es ist beispielsweise nicht wie Erregung in dem Sinn, daß es ›irgendwo hin will‹, es gibt kein ›Ziel‹ zu erreichen, ›es ›ist schon da‹. Es ähnelt eher dem Gefühl direkt nach dem Orgasmus, diesem schwebenden, wohligen Nachglühen. Ferner fällt auf, daß diese Empfindungen keineswegs genital begrenzt oder focussiert sind, sondern den ganzen Körper durchströmen. Bis zum Kopf hin, wo sich unter der Schädeldecke ein sanftes, sinnlich-pulsierendes Pochen entwickelt. Auch lenkt diese ›Art von Erotik‹ (wie soll ich's wohl sonst nennen?) keineswegs von den Dhikrs ab. Ganz im Gegenteil: Je ausschließlicher ich mich dem Objekt der Meditation, den alten heiligen Formeln, hingebe, um so angenehmer die Empfindungen – je angenehmer die Empfindungen, desto ausschließlicher meine Konzentration auf den Dhikr...???

Was tun? Ob das so sein soll? Keiner hat mich darauf vorbereitet, gelesen habe ich darüber in der klassischen Sufi-Literatur auch nichts. Schließlich erkenne ich in meinen zweifelnden Überlegungen wieder meine alte Bekannte, meine Nefs Emmare. Es ist reine Überheblichkeit, selbst auswählen zu wollen, was zur Halvet-Erfahrung gehört und was nicht. Das hieße an der Realität vorbeigehen, denn unabstreitbar ›ist‹ es, und was ist, kann nur sein, weil es so gehört, sonst wäre es ja schließlich nicht! Wieder meine Anmaßung, Allahs Eine Welt nach meinem menschlichen Ermessen in richtig und falsch aufteilen zu wollen! Wie weit bin

---

* Siehe Kommentar »Spiritualität und Sexualität«, S. 184 ff.
** Wie bereits erwähnt, das Glaubensbekenntnis des Islam: »Es gibt keinen Gott außer dem einzigen Gott«, d. h., daß Gott die einzige Wirklichkeit ist, die allen Erscheinungsformen immanent ist, diese transzendiert und offenbart.

ich noch vom *Vahdet al-Vudschud** entfernt! Wieso scheint es recht, den Schmerz anzunehmen, der fast täglich intensiv durch die traditionellen Übungen ausgelöst wird, aber nicht den Genuß? Meine Überlegungen basieren sicherlich auf den Teilen von mir, die abendländisch geprägt sind: Überreste der traditionell sexualfeindlichen Haltung des Christentums der Kirchen. Der Islam ist alles andere als sexualfeindlich, Sexualität ist heilig. Die alten Schriften bedienen sich sogar einer explizit erotischen Sprache, um allegorisch die Vereinigung mit Allah, dem Geliebten, darzustellen. Allegorisch...??

Im Vertrauen auf das System des Sufitums, auf diese uralte, zeitbewährte Methode zur spirituellen Bewußtwerdung, beschließe ich, mich weiterhin unzensiert der unmittelbaren Erfahrung hinzugeben, indem ich annehme, was auch immer sich entwickelt.

Und schon wieder bin ich in eine Falle geraten. Mir kommt in den Sinn, wie unordentlich meine Kinder mit der täglichen Post umgehen. Was, wenn mein Lehrer mir ausgerechnet jetzt schreiben sollte, wo ich im Halvet bin, und was, wenn meine Kinder den Brief verschlampen? Mit Entsetzen erkenne ich, wie stark mein Denken noch von sekundären Ursachen geprägt ist! Wieder sehe ich nur die Feder statt der Hand, die sie führt! Wenn die Hand will, daß eine Nachricht mich erreicht, was ist dann schon die Unordnung meiner Kinder, dies zu verhindern. Wie blind ich noch bin, wie dicht noch die Schleier, die mich hindern, primäre Ursachen zu sehen! Aber jedenfalls ertappe ich mich selbst immer schneller auf diesen Irrwegen, erkenne sie jetzt als solche. Früher habe ich tatsächlich noch geglaubt, daß solchen – auf verdrehten Kausalitäten beruhenden – Gedankengängen eine Realität zugrunde liegt.

Wieso kann ich nicht aufhören mit dem Unsinn? Dabei habe ich so exzellente Führer auf dem Weg. Muhammad (s. a.), der den Weg des Herzens, den Weg der Armut vorlebte. *»Faqri fachri!«***

---

* *Vahdet al-Vudschud* = die Einheit des gesamten Daseins. Auf dem Sufi-Pfad stellt diese Erkenntnis, die direkte Erfahrung des *Vahdet al-Vudschud*, das Ziel der Suche dar.

Und Hz. Mevlâna, der in seinen Schriften eine Fülle von ›Wegzeichen‹ hinterließ. So klar weist er den Weg: »Try to lose. Don't do anything for power or influence. Run into the minds's fire. Beg and cry and come walking on your knees...« (OS, S. 78). Demnach müßte ich einfach wünschen, daß so ein Brief verlorengeht... Wie schwer ist das doch, wenn man im allgemeinen nicht zu selbstzerstörerischem Verhalten neigt.

16. Tag

Immer noch schneit es sacht. Horden von Kindern spielen begeistert auf dem Abbruchgelände. Für einige Minuten breche ich meine Regel, nicht aus dem Fenster zu gucken, um ihnen zuzusehen. Es ist so rührend! Die Kleinen in diesem armen Viertel haben nur sehr unzureichende Kleidung. Die meisten sind mit Turnschuhen im inzwischen ziemlich hohen Pulverschnee zugange. Einer sogar mit Plastik-Badeschuhen! Keines hat Handschuhe, nur wenige Mützen oder einen Schal. Jacken oder dünne Anoraks sind die einzige Oberbekleidung. Utensilien wie Schlitten oder Skier hat keiner. Ohne alles spielen sie mit einer Ausgelassenheit, die purste, reinste Freude ist. Freude am fallenden Schnee, am Spiel ihrer eigenen kleinen Körper. Auch Ayşegül ist wieder dabei. Ihr Lachen begleitet mich noch eine Weile, bis ich in den Dhikrs aufgehe.

°° »Meine Armut ist mein Stolz.« Der Sufi-Begriff »Armut«, manchmal auch als »Leere« bezeichnet, bezieht sich weder auf materielle Armut noch auf geistige Armut im Sinne geistiger Schwäche. Diese spirituelle ›Armut‹ besteht darin, die vielfältigen äußeren Erscheinungsformen als solche zu erkennen und ihre EINE innere Essenz wahrzunehmen. Es bedeutet, daß der Mensch für alles ›ausgelöscht‹ ist, was sein Eigeninteresse angeht (*fana*) und in dem EINEN weiterlebt (*baqa*). Es ist der höchste Seinszustand, den der Mensch erreichen kann. Es ist eine demütigste Unterwerfung unter den Ursprung – und damit dessen Verkörperung. Das Hadith *An-nawafil* beschreibt den Zustand eines solchen ›Armen‹: »...und Mein Diener hört nicht auf, sich Mir zu nähern, indem er zusätzliche Werke tut, bis daß Ich ihn liebe. Und wenn ich ihn liebe, so bin Ich sein Gehör, durch das er hört, und sein Gesicht, durch das er sieht, und seine Zunge, durch die er spricht, und seine Hand, mit der er greift.«

Ich erwische mich früher und früher dabei, wieder in mir altbekannte Fallen hineinzutappen. Ich erkenne auch, daß ich eigentlich nur noch eine Angst habe: daß die Schleier sich wieder senken könnten, daß ich diesen direkteren Zugang zu der Einen Wahrheit wieder verschlossen finden könnte. Tatsächlich gibt es nichts Schlimmeres. Wenn ich mich daran doch ständig erinnern könnte. Aber sicherlich werde ich mich noch des öfteren in kleinlichen Pseudo-Ängsten verirren, wie der, daß ich meinen Lehrer nie wieder sehen werde. Dabei zeigt mir Muhammad (s. a.) den Weg der Liebe. Das spüre ich merkwürdig deutlich, wünsche, daß die Dhikrs mein Herz blank polieren mögen, so daß ich diesen Weg der Liebe erkennen kann! *Fana*° und *Baqa*°° sind tatsächlich die einzigen Ziele, die ich noch habe. Die ›einzigen‹! Welch' Unbescheidenheit! Was kann denn einem Menschen Größeres gegeben werden? Wie nur kann ich dieses Wissen um das einzig wichtige Ziel schützen? Meine neuen Erkenntnisse kommen mir vor wie zarte, verletzliche kleine Pflanzen.

Die den ganzen Körper durchflutenden erotischen Empfindungen werden immer intensiver, je tiefer ich in die Dhikrs eindringe. Ob so was wohl bis zum Orgasmus gehen kann? Und wenn schon! Was kümmert's mich!

17. Tag

Immer noch schneit es sanfte, kleine Flocken, die liegenbleiben. Die Kleinen haben inzwischen alte Pappkartons in Schlitten umfunktioniert. Meine Periode scheint endlich vorbei zu sein. Die Dhikrs werden immer sinnlicher. Zusätzlich entsteht aber auch eine deutliche ›ziehende‹ Empfindung in der Herzgegend. Ob sich darin tatsächlich das ›Polieren des Herzens‹ physiologisch manifestiert? Dann wäre dieser Ausdruck ja mehr als die Metapher, für die ich ihn hielt.

Spätabends, fast bis Mitternacht, übernehmen die jungen Männer des Viertels die Straße, die an das Abbruchgrundstück

---

° *Fana* = das Schwinden des Ichbewußtseins, Entwerdung.
°° *Baqa* = das Verweilen in Gott nach einem vorangegangenen *Fana*.

grenzt. Sie haben eine Schlitterbahn gebaut und hackern mit größter Begeisterung. Autos fahren dort gar nicht mehr. Es ist wohl zu glatt. Ob in Istanbul immer noch der gesamte Verkehr zusammenbricht, wenn der Schnee liegenbleibt? Mir fällt ein solcher Abend ein, vor langer, langer Zeit. Als Mehmet, damals mein Verlobter, und ich aus dem Kino kamen, hatte ein plötzlicher Schneesturm für ein unüberschaubares Verkehrschaos gesorgt. Nach stundenlangen Mühen, Plätze in den wenigen noch funktionierenden öffentlichen Verkehrsmitteln zu ergattern, waren wir schließlich bei seiner Familie in Yeşilyurt, am anderen Ende dieser Riesenstadt, angelangt. Der viel kürzere Weg zu meiner Familie war wegen der steilen Hügel Istanbuls völlig unmöglich geworden.

18. Tag

Die Dhikrs werden noch tiefer, erhalten im wahrsten Sinn des Wortes ›Substanz‹. Hier entfaltet sich der innere Friede, den der Islam so schön als Herzensruhe bezeichnet. Mein Kopf bewegt sich in einer Säule, die der Luftkörper bildet. Dann entsteht ein Gefühl, als ob ich mit jeder Hin- und Herbewegung des Kopfes Fäden dieser Substanz weit in den Raum hinausschleudere. So wie Wasser aus dem Fell eines nassen Hundes spritzt, wenn er sich schüttelt. Nur daß diese Fäden dann eine Art Eigenleben haben, das sie weiter und weiter ins Universum hinausträgt. Direkt über der Herzregion fühlt es sich an, als würde ich Vorhänge (Schleier?) zu beiden Seiten hin aufstoßen. Mit den gleichmäßigen, weit ausgreifenden Bewegungen der Beine eines Schlittschuhläufers, rechts, links, rechts, links ... Ob dies das »Polieren des Herzens« ist?

Manchmal fühlt es sich so an, als dränge ich direkt in die Silben der heiligen Formeln ein, in den Laut, der still in mir nachklingt. Je größer die Achtsamkeit, mit der ich dabei bin, um so intensiver das Erleben. Der Dhikr selbst bringt mir bei, wie man Dhikr macht! Mir fällt die alte Anweisung ein: »Zuerst tust du so, als machtest du den Dhikr. Dann machst du den Dhikr. Dann, schließlich, macht der Dhikr dich.« Ich empfinde diesen Steuerungsprozeß auf einmal als ein ›Zeichen‹ für Allah. »*Er ist dir näher als die Halsschlagader.*« Wo kann man Ihn, Der immanent und transzendent ist, erkennen, wenn nicht im tiefsten Inneren? Die Zeichen, von denen der Heilige Koran spricht, sind »*an den Horizonten und in euch selbst*«. Ob es das ist? »Sein Himmel und Seine Erde können Ihn nicht fassen«, sagt der Islam, »nur das [blank polierte] Herz des Gläubigen hat Raum für Ihn.«

Plötzlich wird mir schmerzlichst klar, es gibt wirklich nur einen Weg: absolute Hingabe, absolutes Aufgeben des eigenen Für-sich-Wollens. Das *freiwillige* Hingeben dessen, »was einem am liebsten ist«... Mit Hz. Mevlânas Worten: »den Schritt auf den Löwen zuzugehen, *in Gegenwart des Löwen*«, in »das Feuer hineinzuspringen«, in »die Falle hineinzusteigen«.

Der Löwe

So wurde in allen Teilen der Welt von einem Löwen berichtet. Ein Mann, der sich über das Gerücht wunderte, machte sich zu jenem Wald von fernher auf, um den Löwen zu sehen. Ein Jahr lang erlitt er die Härten des Weges und reiste von Station zu Station. Als er bei diesem Walde ankam und den Löwen von ferne sah, stand er still und konnte nicht einen Schritt nähergehen. »Wieso?« sagte man zu ihm. »Du bist einen so weiten Weg aus Liebe zu diesem Löwen gekommen. Dieser Löwe hat die Eigenschaft, daß er jemand, der sich ihm kühn nähert und ihn liebevoll streichelt, nicht verwundet und ihm nichts tut; aber wenn jemand sich fürchtet und ängstlich ist, dann wird der Löwe wütend auf ihn, ja, er greift einige an und will sie wirklich umbringen, weil sie eine schlechte Meinung von ihm haben. Da das so ist, habt ihr euch nun ein Jahr lang abgequält. Jetzt, wo ihr dem Löwen nahegekommen seid, steht ihr still. Was ist das denn für ein Stehen?« Niemand hatte den Mut, auch nur einen Schritt weiterzugehen. Sie sagten: »Alle Schritte, die wir bis hierher getan haben, die waren leicht. Hier können wir keinen Schritt weiter tun.«

Nun, was Omar* mit »Glauben« meinte, war dieser Schritt, einen Schritt in Gegenwart des Löwen auf den Löwen zu zu

*machen. Dieser Schritt ist überaus selten; der ist nur die Sache
der Erwählten und Gottes naher Freunde. Dies ist der eigentliche Schritt, der Rest sind nur Fußspuren.*

Hz. Mevlâna, Fihi ma Fihi, S. 206

Das Liebste, was ich noch habe, ist nichts, was ich besitze, es ist
der verzweifelte Wunsch, meinen Lehrer wiederzusehen. Ich
mache mehrere Anläufe. Ich fühle mich, als sollte ich nochmals
sterben, bis es mir schließlich gelingt, darum zu beten, ihn nie
wiederzusehen.

Der Schmerz ist so brennend und frisch, als wäre nicht ein
ganzes Jahr vergangen. Irgendwann, viel später, hört der entsetzliche Schmerz auf einmal sekundenlang auf, und ich erlebe die
tiefste und gültigste Herzensruhe, die ich je gespürt habe. Hz.
Mevlânas »poorhouse of not-wanting«, das muß es sein. Jetzt habe
ich alles gegeben, mir ist nichts mehr geblieben. Ob ich wohl je
wieder aufhören kann zu weinen? Nur noch knapp drei Wochen,

° Einer der »vier rechtgeleiteten Kalifen« (regierte 634–644) und Gefährten
Muhammads (s. a.).

dann holt man mich hier heraus. Ob ich mich bis dahin wieder fangen kann?

Diese Sekunden eines qualitativ so anderen, so unbeschreiblichen Gefühls der Herzensruhe reichen jedoch aus, mich in der Annahme zu bestärken, auf dem richtigen Weg zu sein. So mache ich weiter und weiter, bis ich zwischen Tränen und Erschöpfung nicht mehr genau weiß, ob ich schlafe oder noch bete. Absolut leer und verausgabt raffe ich mich irgendwann gegen Morgen auf, die Waschungen für das noch nicht erfolgte Nachtgebet zu vollziehen.

Vor meiner Tür finde ich ein Säckchen mit Oliven. Der gute Yusuf!

19. Tag

Ich fühle nur Leere, ausgebrannte unendliche Leere. Keine Spur von diesem unbeschreiblichen inneren Frieden, des »poorhouse of not-wanting«, das in der Nacht für einige Sekunden wie ein Lichtstrahl durch die Wolkendecken des Schmerzes gekommen war. Immer noch will ich selbst bestimmen, wo's langgeht. Ich muß noch viel lernen, bis ich zu dem Versunkenen werde, der durch die Strömungen des Ozeans bewegt wird. Was mir fehlt, ist schlicht und einfach »Islam«, im wahrsten Sinn des Wortes. Eigentlich ist das alles: Die absolute Hingabe eines wahrlich Versunkenen muß tiefer Friede sein...

20. Tag

»Es ist gut, wenn du allezeit hilflos bist und unter allen Umständen dich als hilflos siehst, selbst wenn du Macht hast, ebenso wie wenn du unfähig bist. Denn über deiner Macht gibt es eine größere Macht, und du bist in allen Zuständen von Gott überwunden.«

Hz. Mevlâna

Ich kapituliere, erkläre mich hilflos, gestehe mir meine absolute Hilflosigkeit ein. Ich muß erkennen, daß auch mein größtes freiwilliges Opfer des Verzichts, vor zwei Nächten, nichts gebracht hat. Ich erkenne, daß ich auch in diesem Fall wieder geplant hatte. Ja, Ibrahim* brachte das zum Opfer, das ihm sein Liebstes war. Aber – er tat es aus demütigstem Gehorsam! Er hatte keineswegs für sich, aus eigenem Ermessen, beschlossen, seinen Sohn Ismail* anzubieten! So vermessen war er nicht! Ich fühle mich völlig in äußerster Hilflosigkeit gefangen. Ich habe nichts mehr, was ich noch geben könnte, tun könnte. Mein planender, selbst die Führung übernehmen wollender Verstand hat sich schließlich und endlich selbst in die Enge getrieben, in eine hoffnungslose Sackgasse. Ich weiß nicht weiter.

Hz. Mevlâna sagt:

»Alle deine Heimsuchung, dein Unglück und deine Enttäuschung kommen von jenem Verstehen. Jenes Verstehen ist eine Fessel für dich; du mußt vom Verstehen frei werden, um überhaupt etwas zu werden. (...) Verstand ist so lange gut und wünschenswert, bis er dich zum Tor des Königs bringt. Hast du einmal sein Tor erreicht, dann ergib dich und schneide dich vom Verstand, denn in jener Stunde ist der Verstand schädlich, ein richtiger Wegelagerer« (FmF, S. 196).

Nur wie? Ich verstehe nicht mal, wie ich es anstellen soll, den Verstand nicht zu gebrauchen. Vielleicht liegt darin meine abgründtiefe Hilflosigkeit?

Wenn man vor dem ›Tor‹ steht und anklopft und sagt: »Ich bin es«, so kann man nicht hinein. Erst wenn man sagen kann: »Du bist es«**, wird Einlaß gewährt. Denn außer für Allah ist für nichts anderes Raum. Nur jemand, der ganz in Allah entworden ist, kann nach diesem *Fana* in Ihm bestehen, kann *Baqa* erfahren. »Zerbrich den Krug und werde zum Ozean.« Nur wie? Ich bin mit meinem Latein am Ende, kann nichts mehr tun, als darum zu beten, von mir »Du bist es« sagen zu können, wahren Islam zu erlernen. »*Allah hört den, der Ihn preist*«, heißt es im Ritualgebet. Wenn etwas durch Anstrengung, Willen, logisches Denken, strategisches Vorgehen etc. nicht erreicht werden kann, was bleibt

---

* Ibrahim entspricht dem biblischen Abraham, Ismail dem biblischen Isaak.
** Siehe »Da du ich bist«, S. 80.

außer dem Gebet? (Und dem Vertrauen auf den Lehrer... Und Geduld...)

Zum ersten Mal verstehe ich den tieferen Sinn der alten Sufi-Lehrgeschichte »Das Wesen der Schülerschaft«. Bisher war mir diese Schilderung eher wie ein Koan vorgekommen. Denn auf rationaler Ebene betrachtet konnte der Schüler gar nicht ›gewinnen‹. Was er auch tat, es wurde zum Paradoxon. Aber das ist es ja gerade! Sein Sheykh war fähig genug, ihm seine Lernsituation so zu konstruieren, daß er die Essenz der Schülerschaft, das Aufgeben des eigenen, planenden Willens, erfuhr, ganz gleich, was er tat. Der Schüler hatte offensichtlich, wie auch ich, guten Willen und Enthusiasmus mit Hingabe verwechselt... Er gewann, indem er nicht gewinnen konnte! Ein Lehrer, der nicht zuließ, daß der Schüler sich selbst sabotierte...

Irgendwann kommt mir der Gedanke, daß meine Hilflosigkeit die Antwort auf mein Gebet ist! Seit Tagen habe ich darum gebeten, von meinem eigenmächtigen Planen errettet zu werden, um zum Versunkenen zu werden, um wahren Islam zu erlernen. Wie sonst kann man sich die Erhörung eines solchen Wunsches wohl vorstellen, außer in Form einer ›Kapitulation in Hilflosigkeit‹?! Ich habe genau das erhalten, um das ich gebeten habe – nur so hatte ich mir das nicht vorgestellt! Viel Verstand habe ich ganz offensichtlich tatsächlich nicht mehr.

»*Euer Herr wird Seine Barmherzigkeit über euch breiten und euch einen tröstlichen Ausweg aus eurer Lage weisen*«, lese ich vor dem Einschlafen im Heiligen Koran (Sura 18/17).

*

Das Wesen der Schülerschaft

Von Ibrahim-i Khawwas wird erzählt, er habe sich, noch ein Jüngling, einem bestimmten Lehrmeister ergeben wollen. Er suchte diesen Weisen auf und bat, sein Schüler werden zu dürfen.

Der Lehrer sagte: »Du bist noch nicht so weit.«

Als der junge Mann hartnäckig blieb, sagte der Meister: »Nun gut, ich werde dich etwas lehren. Ich will gerade zu einer Pilgerfahrt nach Mekka aufbrechen. Komm mit.«

Der Schüler war überglücklich.

»Nachdem wir nun Reisegefährten sind«, sagte der Lehrer, »muß der eine führen und der andere gehorchen. Wähle deine Rolle.«

»Ich werde gehorchen, du sollst führen«, sagte der Schüler.

»Ich werde führen, wenn du verstehst zu folgen«, sagte der Meister.

Die Reise begann. Als sie eines Nachts in der Wüste von Hijaz rasteten, begann es zu regnen. Der Meister stand auf und hielt eine Decke über den Schüler, um ihn zu schützen.

»Aber das sollte ich für dich tun«, sagte der Schüler.

»Ich befehle dir, mir zu erlauben, dich auf diese Weise zu schützen«, sagte der Weise.

Als es wieder Tag war, sagte der junge Mann: »Nun beginnt ein neuer Tag. Laß mich der Führer sein, und du gehorchst.« Der Meister war einverstanden.

»Ich werde jetzt Reisig sammeln, um Feuer zu machen«, sagte der Jüngling.

»So etwas darfst du nicht tun; ich werde es sammeln«, sagte der Weise.

»Ich befehle dir, sitzen zu bleiben, während ich Reisig sammle!« sagte der junge Mann.

»So etwas darfst du nicht tun«, sagte der Lehrer, »denn es entspricht nicht den Bedingungen der Schülerschaft, daß der Jünger sich erlaubt, vom Führer bedient zu werden.«

Und so zeigte der Meister dem Schüler bei jeder Gelegenheit recht anschaulich, was Schülerschaft wirklich bedeutet.

Vor dem Tor der heiligen Stadt trennten sie sich. Als der junge Mann den Weisen später wiedertraf, konnte er ihm nicht in die Augen sehen.

»Was du da gelernt hast«, sagte der ältere Mann, »ist etwas vom Wesen der Schülerschaft.«[*]

---

[*] Aus: I. Shah, Das Geheimnis der Derwische, Freiburg i. Br. 1982, S. 54.

»Da du ich bist.«

»Es klopfte einer an des Freundes* Tor –
›Wer bist du‹, sprach der Freund, ›der steht davor?‹
Er sagte: ›Ich!‹ – Der sprach: ›So heb dich fort,
Wenn du so sprichst! Ist hier der Rohen Ort?
Den Rohen kocht das Feuer Trennungsleid –
Das ist's, was ihn von Heuchelei befreit!‹
Der Arme ging, ein Jahr von ihm zu scheiden
Und glühte hell im Schmerz, den Freund zu meiden.
Da ward er reif. Nun kam er von der Reise,
Daß wieder er des Freundes Haus umkreise.
Er klopft' ans Tor mit hunderterlei Acht,
Daß ihm entschlüpft' kein Wörtlein unbedacht.
Da rief sein Freund: ›Wer steht denn vor dem Tor?‹
Er sprach: ›Geliebter, du, du stehst davor!‹
›Nun, da du ich bist, komm, o Ich, herein –
Zwei Ich schließt dieses enge Haus nicht ein!‹«

Hz. Mevlâna, M I 3056–64, (zit. nach A. Schimmel, 1985,
S. 444)

21. Tag

*»Nur neue Liebe trägt die Liebe fort, wenn sie sich einen bessern
Liebsten nimmt.«*

Gurgani

Bin ziemlich ruhig, verstehe überhaupt nichts mehr. Es gibt nichts
mehr, was ich noch tun könnte, außer das zu tun, was mir
aufgetragen worden ist: Dhikrs, Gebet, etwas Lesen. *»Er wird
euch einen tröstlichen Ausweg weisen...«* Eigentlich kann ich nur
noch darum beten. Denn wie so ein Ausweg aus meiner Lage
aussehen könnte, ist mir schleierhaft.

Ibn Arabi schreibt:

»Man kann sich vor einem Ding nur durch dieses selbst
schützen. (...) Man schützt sich also vor dem Eisen mit dem
Eisen. Dementsprechend befiehlt die Vorschrift Muhammads,

---

* »Freund« und »Geliebter« sind Sufi-Begriffe für Gott.

also zu beten: ›Ich nehme bei Dir meine Zuflucht vor Dir!‹
Begreife das!« (FaH, S. 116).

Schmerz heilt also den Schmerz, Liebe nur eine größere Liebe . . .
»Spring in des Geistes Feuer!« sagt Hz. Mevlâna. Keine Abwehr
mehr! Nur ein Ziel, ein Gebet, ergibt noch Sinn: der wahre Islam,
Frieden in der absoluten Hingabe.

22. Tag

»Why organize a universe this way?«

HZ. MEVLÂNA

Gleich morgens schalte ich mein Öfchen aus, um Duschwasser zu
erhitzen. Die sofort einsetzende Kälte will ich wie üblich überstehen: koranlesend unter meine Decke gekuschelt. Ich habe die
Umstände, die das Wasserheizen hier mit sich bringt, zum Anlaß
genommen, einmal meine Toleranzgrenze in Sachen Reinlichkeit
zu erweitern. Es ist schon vier Tage her, seit ich Haare gewaschen
habe! Nun reicht's aber wirklich, strähnig berührt mein sonst
locker fallendes Haar mein Gesicht und irritiert mich bei jeder
Bewegung.

Als schon eine Dreiviertelstunde in Kälte vergangen ist, fällt
wieder die Elektrizität aus. Na ja, mit meiner Kerze kann ich
weiterlesen. Es wird immer noch kälter. Schließlich, nach gut zwei
Stunden, fällt mir auf, daß nebenan der Fernseher wieder geht!
Meine Lampe bleibt jedoch dunkel. Wieso habe ich keinen
Strom? Ich gehe in den Flur und probiere die Lampe dort. Auch
kein Licht! Langsam dämmert's mir: Der Strom fiel aus, als mein
Boiler aufheizte! Und man hatte mir ja gesagt, daß es zu Kurzschluß führt, wenn man den Boiler abschaltet, während er
aufheizt! Offensichtlich hat der Boiler den Stromausfall mit
Abschalten verwechselt . . .

Über der Eingangstür sind vier große Porzellanknäufe, die nach
Sicherungen aussehen. Ich steige mit meiner Kerze auf einen
wackeligen dreibeinigen Schemel, der in der Küche steht, und
beginne an den vorsintflutlichen Knäufen herumzuschrauben.

Immer wieder steige ich runter und probiere das Licht. Nichts! Schließlich gebe ich auf.

Meine Zelle ist nun nicht nur kalt, sondern auch dunkel. Nur durch die Löcher im Vorhang fallen Streifen trüben Februarlichts hinein. Im Laufe des langsam vergehenden Tages wird mir immer kälter. Das muß das Fasten sein. Ich bin schon sehr dünn. Meine Hüftknochen stehen vor, wie ich es auf Bildern von indischen Kühen gesehen habe. Ich ziehe noch einen zweiten Pulli über den ersten. Meinen Wintermantel breite ich zusätzlich über meine Decke.

Zunächst kommt mir meine erschwerte Lage vor wie eine Lektion im Aushalten. Sei's! Als meine Ohren immer kälter werden, binde ich mein Kopftuch um. Wie armselig dieses Haus isoliert ist! Die Tragödie der Dritte-Welt-Länder auf Mikro-Ebene: aus Armut mangelhafte Isolierung, Ergebnis: erhöhter Energiebedarf, Ergebnis: Verstärkung der Armut...

Wie komme ich eigentlich darauf, das dies eine Lektion im Aushalten sein könnte? Aushalten oder Durchhalten, eben Eigenschaften, die durch innere Disziplin zu erwerben sind, sind ja gar nicht mein Problem. Nein, ganz klar ist dies eine Übung der Hingabe, des bedingungslosen Annehmens! Ein ganz konkretes Angebot, das zu praktizieren, um das ich so sehr gebeten habe: den wahren Islam!

Sobald ich aufhöre, mich innerlich gegen die Kälte zu sträuben, sobald ich willig meine Lage als Lernangebot annehme, wird es schon viel besser. Ich beginne, mich bewußt ›innerlich auszudehnen‹ statt ›zusammenzuziehen‹. Die Kälte wird erträglicher. Im »*Open Secret*« (S. 44) lese ich:»I want that moment again when I spread out, like olive oil in the skillet.« Welch wunderbares Bild! Ich lasse mich einfach mich ausdehnen, wie Olivenöl in der Pfanne. Meine innere Anspannung vergeht, Friede erfüllt mich. Ich verstehe auch mehr, was mit Hz. Mevlânas Ausspruch »es gibt keine guten Tage und keine schlechten Tage« gemeint sein könnte. Gerade das, was an diesem Tag schlecht ist, führt ja zum Guten, zur weiteren Erkenntnis.

So geht der Tag dahin, und ich warte geduldig darauf, daß Yusuf mich irgendwann von meiner Dunkel-Kälte-Haft befreien wird. Ich ertappe mich bei dem Wunsch, er möge nicht erst gegen 10 oder 11 Uhr abends kommen, was manchmal der Fall ist. Und einmal, am ersten Abend, war er ja auch gar nicht gekommen... Und wieder sorge ich mich, plane ich! Dabei sehe ich doch, daß gerade die erschwerten Umstände mir helfen zu erkennen. Und was mache ich...? Hoffe nur, es möge bald vorüber sein! (Wie wohl die Menschen im Zweiten Weltkrieg zu allem Überfluß auch noch die ungeheizten Winter überstanden haben?)

Gut, daß Allah offensichtlich unendliche Geduld mit den Unzulänglichkeiten seiner Geschöpfe hat. (Meine eigene mit mir wird rapide geringer!) Man könnte sich natürlich auch fragen, warum der Schöpfer die Geschöpfe so geschaffen hat. »Why organize a universe this way?« (OS, S. 79). Aber gerade darin liegt ja die Freiheit und damit die Würde des Mensch-Seins. »Begabt mit Unterscheidungsvermögen«, liegt es ja an uns, den »geraden Weg« zu wählen. Hz. Mevlâna bezeichnet Menschen als Geschöpfe, gemacht aus Engelsflügeln, an die ein Eselsschwanz gebunden ist. Engel und Tiere erreichen ihre Vollkommenheit durch ihre Unwissenheit. Erstere können nicht anders, als Gott zu loben und zu preisen, letztere können nicht anders, als ihren Trieben Folge zu leisten. Der Mensch dazwischen jedoch ist frei. Wählt er den »geraden Weg«, steigt er höher als die Engel, wählt er den »Weg derer, die Mißfallen erregt haben«, ist er »irrender als das Vieh«. »*Sie sind wie das Vieh, nein, noch irrender*« (Sura 7/179), sagt der Heilige Koran, den man ja auch »*Al Furqan*«, den »Unterscheidenden«, nennt.

Hz. Mevlâna schreibt:

»Einige [Menschen] aber sind noch im Kampf, und das sind diejenigen, die in sich Schmerz und Sorge, Klage und Sehnen verspüren; (...) Das sind die Gläubigen. Die Heiligen warten auf sie, um sie zu ihrem eigenen Standplatz zu bringen und sie sich anzugleichen.« (FmF, S. 151).

Jetzt sind meine Hände so klamm, daß ich Mühe habe, die Buchseiten umzublättern. Ich nehme mein Kopftuch ab und wickle es um eine Hand, die andere wärme ich zwischen meinen Schenkeln. Das muß der wärmste Ort dieser Wohnung sein! Meine Ohren bedecke ich mit meinen Haaren (wenn sie bloß sauber wären!!). Frieren ist wirklich scheußlich! Immer, wenn ich mir wieder wünsche, es wäre schon vorbei, hilft mir die schöne Metapher vom Olivenöl. Sobald ich mich ›ausdehne wie das Öl in der Pfanne‹, mich entspanne, ist es gleich wieder gut. »*Allah preßt zusammen und entspannt*«, heißt es im Heiligen Koran (Sura 2/245), und auch: »*Er, dessen Brust Gott ausgedehnt hat für den Islam*« (Sura 39/23). Das ist auch ein ganz passendes Bild. Wenn ich mich ›weite‹, dann entsteht die Hingabe, durch die Hingabe und das Annehmen entsteht wiederum die Weite des inneren Friedens.

Gegen 7 Uhr abends kommt Yusuf! Ich höre, wie er erst den Lichtschalter ein paarmal an- und ausknipst, dann auf den Schemel steigt. Nach kurzer Zeit springt er wieder herunter, dann schließt sich die Wohnungstür hinter ihm, und alles ist still.

Eine Viertelstunde später höre ich ihn wiederkommen. Diesmal die Geräusche einiger Werkzeuge, und dann geht mein Licht wieder an! Wie eine Palastbeleuchtung kommt mir meine 75-Watt-Birne vor! Danke, du guter Yusuf! Ich friere einfach zu sehr und schon zu lange, als daß ich jetzt noch meinen Boiler zum Haarewaschen aufheizen möchte. Nur den Segen des kleinen Öfchens genießen! Diese eine Nacht werde ich auch noch strähnig überstehen! Ich fühle mich im Einklang mit mir selbst, taue langsam wieder auf, richtig zufrieden bin ich. Es ist überstanden, *al-Hamdulillah!*

Gerade da geht ganz unvermittelt wieder das Sturmklingeln, das Geschrei und das Schlagen an meiner Tür los! Ich schrecke wahnsinnig zusammen, wieder schlägt mein Herz wie rasend. »*A'uzu billahi mina'sh-sheytani-r'rajim, bismillahi-r'rahmani-r'rahim*«*, kommt mir die uralte Schutzformel wie von selbst über die Lippen. Ich rühre mich nicht, atme kaum noch. Wie ein hypnotisiertes Kaninchen vor der Schlange komme ich mir vor. Warum kommt bloß keiner der Nachbarn und sieht nach dem Rechten? Nach endlosen fünf Minuten geben sie auf. Die Tür hat wieder gehalten!

Gerade als ich selbstzufrieden dachte: Jetzt ist es geschafft! Immer noch bin ich geblendet durch die Sekundärursachen, sehe nicht die Hand, die die Feder führt. Dachte ich tatsächlich, die

---

* *A'uzu billahi* . . . = »Gott bewahre mich davor« (»ich suche Zuflucht bei Gott«).

Lektion sei vorbei, nur weil ich wieder Strom habe?? Später lese ich (natürlich!) bei meinem getreuen Wegbegleiter Hz. Mevlâna:

»Denn die Menschen blicken auf die sekundären Ursachen. – Aber den Heiligen ist offenbart worden, daß die sekundären Ursachen nicht mehr als Schleier sind. (…) Wenn sie so etwas sehen, wissen sie, daß sekundäre Ursachen ein Vorwand sind und die wirkliche Ursache eine andere ist. (…) Sekundäre Ursachen sind ein Schleier, um das gewöhnliche Volk mit ihnen zu beschäftigen. (…) Warum vergißt du all das?« (FmF, S. 139).

Ja, warum vergesse ich all das? Immer denkt man, man sei noch mal davongekommen. Wie sinnlos doch!

23. Tag

»Vielmehr geziemt es sich nach Ansicht der vollendeten Mystiker, daß man sich demütige und Gott bitte. Er möge die Heimsuchung von einem nehmen.«

IBN ARABI

Als ich gleich früh am Morgen wieder meinen Ofen aus- und den Boiler einstöpsle, fühle ich mich unbehaglich. Das Ausharren in Kälte und Dunkelheit war so unschön gewesen. Da hab ich's mal wieder! Meine Befürchtungen! Warum sollte es wieder passieren? Ich muß noch soviel Vertrauen lernen!

Als diesmal der Strom ausfällt, ist erst eine halbe Stunde vergangen. Zunächst kann ich es nicht so recht fassen. Wieder laufe ich durch die Wohnung, als die Fernseher der anderen wieder angehen, wieder schraube ich an den Sicherungen herum – es *kann* doch einfach nicht sein! Noch ein langer, langer Tag in Dunkelheit und Kälte! Wie ist es nur möglich? Ich habe doch tatsächlich aufrichtigst Dank empfunden für das Privileg der Wärme, das Badewasser, einfach für alles! Und seit meine Sprache so ›koranisiert‹ ist, habe ich doch nicht einmal mehr Dinge gedacht wie: »Morgen wasche ich meine Haare«, sondern immer, ganz selbstverständlich, meinen Absichten ein »Inschallah« hinzugefügt!

Während mir all dies durch den Kopf geht, erkenne ich die Falle, in die ich mal wieder geraten bin: Allein mein Fragen nach dem Warum beweist ja meine Vorannahme einer Kausalität, die ich erkennen könnte! Wenn es tatsächlich eine solche von Menschen erfaßbare Kausalität gäbe, dann wäre Allah ja vorhersagbar, manipulierbar. Habe ich denn gestern gar nichts gelernt?

Doch, jedenfalls Pragmatisches! Wieder ziehe ich zwei Pullis an, wickle mein Kopftuch um meine Haare, bedecke mich mit meinem Mantel und denke daran, mich auszudehnen wie Olivenöl in der Pfanne. Es scheint auch nicht ganz so bitter kalt zu sein wie gestern, und eigentlich bin ich so zufrieden, wie man in dieser mißlichen Lage wohl sein kann. Endlich habe ich jedenfalls ein bißchen gelernt, anzunehmen, ›gute Miene zum bösen Spiel zu machen‹. Doch dann lese ich Ibn Arabi! Obwohl auch er die »ausharrende Geduld gegenüber den Heimsuchungen Gottes« (FaH, S. 155) als unerläßliche Tugend sieht, gehört für ihn das »Leidklagen« dazu! Eine »Enthaltung der Klagen über Heimsuchungen« sieht er sogar als »Ungezogenheit und Auflehnung gegen die göttliche Macht«. Er bezeichnet eine »gewisse Gruppe von Sufis« als »von der richtigen Erkenntnis ausgeschlossen«, da nach deren Meinung »Standhaftigkeit darin besteht, daß man sich davor zurückhält, Klage zu führen«. Er weist darauf hin, daß Gott Hiob Lob erteilte wegen seiner Standhaftigkeit, obwohl er um Beseitigung der Pein betete. Ibn Arabi kommt zu dem Schluß, daß »Standhaftigkeit darin besteht, daß man sich davor zurückhält, *einem anderen als Gott* seine Klage vorzubringen«. Er schließt seinen Diskurs über den Umgang mit Heimsuchungen mit folgendem Rat:

> »Zu der aus dieser Erkenntnis sich ergebenden Lebensführung sind aber nur die gebildeten Diener Gottes verpflichtet, die die göttlichen Geheimnisse treu bewahren; denn Gott hat Getreue, die nur Er kennt und die einander kennen. Wir haben dich aufrichtig beraten, darum handle danach und richte an Ihn deine Bitte!«

Also dann! Klagen!! Gerade wo ich stolz darauf war, gute Miene zum bösen Spiel zu machen! Meine alte Nefs Emmare! Immer wieder bilde ich mir ein, ich hätte verstanden, hätte etwas hinzugelernt! Es ist schon interessant, wie jeder in seinem Halvet genau die Lektionen vorfindet, die er braucht. Wenn nur meine Haare sauberer wären! Heute sind es schon sechs Tage!

Abends höre ich Yusuf, den Guten, wieder das Licht an- und ausknipsen, kann mir fast sein ungläubiges Gesicht vorstellen! Wieder geht er, kommt zurück, wieder höre ich das Geklapper des Werkzeugs, wieder habe ich Licht. Alles wie gehabt. Nur diesmal werde ich den Boiler gleich aufheizen, statt wieder bis morgen zu warten.

Fassungslos stehe ich Minuten später im Bad: Jetzt gibt es kein Wasser!

Hatte ich denn tatsächlich heute schon wieder geglaubt, daß es *am Strom* liegt, daß ich meinen Plan nicht ausführen kann?? Ja, »sekundäre Ursachen sind ein Schleier, um das gewöhnliche Volk mit ihnen zu beschäftigen – warum vergißt du all das«? Ich sehe schon kommen, ich werde ›beschäftigt‹ sein, bis ich freiwillig erinnere... Hz. Mevlâna schreibt:

> »So sind die sekundären Ursachen wie eine Feder vor Gottes Allmacht. Der Bewegende und der Schreibende ist Gott. Solange Er nicht will, bewegt sich die Feder nicht. Du richtest deinen Blick auf die Feder und sagst nicht: ›Es muß doch eine Hand für diese Feder geben!‹ Du siehst die Feder und denkst an sie, aber du denkst nicht an die Hand.« (FmF, S. 356).

Erst mal ›klage‹ ich (für mich ganz ungewohnt!), im Sinn Ibn Arabis, dann ›dehne ich mich aus wie Olivenöl‹ und akzeptiere. Jedenfalls habe ich Licht und Wärme! Ich wende mich den Dhikrs zu. In der Nacht, als ich tief versunken bin, kommt plötzlich wieder so ein Moment des Erkennens, in dem bestimmte Teile meines ganzen Lebens auf einmal in einem Meta-Zusammenhang direkt vor mir stehen. Als ob lauter einzelne Steinchen sich unvermittelt zu dem Mosaik zusammengefügt hätten, für das sie schon immer gedacht waren: Mein ganzes Leben lang, von frühester Kindheit an, sind für mich Situationen geschaffen worden, um ›Sehnsucht fühlen‹ zu üben!

Aufgrund der Nachkriegslage wohnten meine Eltern zur Zeit meiner Geburt mit meinen Großeltern und meiner Tante Püti zusammen. Als ich eineinhalb Jahre alt war, wurde mein Bruder geboren. Dies fiel mit einer schweren Erkrankung meiner Mutter zusammen. So ergab es sich, daß meine Tante mich ›übernahm‹. Meine frühesten Erinnerungen gehen zu ihr zurück, meine frühesten Gefühle des Liebens und Geliebt-Werdens, von Freude, Spaß, Trost und Geborgenheit – all das war Püti für mich. Als ich fünf Jahre alt wurde, heiratete meine Tante und zog fort. Zur gleichen Zeit fanden meine Eltern eine eigene Wohnung, und so verließen wir auch meine geliebten Großeltern.

Oft wachte ich nachts von Alpträumen weinend auf, die immer den gleichen Inhalt hatten: Ich sah Püti direkt vor mir und konnte sie doch nicht erreichen. Meine Mutter kam dann an mein Bett und saß bei mir, bis ich mich beruhigt hatte. Später erzählte sie mir mal, wie schwer es für sie gewesen sei, als Mutter ihr eigenes Kind über einen ›Mutterverlust‹ zu trösten. Ich werde das wohl auf irgendeiner Ebene gespürt haben, jedenfalls lernte ich, meinen Schmerz nicht mehr mit anderen zu teilen.

Ähnliches wiederholte sich über mein ganzes Leben hinweg, zog sich hindurch wie ein roter Faden. Die Liebe, mit der ich an einigen Menschen hing, war absolut, ging aus von der Gesamtheit meines Seins. Meinen Opa liebte ich so sehr, daß es schmerzte. Ich erinnere mich an einen Abend, als ich elf Jahre alt war. Meine Oma war krank geworden, und mein Opa fragte, ob ich statt ihrer mit ihm in die Oper gehen wollte. Es gab »Carmen«, und alles war sehr schicksalhaft, tragisch und dramatisch. Ob es daran lag? Mir kam in den Sinn, daß Großväter schließlich schon älter sind. Die Opas einiger Freundinnen waren schon gestorben. An diesem Abend wurde all mein Schmerz um Püti wieder wach.

Meine Liebe zu meinem Opa spürte ich intensivst, und das Wissen, daß ich ihn auch irgendwann verlieren würde, zerriß mir schier das Herz. Zugleich der Trost, daß er ganz lebendig, ganz nah, hier neben mir saß. In der Pause kaufte er mir eine Sinalco. Im zweiten Teil gelang es mir, nicht zu weinen, indem ich mich so dicht an ihn schmiegte, wie die Theaterstühle es zuließen. Mein geliebter Opa! Als wir im Dunkeln nach Hause gingen, konnte ich nicht mehr an mich halten und erzählte ihm von meiner Angst. Er nahm mich fest in den Arm und versicherte, daß er keineswegs vorhabe zu sterben, nein, ganz im Gegenteil, er wolle mich noch lange heranwachsen sehen. Auf einer Ebene war ich getröstet. Auf einer anderen wußte ich ganz genau, daß es eben nicht anders ging, er würde sterben wie alle anderen Opas auch. Aber es reichte, auch diesen Schmerz tief in mir verschließen zu können, den sowieso kein anderer so recht verstand. Denn nicht nur lebte mein Opa, er erfreute sich sogar bester Gesundheit. Ich war wohl ein merkwürdiges Kind.

So ging es im Lauf meines Lebens noch einige Male. Und immer wieder machte ich die Erfahrung, daß andere nicht verstanden. Einmal zum Beispiel ging es nicht um einen geliebten Menschen, sondern um ein Land. Über einen Zeitraum von zwölf Jahren hinweg war mir Amerika zur Wahlheimat geworden, zum einzigen Land, für das ich nach meinem Nomadenleben wirklich ein Heimatgefühl empfand. Als mein Mann dann beschloß, mit der Familie nach Europa zurückzukehren, fühlte ich mich zum ersten Mal wirklich entwurzelt. Als Kind hatte ich Kiel verlassen, mehr als 20 Jahre später kam ich dann nach Bayern ›zurück‹. Heimatgefühle habe ich nie wieder für ein Land entwickelt. Ich lernte bald, auch mein Heimweh nach Amerika in mir zu verschließen. Die meisten meiner Mitmenschen meinten, ich müsse doch überglücklich sein, nach Jahrzehnten doch noch in die ›deutsche Heimat‹ zurückgekehrt zu sein...

»Hör auf der Flöte Klang, was sie erzählt,
Und wie sie klagt, vom Abschiedsschmerz gequält...
Sie sucht ein Herz, vom Trennungsschmerz zerschlagen,
Um von der Trennung Schmerzen ihm zu sprechen...«

HZ. MEVLÂNA

Diese Erfahrungen und einige andere mehr stehen auf einmal alle simultan vor mir, hier in meiner kleinen Zelle. Und ich begreife plötzlich den Sinn: Von Anfang an bin ich darauf vorbereitet worden, tiefe Sehnsucht spüren zu können. Mein ganzes Leben lang hat meine Ney schon ihr Sehnsuchtslied gesungen. Wie kann man bereit werden für die ur-eigenste Sehnsucht des Menschen, die nach der Nähe Allahs, wenn nicht durch das ›Üben der Sehnsucht‹ mit weltlichen Dingen? Ich spüre den Schmerz all der vergangenen Verluste, frisch, als wäre alles gerade geschehen. Aber damals war der Schmerz gekleidet in Verzweiflung und

Verlassenheit. Jetzt hat er eine Süße, mir fällt kein anderes Wort dafür ein. Das, was ich wieder und wieder als tiefes Leid erlebt hatte, war nichts anderes als Vorbereitung gewesen.

In dem ungewissen Zustand zwischen Wachen und Einschlafen ziehen Sätze Hz. Mevlânas an mir vorbei:»Wenn in einem Werk kein Schmerz und keine leidenschaftliche Liebe ist...«;»Diese neue Liebe, diese größere Liebe...«, »Now that I know how it is, to be with You in constant conversation...«

Ich schrecke aus dem Schlaf, ohne zu wissen, weshalb. Ich sehe einen sprühenden Funkenregen aus meiner Steckdose kommen und kleine Flammen, die an dem darüberhängenden losen Tapetenstreifen züngeln. Jetzt hellwach, wickle ich mein dickes Badehandtuch um die Hände, schlage auf die Flammen ein und ziehe den Stecker aus dem Funkenregen heraus. Halb ist er eingeschmort! Nur einer der Metallstifte hängt noch am Stecker, der andere ist in die Steckdose eingeschmolzen! Eigentlich muß ich lachen. Wenn sich jemand die Mühe machte, sich lauter Schwierigkeiten auszudenken, die in der Abgeschiedenheit einer geschlossenen Zelle passieren können, wem würde soviel einfallen? »Solange Er nicht will, bewegt sich die Feder nicht!«

Die Wärme hat gerade vier Stunden angehalten! Mein Ofen war durch einen Zwischenstecker mit der Steckdose verbunden gewesen, der eigentliche Ofenstecker ist also noch in Ordnung. Das Zimmer hat aber nur diese eine, jetzt verschmorte Steckdose. Ob ich ins Nachbarzimmer umziehen kann? Ich schaue hinüber, aber das Licht geht nicht. Mit meiner Kerze (gut, daß der Sheykh mir eine langbrennende – aus Deutschland! – mitgegeben hat) gehe ich wieder hinüber: Dies Zimmer hat weder Glühbirne noch Fassung, nur ein Kabel hängt von der Decke. Na ja, wozu brauche ich Licht heute nacht? Hauptsache, ich kann meinen Ofen einstecken! Aber dann fällt mein Blick auf den Fußboden. Er ist übersät mit dunklen Flecken. Die Kerze näher daranhaltend, erkenne ich, was es ist; Kakerlaken um Kakerlaken, die erschlagen (oder zertreten?) in ihrem getrockneten Blut liegen! Da muß jemand einen wahren Tötungsrausch gehabt haben. Dann doch lieber Kälte!

Wieder ziehe ich mehrere Pullis an, sogar meinen Mantel. Nachts wache ich ab und zu auf, wenn ich mich im Schlaf bewege und mein Gesicht auf die eiskalten Stellen des Kissens kommt, die nicht von mir angewärmt sind.

24. Tag

»Begreife also, daß in dieser Welt geschieht, was Er will!«
HZ. MEVLÂNA

Gleich nach dem Gebet, im frühen, noch zaudernden Morgenlicht, fange ich an umzuziehen. Ich muß aus diesem Zimmer heraus, nicht nur, um meinen Ofen zu benutzen, sondern auch, damit Yusuf hinein kann, um zu retten, was zu retten ist. Ganz steif bin ich noch vor Kälte, komme nur langsam in Gang.

Jetzt, im Tageslicht, sehe ich erst das volle Ausmaß der Kakerlaken-Katastrophe. Es müssen etwa 80 sein, die dort jemand aus diesem Leben befördert hat. Im Bad steht einer der kleinen türkischen Handbesen aus Stroh. Er ist hart genug, um damit die kleinen Leichen vom Boden abzuschaben und wegzufegen. Aber einen Lappen, um das angetrocknete Blut zu entfernen, kann ich nirgends finden. Na ja, es gibt sowieso kein Wasser.

Meine Baumwollmatratze ist unheimlich schwer – oder ich bin tatsächlich schon sehr geschwächt. Aber ich kann sie doch hinter mir her in das kleine Nachbarzimmer schleifen. Das Wichtigste für den Tag nehme ich noch mit. Mein erstes Zimmer ist wohl dadurch, daß es eine Wand mit der Nachbarwohnung teilt, prinzipiell wärmer als dies, das zwischen zwei leeren Zimmern liegt und das eine jeder Isolierung bare Fensterfront hat. Jedenfalls wird es hier trotz meines wackeren Öfchens einfach nicht warm. Wer weiß, wieviel Zeit ich hier verbringen werde...

Gegen Mittag dreht sich der Schlüssel im Schloß! Yusuf! Noch nie ist er vor dem Abend gekommen! Ich höre sofort seinen Schritt verharren. Er blickt von der Eingangstür direkt auf meine Zellentür – und die steht nun offen. Ich kann mir seinen Schrecken vorstellen, denn eigentlich kann so etwas nur Schlimmes bedeuten. Ganz langsam höre ich ihn auf das Zimmer zugehen. Eine Weile regt er sich nicht, dann geht er schnellen Schrittes wieder. Sicherlich hat er nun die verschmorten Steckerteile und die verbrannte Tapete gesehen, wohl auch, daß heute die sonst offen stehende Tür zum zweiten kleinen Zimmer zu ist.

Eine halbe Stunde später ist der Gute wieder da. Ich höre ihn eine ganze Weile herumwerkeln. Dann geht er. Ich laufe sofort hinüber: alles repariert, wie neu! Inzwischen kommt mir Yusuf wie ein leibhaftiger Engel vor, immer wieder rettet er mich aus mißlichen Lagen! Außerdem ist er Elektroingenieur, wie passend! Während ich meine Matratze wieder hinüberzerre, höre ich, wie sich mit lautem Rauschen der Spülkasten der Toilette mit Wasser füllt. Wasser!

Noch gestern hatte ich im »Fihi ma Fihi« gelesen: »Gottes Weg ist nicht, jedes Problem besonders und einzeln zu beantworten; durch *eine* Antwort werden alle Fragen auf einmal klar, und die Schwierigkeit wird gelöst (. . .)« (S. 94). Welch exzellente Manifestation dieses Grundsatzes habe ich doch erlebt! Als die ›Hand‹ wollte, schrieben alle ›Federn‹ zugleich: Yusuf, der Strom, das Wasser ... Wie vielfältig das Spiel des Einen in all diesen Facetten des Geschaffenen! Diese schillernden Schleier der sekundären Ursachen, alle weisen sie nur auf die Eine Wahrheit hin! Wie sonst sollten wir das Eine erkennen, wenn nicht durch Seinen Ausdruck im Vielen? »Gott der Erhabene hat diese Schleier zu einem guten Zweck geschaffen. Denn sollte Gottes Schönheit sich ohne Schleier zeigen, so hätten wir nicht die Kraft, sie zu ertragen, und würden sie nicht genießen«, erklärt Hz. Mevlâna dieses Spiel (FmF, S. 95).

Als ich diesmal den Boiler anschalte, fühle ich mich ganz anders. Ich habe keinerlei Befürchtungen mehr, mein Vertrauen ist jetzt absolut. Nicht etwa, daß ich darauf vertraue, daß es diesmal klappen wird. Nein, fast im Gegenteil: Ich gehe durchaus davon aus, daß wieder irgendwas geschieht, mit dem nicht einmal der kreativste Mensch rechnen könnte, jedoch – ich WEISS jetzt, daß, was auch immer geschieht, es genau das sein wird, was ich als nächste Lektion brauche! Ich kann es nur als ein ›Meta-Vertrauen‹ bezeichnen, unabhängig vom Inhalt, von gängigen Dualitäts-Beurteilungen wie gut oder schlecht, positiv oder negativ.

Während die eineinhalb Stunden verstreichen, liege ich ganz ruhig unter meiner Decke. Ein äußerst angenehmer Schwebezustand stellt sich ein, es ist fast, als würde ich getragen von tiefem innerem Frieden. Ein Zustand innerer Weite und Ausdehnung.

Ich bin so dankbar. Nicht nur für Licht, Wärme und Sauberkeit – nun habe ich alles auf einmal! –, sondern noch viel mehr für die Gnade, diese direkten Erfahrungen der WAHRHEIT machen zu dürfen, auf dem Pfad sein zu dürfen.

Und die Nachbarn streiten, lachen, weinen immer noch! Jeden Tag wieder kommen wohl neue Konflikte auf, um wieder gelöst zu werden, nur um Raum für weitere zu machen... In meiner Abgeschiedenheit bin ich befreit von all dem. Wie lange wohl? Ist es denn bei meinen Lieben zu Hause soviel anders? Weniger lautstark zwar, aber... Hz. Mevlâna vergleicht dieses unaufhörliche Auf und Ab mit einem Mühlrad:

»Dieses Sprechen und Schweigen, dieses Schlafen und Essen, dieses Zornigsein und Verzeihen und all diese Eigenschaften, die sind das Drehen eines Mühlrads. Es ist ein Mühlrad, das sich immer dreht. (...) Denn das sind die Umstände deiner Welt. Nun, wo du das weißt, klage zu Gott und flehe und schmeichle und sage: ›O Gott, gewähre mir statt dieser Reise und dieses ständigen Drehens ein anderes, geistiges Drehen, da alle Bedürfnisse von Dir erfüllt werden und Deine Großmut und Barmherzigkeit allumfassend ist.‹ Wenn dieses Ziel völlig erreicht ist, da ist *Licht über Licht*.« (FmF, S. 284).

Tiefes Mitgefühl mit dieser Familie überkommt mich, so gefangen in ihrem eigenen Mühlrad. Sicherlich ist es auch das, was in Castanedas Büchern beschrieben wird: »Die Welt der Menschen geht auf und ab, und Menschen gehen auf und ab mit ihrer Welt; als Krieger haben wir nichts damit zu tun, diesem Auf und Ab zu folgen.«

Gegen Abend fühle ich mich zittrig, als hätte ich Fieber. Ob ich mich wohl erkältet habe in den letzten Tagen?

25. Tag

»Wahrlich, niemand verzweifelt an Gottes Erbarmen als die Ungläubigen.«

SURA 12/87

Gesundheitlich geht es besser, aber ich fühle mich traurig. Ob ich wohl je *Fana* und *Baqa* erreichen werde? Nur noch 15 Tage! Aber die Gnade kann jederzeit kommen, denn »*Er hat zu allem die Macht*«. Ich darf nicht die Zuversicht verlieren. »Allah liebt die Hoffnungslosen nicht«, sagt der Sheykh, und »Hoffnung und Furcht sind die Flügel des Strebens.« Dennoch schleichen sich ganz langsam die Sünden von Zweifel und Hoffnungslosigkeit wieder ein. Ob ich meinen Lehrer je wiedersehe?

26. Tag

Habe meinen Tiefpunkt erreicht. Kann mich nicht mehr auf die Dhikrs, nicht einmal mehr auf meine Bücher konzentrieren. Verbringe den Großteil des Morgens zwischen Weinen und Gebet.

Plötzlich, auf der Höhe meiner Verzweiflung, erkenne ich mit absoluter Gewißheit, daß all mein Streben, das über mein Leben hinweg so viele Formen angenommen hat, nichts war als das Streben nach der Nähe Allahs. Die Formen waren nichts als Schleier. Obwohl dieses Wissen auf einmal unerschütterlich fest in mir ist, ist es doch noch Ilm al-yaqin, ein Verstandeswissen. Oh, könnte es doch zum Ayn al-yaqin werden! Könnte ich doch in meinem Herzen fühlen, was ich nun in meinem Kopf so sicher weiß! Laß dies mein einziges Gebet sein!

Abends wieder kein Wasser! Vielleicht ist das der Aufbau einer Art Schutzvorrichtung für die Zeit nach dem Halvet, für dort draußen? Wenn ich doch jedesmal, wenn ich dann Haare wasche, mich all dieser Lektionen erinnern möge!

27. Tag

Heute fühle ich ganz anders. Ich glaube, daß ich tatsächlich endlich anfange, meine Prioritäten nicht nur auf Verstandesebene, sondern auch auf der Herzensebene auf die Reihe zu kriegen. Hoffentlich ist das nicht schon wieder Selbsttäuschung oder einer der ›hellen Schleier‹°!

Gegen Mittag ist plötzlich, so unvermittelt und unvermutet, wie es eben immer ist, das Erdbeben da! Und auch wie immer fliegen überall die Türen auf, höre ich das Schreien der Menschen, die ins Freie hinausrennen.

Dies ist das erste Mal, daß ich nicht mitrenne, daß ich eingeschlossen dasitze und auf die Geräusche der Panik lausche. Ein Anflug von Panik überkommt auch mich. Ich habe ja einen Schlüssel, kann aufschließen und, meinem Herdentrieb folgend, versuchen, mich zu den anderen zu gesellen, bevor der nächste Schub kommt. Aber dann ist das Halvet abgebrochen, weitermachen geht nicht, mögen die Gründe für den Abbruch noch so verständlich sein.

All das geht mir in Bruchteilen von Sekunden durch den Sinn. Und ich bleibe. Widerstehe sogar der Versuchung, den Schlüssel zumindest griffbereit zu legen. Auch ein Erdbeben ist nur eine sekundäre Ursache, geht es mir durch den Kopf. »*Und nicht ein Blatt fällt nieder, ohne daß Er es weiß...*« (Sura 6/60). Wie kann ich mir einreden, daß ich beginne, die Hand hinter der Feder wahrzunehmen, wenn ich bei einer tatsächlichen Prüfung renne?

Während ich dasitze und den nächsten Stoß erwarte, kommt mir noch der Gedanke, wenigstens unter meine Matratze zu kriechen. Aber im selben Moment erkenne ich auch das als billigstes Hintertürchen, das ich mir offenhalten will. Nein, ich werde aufrecht sitzend dessen harren, was da kommen mag. Wieder rast mein Herz. Es ist schon ein merkwürdiges Gefühl, wenn die Erde unter uns schwankt.

° In der Regel ein ›zu großes‹ Bemühen um gute Eigenschaften, durch das der Sucher von seiner Suche abgelenkt werden kann, so daß er am Ende das wirkliche Ziel vergißt.

Die Zeit vergeht. Dies ist das erste Erdbeben, das ich erlebe, das nur einen Stoß hat. Nach etwa 20 Minuten höre ich auch die Mitbewohner wieder in ihre Wohnungen zurückgehen, sich gegenseitig beteuernd, daß es nun wohl wieder sicher sei. Oh, wie können wir das bloß je wissen! Ja, wirklich, wie blökende Schafe sind wir Menschen. Und wie passend ist das Wort »Herdentrieb«.

Eine gute halbe Stunde später erklingt der Ezan zum Mittagsgebet von allen Minaretten. Ich bewundere die Muezzine, die so kurz nach dem Beben dort hinaufsteigen. Mein Bruder und ich haben das als Kinder mal gemacht, es ist so eng und dunkel da drinnen! Aber vielleicht haben diese Männer das Wissen, um das ich noch so ringen muß, schon tief verinnerlicht?

Meine Gedanken gehen zurück zu meinem ersten Erdbeben. Es war ein verhältnismäßig schweres, am »Tag der Republik« 1964. Wir hatten schulfrei, und mein Bruder und ich bastelten Kastanienmännchen. Als sie umfielen, beschuldigten wir einander, am Tisch zu wackeln. Dann erkannten wir, noch nicht wirklich fassend, was geschah, um was es sich handelte! Wie wild pendelten die Bilder und die Teller an der Wand. Unsere Mutter kam aus der Küche gelaufen, und zu dritt aneinandergeklammert standen wir unter dem Bogen bei der Etagentür, den man uns als einen der tragenden gezeigt hatte. Man hatte uns erklärt, daß bei Häusereinstürzen meistens zuerst die Treppenhäuser einbrechen, die tragenden Elemente der Häuser dagegen oft als einziges stehenbleiben.

Wir hatten eine schöne Dachterrassenwohnung auf einem Stahlbetongebäude. Die nächsten Stöße waren so stark und hier im siebten Stock dieser schwingenden Baustruktur so ausgeprägt, daß wir zu Boden geschleudert wurden. Ich hatte das Gefühl, daß unser Haus auf beiden Seiten umschichtig meterweise von der Erdoberfläche abhob und wieder herunterkam. Wie konnte irgendein Bauwerk das überstehen?? Und wir rutschten auf dem glatten Fußboden hin und her, versuchten, uns aneinander, an den Wänden, irgendwo, festzuhalten. Die anderen Hausbewohner, erdbebengewohnter, waren schon nach den ersten, leichteren Stößen hinausgerannt. Das Geschrei, Getrappel und Türenknallen wird für mich immer mit Erdbeben identisch sein.

Als die Stöße aufhörten, rannten auch wir, jetzt allein in dem riesigen Gebäude. Unten, unter einem alten Baum, hatten sich alle versammelt. Auch wir gesellten uns dazu. Ich weiß noch, wie ich zu den hohen Häusern um uns herum aufblickte und mich fragte, um wieviel sicherer wir eigentlich hier waren, am Fuße dieser Betonriesen. Aber die Gemeinschaft verlieh eine gewisse Geborgenheit. Das Erdbeben war gewaltig gewesen, und es dauerte lange, bis eine Familie nach der anderen wieder hineinging. So auch wir. Inzwischen war mein Vater angekommen, der seine Dienststelle verlassen und sich durch den chaotischen Verkehr zu uns durchgekämpft hatte.

Meine Eltern setzten sich abends zu meinem Bruder und mir an die Betten, und wir besahen gemeinsam ein Erdkunde-Schulbuch, mit schönen Abbildungen ferner Länder. Und ich erkannte, während wir uns alle bemühten, uns für das Buch zu interessieren, daß Eltern nicht schützen können, daß sie genauso ausgeliefert sind wie wir Kinder. Wenn nicht mal mehr die Erde unter den Füßen fest ist, was dann? Ich war damals schon in meine lange Phase spiritueller Desillusionierung eingetreten, hatte nicht das Wissen, das ich heute habe. So blieb als Schlußfolgerung hauptsächlich ein In-Frage-Stellen jeglicher Sicherheit. Später, zurückblickend, habe ich noch oft gedacht, daß ich wohl an diesem Tag erwachsen geworden bin.

28. Tag

Ein merkwürdiger Tag. Nichts scheint zu passen. Ich weiß nichts mit mir anzufangen, nichts scheint irgend etwas zu bringen. Zwischendurch habe ich wieder Rückfälle meiner Besessenheit.

Draußen regnet es, es ist deutlich wärmer als noch vor Tagen. Im Sommer muß diese armselige Wohnung zum Backofen werden. Gott stehe den zukünftigen Bewohnern bei, ihnen und allen armen Menschen dieser Welt!

Richte meine Erwartung auf die Suppe, die heute abend wieder dran ist. Yusuf kommt heute spät, erst kurz vor 11 Uhr abends. Er kommt – und er geht wieder, ohne Suppe gebracht zu haben!!

Mich wundert, wie wenig es mir ausmacht, obwohl ich doch den ganzen Tag dieser heißen Schüssel entgegengesehen habe! Eine halbe Stunde später kommt Yusuf wieder – mit der Suppe! Obwohl ich sie sehr genieße, bedeutet es mir nun genausowenig, sie zu haben, wie es ausmachte, sie nicht zu haben. Wieder denke ich, daß das sicherlich symbolisch für alle weltlichen Bedürfnisse ist. Warum bloß quält mich immer und immer wieder diese Besessenheit? Warum bloß kann ich mich nicht an das ›erinnern‹, was ich doch ›weiß‹?

Im Koran lese ich wieder und wieder die 48. Sura: »(...) *Und daß Er seine Gnade an dir vollende und dich leite auf den geraden Weg. Und daß Allah dir helfe mit mächtiger Hilfe.*«
Und daß Er mir helfe, mit mächtiger Hilfe!

29. Tag

»Ocean music, not the sad edge of surf, but the sound of no shore.«
Hz. Mevlâna

Ich bin nicht ganz sicher, ob ich schlafe oder wach bin. Oder ist es das, was man als Vision[*] bezeichnet?

Ich bin ein majestätischer Strom, der in ruhiger Gelassenheit auf sein Ziel zufließt. Ruhig, aber bestimmt, fließt er in den Ozean ein, vermischt sich mit dessen Wassern ganz selbstverständlich, wird Eins. Es besteht keinerlei Notwendigkeit, an eine ›Tür zu klopfen‹. Fließe einfach, geh heim! Der Ozean ist ganz und gar *rahman, rahim,* allbarmherzig. Einhüllend, aufnehmend, von unendlicher Gelassenheit. »Lovers don't finally meet somewhere, they are in each other all along« (OS, S. 1246).

Das Gefühl des Einswerdens/Einsseins ist allumfassend, orgasmisch.

Später ist dieses Gefühl wieder völlig verschwunden. Warum hält so etwas nicht an? Ist es ein Hal, um mir Mut zu machen? Ich muß Geduld üben. – Seit Tagen spüre ich ein Vibrieren im ganzen Körper, in jeder Zelle meines Seins.

---

[*] Siehe Kommentar »Die Authentizität mystischer Erfahrungen«, S. 188 ff.

30. Tag

In den frühen Morgenstunden träume ich mehrmals nacheinander dieselbe Sequenz. Es ist ein merkwürdiger Traum, da er weder mit Sehen noch mit Hören verbunden ist. Ich frage mich rückblickend, welche Art der sensorischen Wahrnehmung stattfand. Der Inhalt war sehr klar: Ein alter Mann zeigt mir gewisse Übungen, die dazu führen, daß jede Zelle meines Körpers zu leuchten beginnt, in jeder einzelnen brennt eine kleine Flamme, brennt mich total licht und rein. »Öl«, sagt er, ohne Worte zu gebrauchen, »so hell, daß es schon leuchtet, bevor es entzündet ist.«[*]

Ich wache auf, wundere mich darüber, daß ich diese Sequenz gleich mehrfach geträumt habe und daß weder Worte noch Bilder damit einhergingen. Welch eine merkwürdige Art zu träumen!

Ich gleite in den nächsten Traum über; jemand, den ich nicht sehen kann, erklärt mir meine vorangegangene Traumsequenz: »Dieser alte Mann ist Muhammad (s. a.). Durch sein Licht entzünden sich die anderen Lichter. Darum vibriert dein Körper.« Diesmal wache ich mit dem Ezan auf.

Ich habe erneut deutlich abgenommen. Die letzten paar Tage schien mein Gewicht sich stabilisiert zu haben. Aber heute ist mein Bauch noch eingefallener, man sieht alle Knochen unter der Haut. Vor dem Halvet hatte ich gedacht, daß dieses unumgängliche Fasten aus mir eine hagere, alte Frau machen würde. Wenn man erst über 40 ist... Ich hatte mir faltig herabhängende, schrumplige Haut vorgestellt. Zu meiner Überraschung ist es jedoch ganz anders gekommen: die Haut liegt straff und fest über den Knochen. Meine Schenkel beispielsweise wirken eher wie die eines Kindes, rührend irgendwie! Wie mein Gesicht wohl aussieht? Erst fand ich es merkwürdig, daß diese leere Wohnung keinen Spiegel hat. Jetzt kommt es mir sehr passend vor. Ich soll ja während dieser 40 Tage keinen Menschen sehen. So sehe ich nicht mal mich selbst.

Auch bin ich wohl wieder etwas geschwächter. Die letzten Tage hatte ich mich ziemlich stark gefühlt. Nur morgens beim Hoch-

---

[*] Vgl. Sura 24/35 (Anmerkung A. Schimmel).

kommen war noch Vorsicht geboten, ich mußte es im Zeitlupentempo tun. Danach war ich okay. Heute jedoch muß ich am späten Vormittag wieder eingeschlafen sein. Ich träume, daß mein Kleiderschrank durchsetzt ist mit Mehmets Kleidung. Behutsam und sorgfältig, jedoch bestimmt, trenne ich sie von meinen Kleidungsstücken und hänge sie in seinen eigenen Schrank.

Heute macht der Tag wieder mehr Sinn als die letzten. Das Ritualgebet hat eine neue Dimension erreicht. Ibn Arabi schreibt, daß, wenn jemand beim Gebet allein ist, er sich Allah vor sich und die beiden Engel, die jeden Menschen begleiten, hinter sich vorstellen soll. Sie beten mit. Dieses ›Dreieck‹ beginne ich kinästhetisch zu spüren, so als ob zwischen Allah und den Engeln eine Art magnetisches oder elektrisches Feld entstünde, in dessen Spannungsbereich ich mich befinde. Es wird über den Tag hin immer intensiver. Jeweils ab der zweiten *Rekat***** ist es so deutlich wahrnehmbar, daß es sich nun fast wie hauchfeine Gummifäden anfühlt, in denen ich die vorgeschriebenen Bewegungen vollziehe.

Ich habe keinerlei Lust mehr zu lesen. Dabei war das schon mein Leben lang eine meiner Lieblingsbeschäftigungen! Aber nun empfinde ich fast einen Widerwillen dagegen, eigentlich gegen alle kognitiven Aktivitäten. Intuitives Herangehen allein fühlt sich richtig an. Die Dhikrs sind heute qualitativ anders, ganz besonders sanft und weich.

Spätabends kommt ein rasender Sturm auf. Die Lampe flackert manchmal. Ob der Strom ausfallen wird?

31. Tag

Ich hatte eigentlich meine Haare waschen wollen, aber wieder mal gibt es kein Wasser. Also heute nicht, denke ich. Aber woher will ich eigentlich wissen, daß es nicht schon nachmittags wieder kommt? Alles ist möglich! Hz. Mevlâna schreibt:

---

* *Rekat* = Gebetseinheit, bestehend aus einmal Aufrechtstehen, einmal Rumpfbeugung und zweimal Niederwerfung samt jeweils vorgeschriebenen Gebetsinhalten.

100

»Da begreift er, daß all seine Angst und Sorgen und sein Bedauern nutzlos waren. – Die Menschen haben hunderttausendmal gesehen, wie ihre Pläne und Absichten zunichte geworden sind und nichts ihren Wünschen gemäß gegangen ist. Aber Gott setzt das Vergessen über sie, damit sie alles vergessen was passiert ist, und ihren eigenen Ideen und ihrer eigenen Wahl folgen.« (FmF, S. 268).

Wieder ein Tag, an dem nichts zu ›passen‹ scheint, irgendwie ein vertaner Tag. Im intensiven Gebet, nachmittags, erkenne ich wieder das volle Ausmaß meiner Hilflosigkeit.

Mein ganzer Körper glüht von innerem Vibrieren, jede Zelle für sich lebendig, brennend. Ist es Muhammad (s. a.), der mir den Weg der Armut, den Weg des Herzens zeigt? Schließlich fühle ich mich ausgebrannt, erschöpft. Auch geistig, einfach ausgepumpt. Spüre eine tiefe Gleichgültigkeit. Soll doch jeder tun, was er oder sie gerade will, ich will nur noch den ›Weg nach Hause‹ finden, den Weg zum OZEAN, eingehen in *Fana* und *Baqa*. »Don't think of good advice for me. I've tasted the worst that can happen…« (OS, S. 670).

Immer noch kein Wasser. Ich lese den heiligen Koran mehr und mehr. Merkwürdigerweise ist er von meiner Leseabneigung der letzten Tage nicht betroffen. Ganz im Gegenteil!

Eine ruhige, fast friedliche Resignation löst die Unzufriedenheit der letzten Tage ab, dieses Gefühl, daß nichts etwas bringt. Ich bin einfach hier, um zu dienen. Was sonst? Was soll es mir denn bringen? Ich muß geben!

»Alles, was du Allah geben kannst«, habe ich mal irgendwo gelesen, »ist ein blank poliertes Herz.« Also gut, sei es.

32. Tag

Ich träume, daß ich auf dem Grund eines tiefen, stillen Teiches sitze, in kristallklarem Wasser. Ich beschließe aufzutauchen und, noch immer im Schneidersitz, beginne ich, höher und höher zu steigen. Dann kommt der Moment, an dem ich die Oberfläche erreiche, aber es geht ohne die geringste Änderung im Schweregefühl einfach weiter und weiter hinauf. Jetzt steige ich in der

Luft, bin so schwerelos wie die Luft selbst. Immer höher, bis ich beschließe, wieder herunterzukommen. Genauso sacht geht es hinab, wieder bildet das Auftreffen auf der Wasseroberfläche keinerlei Widerstand. Es geht einfach sanft weiter, übergangslos, tiefer und tiefer...

Selbst beim Aufwachen ist dieses unglaubliche Körpergefühl der Schwerelosigkeit noch ganz deutlich spürbar. Als hätte ich es ›wirklich‹ erlebt. Wirklich? Auf eine Art war es nicht wie ein Traum, es war ›wirklicher‹, als Träume im allgemeinen sind. Ich frage mich, was geschehen wäre, wenn ich nicht mein bewußtes, steuern-wollendes Denken eingeschaltet hätte, das mich zum Umkehren brachte. Wohin wäre ich wohl geschwebt? Und wie unbeschreiblich, dieses Gefühl der Schwerelosigkeit, das interessanterweise in beiden Elementen identisch war! Diese Tatsache hat mich schon während des ›Träumens‹ gewundert!

Es gibt wieder Wasser! Ob es mir wohl gelingt zu duschen? Während der Boiler aufheizt, ertappe ich mich schon wieder bei ›Hintertürchen‹! Ob ich wirklich fünf bis sechs Minuten Duschzeit brauche? Vielleicht reicht es ja, wenn ich nur eine Stunde lang heize?? Wann nur werde ich mich an das ›erinnern‹, was ich doch ›weiß‹? Ich beschließe, meinem Drang zum Schummeln nicht nachzugeben. Außerdem brauche ich wirklich mindestens soviel Zeit. Zu den islamischen rituellen Reinlichkeitserfordernissen gehört auch eine Ganzkörperrasur – bis auf das Kopfhaar natürlich! Und das dauert etwas. »Wenn Dein Haar im Schambereich lang ist, bist du für das Gebet nicht richtig vorbereitet. Sofern die Länge nicht die Breite eines Gerstenkorns überschreitet, ist deine Rasur aus religiöser Sicht vollkommen«, erklärt Hz. Mevlâna den Sachverhalt. Diesmal klappt das Aufheizen problemlos.

Beim Dhikr tauchen wieder Bilder auf. Diesmal sehe ich in mich selbst hinein. Ich sehe mein Herz als kristalle Struktur, so wie man manchmal anatomische Abbildungen von Herzen sieht, die nur aus dem Aderngeflecht bestehen. Aber statt blutig-rot ist dieses Adernnetzwerk wie aus Glas.

All mein dummes Verstandesdenken, meine Befürchtungen, mein eigenwilliges Planen, alles, was mich vom ›Gedenken‹ der Einen Wahrheit abhält, ist darauf zu sehen wie Reste schwarzer Oliven, die sich zwischen den Zähnen festgesetzt haben. Der

Dhikr »*La ilahe illallah*« kommt wie eine Waschbürste und putzt und schrubbt, bis alle schwarzen Olivenreste entfernt sind. Der Rhythmus der Hin- und Herbewegungen des Dhikrs ist fast wie Autoscheibenwischer. Es dauert geraume Zeit, bis alles ganz rein ist. Nun ist das ›Herz‹ eine durchlässige, glänzende Struktur, offen für die »Winde der Unbedürftigkeit«, wie Hz. Mevlâna sagt.

Der Dhikr »*Hayy Allah*« setzt ein und füllt die kristallene Struktur mit Leben. Es wird zu einem schimmernden, golden-weißen Gebilde, voller sanfter kleiner Goldflammen. Mit ruhiger Gewißheit brennt das Licht Muhammads (s. a.) in mir. Draußen fällt weicher, schwerer Regen.

Anschließend an das Abendgebet trifft mich, völlig unerwartet, eine Woge tiefster Fürsorge für Mehmet. Um den verfahrenen Zustand zu Hause zu beenden, hat er einen Forschungsauftrag in den Staaten angenommen. Im März soll er dort anfangen. Im Gegensatz zu mir kann er einfach nicht allein sein. Wie wird er dort einsam sein, ohne uns alle! Warum bloß haben wir einander nicht geben können, was wir voneinander erhofften? Alle meine Gebete heute abend, mein tiefstes Wünschen, ist für ihn. Auf daß er nicht einsam sein möge!

Mir macht Alleinsein nichts aus, aber der Gedanke, daß er sich einsam fühlen könnte, zerreißt mir jetzt schier das Herz. Meine Gebete für ihn gehen ein in den Rhythmus des platschend fallenden, schweren Regens.

33. Tag

»*In diesem Wind der Unbedürftigkeit tanzen die Atome der Aschen jener Herzen und rufen und sind berauscht. Und wenn die Herzen nicht sehen, daß ihr wirkliches Leben in diesem Verbrennen und In-den-Wind-Gegebenwerden liegt – warum sehnen sie sich so leidenschaftlich danach, verbrannt zu werden?*«

Hz. Mevlâna

Im Traum sagt eine Stimme zu mir: »Dein Herz ist schon angekommen. Aber du hängst noch fest.«

Seit einigen Tagen fühle ich mich morgens ziemlich schwach. Die Beugungen des Ritualgebets muß ich langsam vollziehen.

103

Auch heute weiß ich wieder mal mit mir nichts anzufangen. Wenn ich doch bloß diese besondere Zeit richtig nutze, diese wertvollen Tage nicht vergeude!

Im Gebet steht auf einmal ein ganz klares Bild vor mir: Ich sehe Muhammad (s. a.) sitzen, in einem weißen arabischen Gewand. Ich sehe schlanke, schöne Hände, kräftig, mit leicht bräunlicher Hautfarbe, und ebensolche nackte Füße, in braunen Ledersandalen. Ein Gesicht oder einenKopf sehe ich nicht. Es ist, als sei ich zu nahe dran, um das sehen zu können. Aber ich sehe mich selbst. Er hält mich auf dem Schoß, drückt mich an seine Brust, so wie mein Opa, als ich noch ein kleines Mädchen war. Während ich mich dort betrachte, werde ich vor meinen Augen immer jünger. Schließlich bin ich wieder das kleine Mädchen mit Zöpfen und Haarknoten, das ich vor langer Zeit einmal war. Ich schmiege mich fest an ihn, wie früher an meinen Opa, und er legt einen Teil seines Gewandes um mich. Nur mein Haar guckt heraus. Welche Geborgenheit!

Ich bitte ihn, mir sein Herz zu zeigen, mich den Weg des Herzens, den Weg der Armut zu lehren. Er öffnet das Gewand über seiner Brust, und sein Herz ist wie ein gleißender, reflektierender Spiegel, wie eine unbeschreiblich mächtige silbrig-weiße Sonne, die alles verbrennt und zerstört in ihrem kühlen Feuer. Es kommt mir unerträglich vor, zugleich unwiderstehlich. Es läßt alles Überflüssige zu Asche zerfallen, brennt alles leer und rein. Lange Zeit verharre ich direkt vor dieser gleißenden, alles durchdringenden Lichtquelle, in seinen starken Armen geborgen, sicher gehalten. In vielfältigster, verstärkter Form kommen alle Gefühle wieder, die ich damals während der Oper »Carmen« empfand. Unendliches Lieben, Schmerz, Trost. Zugleich spüre ich meinen Körper jetzt, hier: mager, leer, hungrig, zitternd, bebend, vibrierend in jeder einzelnen Zelle meines Seins, rein brennend, leuchtend.

34. Tag

»So tritt denn ein unter meine Diener. Und tritt ein in meinen Garten!«
SURA 89/30,31

Die letzten Tage sind mir soviel länger vorgekommen als am Anfang. Aus einer Sicht ist es gut so. Wenn es ums Dienen geht, ist der Dienst wohl um so größer, je schwerer er einem fällt. Der heutige Tag jedoch vergeht wieder schneller. Mir wird bewußt, wie unendlich wertvoll und unwiederbringlich jeder einzelne Halvet-Tag ist, der mich noch in direkter Verbundenheit mit der gesamten *Silsile** sein läßt. Manchmal glaube ich, die *Baraka*** all der Glieder dieser ›Kette‹, die vor mir waren, zu spüren. Die unzähligen, jetzt meist namenlosen Derwische, die vor mir den gleichen Schmerz und die gleiche Süße des Pfades erfahren haben, die gleich mir die heiligen 40 Tage des Halvet durchlebten. Oh, daß ich diese besondere Zeit weise nutzen möge! Daß ich mich dieser lebendigen ›Kette‹ würdig erweisen möge!

Ich habe jetzt zumindest auf kognitiver Ebene die absolute Gewißheit, daß der einzige Weg in die Freiheit darin besteht, tatsächlich jede allerletzte Spur von Bedürftigkeit (Besessenheit!) nach weltlichen Dingen zu transzendieren. Nur dann kann man schwerelos genug sein, um mit den »Atomen der verbrannten Herzen im Wind der Unbedürftigkeit zu rufen und zu tanzen«, nur dann durchlässig genug, um Eins zu sein mit dem Ozean. ›Wind‹ oder ›Ozean‹ sind immer da und bereit, den mitzutragen, der bereit ist loszulassen. Man qualifiziert oder disqualifiziert sich selbst. Der Ballast, der unbedingt zurückgelassen werden muß, sind die Ego-Bedürfnisse.

Noch ist es kein Ayn al-yaqin, aber jedenfalls ein absolut sicheres Ilm al-yaqin. Mit jedem Dhikr versuche ich nun bewußt, immer ›leerer‹ zu werden. Aus der Vision von den ›schwarzen

---

* *Silsile* = »Kette des Meisters«, die spirituellen Überlieferungsketten der Sufi-Orden,die sich alle auf Muhammad (s. a.) zurückführen; auch: Jünger des sufischen Ordens.
** *Baraka* = Gottes Segen im Umfeld einer Zuwendung zu Ihm; der spirituelle Segenseinfluß, der durch die Meister auf die Schüler übergeht.

Olivenresten‹ habe ich eine Übung gemacht: All mein selbstbezo-
genes Wünschen, Wollen, Brauchen lasse ich zu ›Olivenresten‹
werden. Mit jeder Hin- und Herbewegung des Dhikrs lasse ich die
›spirituellen Scheibenwischer‹ gründlichst daran polieren.

Zwischendurch bete ich inbrünstig darum, daß mit Allahs Hilfe
die innere Reinheit, die ›Leere‹ des Sufitums, das »poorhouse of
not-wanting« sich einstellen möge. Ich bete drum, besser dienen
zu können. Bis Fana und Baqa, Inshallah, eines Tages mein Leben
sind. »*Und sprich: gekommen ist die Wahrheit und dahingeschwunden ist das Falsche. Siehe, das Falsche schwindet schnell*«
(Sura 17/82).

35. Tag

Wieder ein Tag, der nur langsam vergeht, wo nichts paßt. Wie die
Tage sich doch abwechseln zwischen dem, was mir gut, und dem,
was mir schlecht vorkommt. Tatsächlich sind sie eben weder noch.
Wer weiß schon, welcher Zweck hinter welchen Dingen verborgen ist?

Dhikrs sind schwierig und frustrierend. Jetzt, wo es mir kaum
noch Mühe macht, meine Gedanken bei der Sache zu halten, ist
eine völlig unerwartete und mir unerklärliche Komplikation auf-
getaucht. Der Luftkörper ist inzwischen so verdichtet, daß die
›Substanz‹, die mich umgibt, einer zähflüssigen Masse gleicht.
Will ich meinen Kopf von rechts nach links bewegen, ist es, als
versuche man, eine flache Hand durchs Wasser zu ziehen. Es
entsteht eine flatternde, ungeordnete Bewegung. Oder manchmal
gleite ich auch einfach ›darauf‹ ab, so wie ein Stein, den man durch
flaches Werfen über eine Wasserfläche hüpfen läßt. In Extremfäl-
len hilft mir nur, mein Kinn voranzuschieben. Es zerteilt dann
diese ›Substanz‹ wie ein Schiffsbug das Wasser. Nur der Dhikr »*La
ilahe illallah*« geht, vielleicht aufgrund des andersartigen Grund-
rhythmus, etwas einfacher. Hier kann ich den ›Gleiteffekt‹ sogar
nutzen, und es entsteht ein Gefühl, als würde ich von großen
Schwingen getragen. Aber manchmal geht gar nichts mehr, dann
stecke ich im wahrsten Sinne des Wortes in dieser Masse fest.

Suppe! Das letzte Mal, so Gott will.

36. Tag

»Wenn du diesen Punkt erreicht hast, steh still und bemühe dich nicht weiter. Der Verstand hat hier keine Kontrolle mehr. Wenn er das Ufer des Meeres erreicht hat, bleibt er stehen, obgleich es selbst Stehenbleiben nicht mehr gibt.«

HZ. MEVLÂNA

Im Traum treffe ich auf Menschen der weißen, roten und schwarzen Rasse, die in tödlicher Feindschaft miteinander leben. ›Ich‹ bestehe aus nichts als ›purem Willen‹, aus ›Geist‹. Um ihnen zu helfen, nehme ich eine ziemlich androgyne menschliche Gestalt an. Ich gehe so zu ihrer Versammlung und biete mich selbst im Austausch für Frieden an. Sie nehmen an, und ich übergebe mich ihnen. Zu meiner Verwunderung überlebe ›ich‹ unbeschadet. Es ist nur meine angenommene Gestalt, die stirbt. Und das ist so bedeutungslos, daß ich es nur ganz nebenbei, am Rande, überhaupt registriere. Hz. Mevlâna sagt: »Sei schmelzender Schnee.« In diesem Traum beginne ich zu verstehen, daß es tatsächlich geht.

Während des Gebets stellt sich ein neuer Zustand ein. Eine solche ›Großräumigkeit‹, solch unbeschreibliche Weite, daß es die gesamte Schöpfung umfaßt. Diese Unermeßlichkeit ›fließt‹ einfach durch mich hindurch, keinerlei Widerstände oder Hindernisse von ›Selbst-Bedürftigkeit‹ blockieren diesen Fluß. Ein Gefühl absoluter Schwerelosigkeit und Transparenz. Der Ausdruck »Leer vom Selbst, erfüllt vom *hu*« ist lebendige Realität.

Der Widerschein dieses Erlebens bleibt auch anschließend noch eine Weile präsent. Es für meine Aufzeichnungen in Worte zu fassen, fällt mir noch schwerer als sonst. Die WIRKLICHKEIT der Dinge kann nichts für die Begrenztheit der Sprache. Ich muß daran denken, an nichts festzuhalten. Jegliches Bedürftigsein ist wie ein Bleigewicht, das diese unglaubliche, lebendige Realität der Freiheit, des Schmelzens, des Einswerdens, des »Tanzens im Wind der Unbedürftigkeit«, unausweichlich verhindert.

Wenn ich wieder draußen bin, muß ich sorgfältigst wieder aufbauen. Ich will dies ganz bewußt tun. Wenn ich dann aufs neue Nahrung zu mir nehme, um meinen abgemagerten physischen

Körper wieder erstehen zu lassen, will ich mich zugleich an die anderen Ebenen erinnern. Nicht nur die Nahrung ist wichtig, genauso wichtig sind die Gedanken, denen ich wieder Zugang zu mir gestatte. Nach dieser Leerung habe ich die große Chance, auf allen Ebenen ganz bewußt neu aufzubauen.

»Die Eigenschaft ›Absolute Gewißheit‹ ist der vollkommene Schaich, gute und wahre Gedanken sind seine Jünger. (...) Die irrenden, falschen, leugnenden Gedanken sind diejenigen, die vom Schaich ›Gewißheit‹ fortgejagt werden. Jeden Tag entfernen sie sich weiter von ihm und werden täglich niedriger.« (FmF, S. 224).

Trotz meiner körperlichen Schwäche fühle ich mich unsagbar wohl. Wieder ist dieses Wohlsein allumfassend, deutlich geistig, seelisch, körperlich. Auch ein Gefühl, als sei eine wichtige, schwierige Aufgabe gut vollbracht. Erlösung, Erleichterung. »Wenn ich von meinen Teilen losbreche, das wird durch die unendliche Huld und das Entzücken über Sein Aufschließen und Sein unvergleichliches Öffnen sein.« (FmF, S. 234).

Ich schreibe einige Abschiedsworte an meine Kinder in meine Aufzeichnungen. Wenn ich gestorben bin, wann auch immer das sein mag, wird sicherlich irgendwann meine Mina dies lesen. Dann, nicht sofort nach meinem Tod, wird sie diese Worte für sich und ihre Brüder finden. Sie werden dann wissen, daß alles gut ist so wie es ist.

Es ist Donnerstagabend, und ich fühle mich noch verbundener mit meiner Mina, my little Minch, meiner kleinen Mini-mau, als sonst, als ich meinen Teil der alten Derwischgeschichte erzähle. Damit hatten wir angefangen, als sie ins Internat nach Frankreich ging. Es ist eine Sufi-›Glücksgeschichte‹, die man jeden Donnerstag mit jemandem teilen muß, während man Datteln ißt. Dann hat man Glück!

Datteln haben im Islam vielfältigste Bedeutung. Unter anderem sind sie die Träger der Überlieferung spirituellen Wissens, wie in der Initiationsgeschichte Hoca Ahmet Yesevis. Auch sind sie Inbegriff des (Mit-)Teilens, der Großzügigkeit. Der Prophet (s. a.) sagt: »Wenn du genug Datteln für einen hast, hast du auch genug für zwei.« Eine Derwischgeschichte auf angemessene Art und Weise zu erzählen, steht auch dafür, sein Leben auf angemessene Art und Weise zu führen. Dann hat man das ›Glück‹, ein Gott wohlgefälliges Leben zu leben.

Wenn wir weit voneinander entfernt sind, Amina und ich, erzählt einer die erste Hälfte, der andere die zweite. Irgendwo treffen sich die Teile dann.

*

Die Initiation Hoca Ahmet Yesevis

Am Anfang seines Wirkens wurden der Prophet Muhammad und seine Freunde wegen ihres Glaubens verfolgt. Eines Tages auf der Flucht war die Verpflegung aufgebraucht. Und so bat man den Propheten, er möge Gott um Nahrung bitten. Nach seinem Gebet erschien der Engel Gabriel mit einer Schüssel voller Datteln. Als er den Hungernden die Schüssel überreichte, fiel eine Dattel zu Boden. Der Engel sagte, daß diese Frucht für einen Mann bestimmt sei, der in 500 Jahren geboren werden würde. Sein Name würde Hoca Ahmet Yesevi sein und er würde in Sayram (im heutigen Turkistan) leben. Da diese Dattel nun in dieser Welt manifest geworden sei, könne sie nicht mehr zurück.

So berieten die Freunde, wer diese Frucht überbringen solle. Ein Liebender namens Arslan Baba erklärte sich dazu bereit, diese Aufgabe zu übernehmen, und so legte ihm der Prophet Muhammad die Dattel unter die Zunge. Dort bewahrte sie Arslan Baba auf, bis er eines Tages dem sieben Jahre alten Ahmet in der Stadt Jessy begegnete. Dieser spielte gerade mit einer Gruppe Gleichaltriger, als er Arslan Baba sah. »Hast du mir das Geschenk mitgebracht?« fragte der kleine Ahmet den alten Mann. So vollendete Arslan Baba seine Aufgabe und wurde der erste Lehrer des Kindes[*].

Schnell wuchs Ahmet zu einem großen geistigen Führer mit unzähligen Schülern heran. Einer unter ihnen hieß Lokmani

---

[*] In seinem Buch »Divane Hikmet« (Das Buch der Weisheitssprüche) erzählt Hoca Ahmet Yesevi später diese Begebenheit.

Perende. Ihm wiederum war ein Jüngling namens Mehmet Dektaş zur geistigen Unterweisung anvertraut worden...[°]

37. Tag

Wieder ein Tag, an dem nichts paßt! Langsam gewöhne ich mich an diesen fast regelmäßigen Wechsel! Sicherlich hat es einen Sinn. Vielleicht ist es eine Art ›vorbeugende Abhärtung‹ für die Zeit nach dem Halvet. Daß ich lerne, gute und schlechte Tage mit Gleichmut hinzunehmen. Bis ich lerne, daß es weder das eine noch das andere gibt...!

Ich weiß immer sicherer, was ich nicht tun möchte: lesen oder alle anderen eher kognitiven Aktivitäten! Ich habe solches Verlangen nach der direkten Nähe, die nur durch intuitive Herangehensweisen zugänglich wird. Sehnsucht nach dem Weg des Herzens. Nur, wie? Alles, was ich geben kann, sind meine fehlerhaften Dhikrs. Das Ergebnis liegt in anderer Hand. Ich kann gar nichts tun, als mich aufrichtigst zu bemühen.

Das Koranlesen ist jedoch eine Sache, die mich erstaunt. Ich hatte mir vorgenommen, außer den acht Suren, die der Sheykh mir ›verschrieben‹ hat, den gesamten Koran durchzulesen. In dieser Konsequenz habe ich das bislang nur einmal im Leben gemacht, als Dreizehnjährige. Damals begann ich mich für die Religion des Landes zu interessieren, in dem ich aufwuchs. Rückblickend kann ich nur sagen, daß es hauptsächlich meiner Beharrlichkeit zuzuschreiben war, daß ich den Koran tatsächlich von vorne bis hinten durchgelesen habe. Ich empfand die Lektüre schlicht als langweilig und redundant.

Zwei Jahrzehnte später, als ich Muslim geworden war, begann ich Ehrfurcht für das Heilige Buch zu empfinden – aber eben *weil* es das heilige Buch ist. Mit dem Inhalt hatte das wenig zu tun. Auch noch zu Anfang des Halvets rangierte es, was mein Interesse anging, hinter Hz. Mevlâna und Ibn Arabi. Jetzt jedoch – und das erstaunt mich – wird mein Verlangen, den Koran zu lesen, jeden

---

[°] Zitiert nach G. Tucek: Yunus Emre – Seit ich mich selbst vergaß..., Gedichte und Lieder, Zeining 1991, S. 2.

Tag stärker. Ja, es ist zu einem Verlangen geworden statt zu einer Pflichtübung!

Teils liegt es wohl daran, daß ich langsam tiefer eindringe in die Vielschichtigkeit des Inhalts. Aber das allein ist es keineswegs. Es wird immer die magische Kraft erwähnt, die dieses Heilige Buch im arabischen Original hat, die jedoch in den Übersetzungen notgedrungen verlorengeht. Keine Übersetzung kann ja je ›gültig‹ sein im religiösen Sinn. Trotz allem beginne ich ganz deutlich diese Magie zu spüren! Es ist fast unwiderstehlich. Das Buch hat einen ganz direkten Einfluß auf mein Befinden. Wie eine Art von Zauber! Ich habe inzwischen auch drei ›Lieblingssuren‹, 48, 93 und 94, die ich wieder und wieder lese. Koranlesen ist keine kognitive Sache mehr, es ist eine direkte Öffnung auf intuitiver Ebene.

38. Tag

»O Du einziges Sein! Wenn ich meine Ichheit von Dir getrennt vorstelle,
so ist dies nur ein Zeichen der Unachtsamkeit.«
SCHAHBENDERZADEH AHMED HILMI EFENDI (1865–1939)

»Ein Auge, das nicht sieht, bedeutet ein Herz, das keinen Schmerz empfindet«, lese ich bei Ibn Arabi (FaH, S. 155). Ob die Umkehrung auch wahr ist?

Durchgängig wird im Sufitum die Notwendigkeit betont, ›achtsam‹ zu sein. Achtsam worauf, wie? Irgendwo habe ich gelesen: »Achtsam sein heißt, immer den Zusammenhang allen Seins im Auge zu behalten.« Also die Hand sehen statt der Feder? Immer sich daran zu erinnern, die eigene Hilflosigkeit zu erinnern?

Heute lese ich fast gar nicht, sehnlichst verlangt es mich nach direktem Herzenskontakt. Der Tag vergeht fließend, treibend, in einem ruhigen Seins-Zwischenzustand.

＊

Suppe! Dabei ist keineswegs Mittwoch! Sicherlich soll ich gestärkt werden für das Hervorkommen aus dem Halvet. Es geht tatsächlich dem Ende zu.

39. Tag

Mehrfach im Traum taucht Beyazid Bistamis berühmte Bitte an Gott vor mir auf: »Ich wünsche, nicht zu wünschen; ich will, nicht zu wollen.« Ohne Worte, ohne Schrift, ohne Bilder. Die Essenz dieser Bitte ist einfach gegenwärtig. Eindringlich, wieder und wieder.

Heute vergeht mir wieder die Geduld mit mir selbst. Die Dhikrs fallen mir schwer, beim Wasseraufheizen fangen meine Befürchtungen in Sachen Elektrizität wieder an. Wie unendlich viel muß ich noch lernen. Und es ist kaum noch Zeit. Mein Anflug von Verzweiflung macht mich ungeduldig, meine Ungeduld steigert meine Verzweiflung. Ein schlimmer Kreis.

Abends wieder Suppe! Dazu einen Becher heißen Tees, gesüßt mit Honig, und sogar ein Stück Brot! Viele unerwartete Gaben! Zu meiner Verwunderung habe ich Schwierigkeiten, das knusprig-frische türkische Brot zu essen, das ich sonst so liebe. Ich brauche fast zehn Minuten für die eine Scheibe –??

»Der Prophet ist jene Liebe und Zuneigung, und die ist ewig.«
HZ. MEVLÂNA

Resignation setzt ein. Verzweiflung und Ungeduld gelten im Sufitum als Sünden. »Mit Vertrauen und Geduld ist der halbe Weg schon geschafft«, heißt es. Nicht einmal in diese Grundtugenden habe ich mich ›kleiden‹ können, wie weit ist noch der Weg. Welch' Vermessenheit, um Fana und Baqa zu beten! Wenn ich doch nur *eintreten könnte unter Seine Diener!* ›Nur‹, auch das ist Vermessenheit! Wann, wann werde ich lernen?

Ganz unerwartet ist Muhammad (s. a.) wieder bei mir. Weder in der Form des alten Mannes aus meinem Traum, noch als der starke, schützende Mann mittleren Alters aus meiner letzten Begegnung. Diesmal hat er keine menschliche Form. Er ist wie eine unendlich große Nebelbank. Dennoch besteht nicht der geringste Zweifel, daß er es ist.

›Ich‹ sehe ›mich‹ von hinten, mit weit geöffneten Armen und Beinen, winzig klein im Vergleich, auf diese immense Nebelbank zufliegen. Angezogen wie von einem gewaltigen Magneten, hineinfallend wie in einen See.°

Dann höre ›ich‹ auf, ›mich‹ zu sehen. Es ist nur noch *Ein* Wahrnehmen. In dieser Nebelbank dehne ich mich weiter und weiter aus. Meine ausgestreckten Arme und Beine werden zunächst länger und länger, es zieht mich in alle Richtungen zugleich. Dann löse ich mich auf, gehe total auf in diesem Nebel, der reinste Liebe und Erbarmen ist. So, als würde ein Teegläschen in einen großen See gegossen. Der Tee verdünnt sich immer mehr, bis er schließlich sein ›Tee-Sein‹ im ›Wasser-Sein‹ verloren hat, und nur noch Ein Seewasser da ist.

Jetzt, Eins geworden, dehnen ›wir‹ ›uns‹ unermeßlich, unendlich, weiter und weiter aus. ›Wir-ich-er‹ sind so aufgelöst, so ausgedehnt, daß wir das gesamte Universum umfassen. Aber auch

---

° Wenn es bisher nicht einfach für mich war, mein Erleben für meine Aufzeichnungen in Worte zu fassen, konnte diese Schwierigkeit zum Teil durch den Gebrauch von Analogien, Metaphern und vor allem durch das Zitieren Hz. Mevlânas umgangen werden.
An diesem Punkt ist es mir nicht mehr möglich, auch nur in Andeutungen die tatsächliche Erfahrungsqualität auf dieser Ebene verständlich zu machen. Es beginnt schon mit der ziemlich banalen Tatsache, daß keines der in Frage kommenden Pronomen in Frage kommt:
›Wir‹ stimmt nicht, denn ›ich‹, wie ich mich sonst definiere, existiert nicht mehr. ›Er‹ stimmt nicht, denn dieses Pronomen erfordert eine unterscheidende Wahrnehmung, die nicht mehr gegeben ist.
Ich sehe keine Möglichkeit, den Seins-Zustand von ›nicht-wir‹, ›nicht-ich‹ und ›nicht-er‹ auszudrücken.
Wieder liegt es nahe, Zuflucht zu Zitaten zu nehmen. In diesem Fall zu dem Hadith: »Ich habe eine Zeit mit Gott, wo kein gesandter Prophet noch ein Gott nahestehender Engel hineinpaßt«. Dies ist jedoch ganz unmöglich, da eine größere Anmaßung kaum vorstellbar ist.

von ›Umfassen‹ kann keine Rede mehr sein, da dies ja Grenzen implizieren würde. Die Liebe ist aber grenzenlos. Der ganze Kosmos besteht tatsächlich aus purster Liebe. Es ist Ein Einziges Sein unermeßlicher Liebe und Barmherzigkeit.

Als dieser Zustand langsam abebbt, weiß ich mit unumstößlicher Gewißheit, daß es nicht das geringste ausmacht, wenn wirklich Krieg ausgebrochen sein sollte. Ach, könnte ich doch all den Menschen, die dann leiden, verständlich machen, daß es nicht den geringsten, geringsten, geringsten Grund gibt, traurig zu sein! Wenn sie bloß wüßten, daß alles Liebe ist!

Aber es wird nicht möglich sein, das irgend jemandem verständlich zu machen, verstehe ich es doch selbst jetzt schon nicht mehr, beim Aufschreiben meiner (wessen??) Erfahrung. Es kommt mir ganz ungeheuerlich vor, sowas auch nur zu denken, geschweige denn auszusprechen. Dennoch weiß ich, mit jeder Faser meines Seins, daß es so ist. Ob das das Ayn al-yaqin ist, nach dem ich so verlangte? Wie nur kann ich dieses Wissen schützen und in mein tägliches Leben übertragen? Alles ist richtig genau so, wie es ist. Es gibt tatsächlich nicht den geringsten Grund, nach irgend etwas, irgendwem bedürftig zu sein. Nicht mal mehr Beyazid Bistamis Bedürfnis, nicht mehr bedürftig zu sein, ergibt noch irgendeinen Sinn!

Ich kann nur noch darum beten, daß es mir gegeben sein möge, einen Abglanz dieser unermeßlichen Liebe, die das Sein ist, ›draußen‹ zu manifestieren. Ein Weg im Sufitum, die Liebe zu Gott zu zeigen, ist, die Liebe zu Seinen Geschöpfen zu leben.

*

Ich habe eine Zeit mit Gott ...

Annemarie Schimmel erläutert das bekannte Hadith folgendermaßen: »Muhammad ist es auch, dem eines der Lieblingsworte der Sufis zugeschrieben wird: ›Ich habe eine Zeit mit Gott ...‹ – waqt, ›Zeit‹, kann geradezu mit dem Ausdruck mittelhochdeutscher Mystiker als ›Nu‹ übersetzt werden, denn es ist eine Zeit der innigsten Vereinigung, da der Mensch den Gürtel der geschaffenen Zeit durchbricht und das *nunc aeternum* erreicht, ein Moment, wo selbst Gabriel keinen Raum mehr findet; auch der hochgeehrte Engel der Offenbarung paßt hier nicht hinein. In diesem Prophetenwort sieht Maulana [= Mevlana = Rumi] das Geheimnis des Gebetes, in dem der Mensch, seiner selbst völlig entworden, unmittelbare Zwiesprache mit Gott halten kann.«* Aber selbst das von Schimmel verwendete Wort ›Zwiesprache‹ impliziert noch Dualität, widerspricht der Idee des ›Sich-selbst-völlig-entworfen-Seins‹ sowie auch meiner erfahrenen Realität.

Guénons Bemühen, das Unbeschreibbare zu beschreiben, entspricht eher meiner eigenen Erfahrung: »Der Mensch wird nicht ›aufgesogen‹, wenn er die ›Befreiung‹ erreicht, wenngleich das vom Standpunkt der Manifestation her so scheinen könnte, weil für diese die ›Umwandlung‹ wie eine Zerstörung erscheint; wenn man sich in die unbedingte Wirklichkeit versetzt, die allein für ihn übrigbleibt, dann wird er, im Gegenteil, über jede Grenze ausgedehnt, wenn man sich so ausdrücken kann (was genau die Symbolik des Wasserdampfs wiedergibt, der sich endlos in die Atmosphäre ausdehnt), denn er hat tatsächlich die Fülle seiner Möglichkeiten verwirklicht.«**

Im 11. Jahrhundert drückte Al Ghasali nicht nur die Unmöglichkeit aus, diesen Zustand mitzuteilen, sondern warnte auch explizit vor einem solchen Versuch: »Nach dem Aufstieg der Gnostiker in den Himmel der Wahrheit sind sie sich darüber einig, daß sie in dieser Existenz nichts anderes gesehen haben außer dem Einen und Wahren. (...) Für diese wurde die Vielheit völlig undenkbar, und sie versenkten sich in die reine Einzigkeit, in der sie ihren Verstand verloren. (...) Einer von ihnen sagte deshalb: ›Ich bin die Wahrheit!‹*** Ein anderer sagte: ›Wie erhaben bin ich, wie großartig bin ich!‹ und: ›Unter meinem Gewand gibt es nichts anderes als Gott!‹**** Die Worte der Verliebten im Zustand des Rausches aber müssen geheimgehalten und dürfen nicht erzählt werden. (...) Wenn dieser Zustand vorherrscht, wird er in bezug

---

* A. Schimmel, Mystische Dimensionen des Islam, 2. Auflage München 1992, S. 25.
** Zitiert nach F. Schuon, Den Islam verstehen, München 1988, S. 100.
*** Al Hallaj, gest. 922, der – angeblich (Anmerkung A. Schimmel) – wegen seines ekstatischen Ausspruchs »Ana'l Haqq – Ich bin die Wahrheit (Gott)«, den Märtyrertod erlitt.
**** Beyazid Bistami, gest. 874.

auf denjenigen, der ihn erlebt, ›Erlöschen‹ genannt, ja sogar ›Erlöschen des Erlöschens (in Gott)‹, weil sein Selbst erlischt. Denn er empfindet in diesem Zustand weder sein eigenes Bewußtsein noch die Unbewußtheit seines Bewußtseins. Denn wenn er seine Unbewußtheit empfinden würde, hätte er sein eigenes Bewußtsein empfunden. Dieses wird in bezug auf denjenigen, der sich in diesem Zustand befindet, im metaphorischen Sinn ›Identität‹ oder in der Sprache der Realität ›Vereinigung‹ genannt. Hinter diesen Wahrheiten stehen Geheimnisse, deren Erklärung jedoch sehr weit führen würde.«[*]

Die ganze Nacht hindurch haben die Dhikrs etwas unglaublich Weiches, sie fließen einfach dahin, sind wie Hz. Mevlâna »Ozean ohne Küste«... Der Dhikr »*Allah, Allah, Al-lah*« verwandelt sich zu meinem Erstaunen in ein »Allah, Allah, All-love«.

Später, beim Dhikr »*Bismillahi*«, entsteht die ruhige Unermeßlichkeit des Sternenhimmels über Mekka. Es wird zu einer Erfahrung, die nicht mehr das ist, was ich als »Dhikr« kenne. Der Luftkörper, der mir in letzter Zeit durch den sirupartigen Widerstand so viele Schwierigkeiten bereitet hatte, trägt mich auf einmal! Völlig losgelöst, schwerelos, befreit, schwebe ›ich‹ heraus aus meinem innersten Selbst in diese Unendlichkeit hinein. *Estağfirullah, estağfirullah...*

---

[*] Al Ghasali, Die Nische der Lichter, Hamburg 1987, S. 24/25.

40. Tag

*»Haben Wir dir nicht deine Brust erschlossen und dir abgenommen
deine Last, die dir den Rücken niederwuchtete, und haben Wir nicht
deinen Ruf erhöht?«*

SURA 94/2–5

Im Traum höre ich die Melodie des alten Songs von Simon &
Garfunkel »Like a bridge over troubled waters, I will lay me
down . . .«. Ich sehe eine überdimensional große Baustelle, die fast
die ganze bekannte Welt umfaßt. Dennoch scheint sich alles in
Amerika abzuspielen. Ein Blickwinkel von fast 360 Grad. Ein
enormes Brückengerüst, das sich zwischen Asien und Europa
spannt, ist schon fertiggestellt. Die Brücken, die alle anderen
Kontinente verbinden sollen, sind im Werden. Es ist mein
Geburtstag. »This is your gift«, sagt eine Stimme. Noch im Traum
fällt mir zum ersten Mal die Doppelbedeutung des Wortes »gift«
auf. ›Gabe‹ im Sinn von ›Geschenk‹ und ›Gabe‹ im Sinn von
›Begabung‹. Begabung ist reinstes Geschenk... Dann kommt
Mehmet und gibt mir ein Geburtstagsgeschenk, ein winziges
Bröckchen einer besonderen Art von Droge.

Ich wache auf, noch ist alles dunkel. »*Bei der Nacht, wenn sie am stillsten ist...*«, geht mir die 93. Sura durch den Kopf. Und dann die ersten Teile eines Gedichts, das mal ein Freund in Kalifornien für mich geschrieben hat: »Light a candle for darkness...«

Ich zünde die Kerze an, die mir so oft das einzige Licht war, liege auf meiner Matratze und sehe zu, wie allmählich der 40. Morgen graut. Dann hebt der Chor der Muezzine an. Ganz bis hin nach Mekka, denke ich. Stelle mir vor, wie die Erde, aus dem All gesehen, wellenförmig vom lebendigen Islam umgeben ist. Der Rhythmus der fünf täglichen Gebetszeiten, der sich ja nach dem Stand der Sonne richtet, geht wie eine unaufhörliche Woge um den Erdball. Könnte man all die Menschen sehen, die sich beugen, niederwerfen und wieder aufrichten, so muß es wirklich wie konzentrische Kreise aussehen, die in Mekka ihren Mittelpunkt nehmen. Seit weit über tausend Jahren geht es so, durch den Raum, durch die Zeit, dennoch raumlos und zeitlos... Auch die Klangwellen des Ezan umrunden stets unsere Erde. Und ich fühle mich so geborgen, eingebettet in diese große Gemeinschaft.

Anschließend an das Morgengebet weiche ich ab von meinen üblichen Aktivitäten. Heute, am letzten Tag, will ich meine Aufzeichnungen lesen. Zunächst mit Entsetzen, dann mit Erstaunen verfolge ich den Prozeß, der sich vor meinen Augen entfaltet. Aus welchen Gründen bin ich bloß ins Halvet gegangen! Und welch unglaubliche Gnade hat meine eigennützigen Absichten dem eigentlichen Zweck einer solchen Übung angenähert! Hz. Mevlâna sagt:

»So wissen wir absolut, daß der Schöpfer aller Akte Gott ist, nicht der Mensch. Jede Handlung, die von einem Menschen ausgeht, sei sie gut oder böse, unternimmt er mit einer Absicht und mit einem Vorsatz; aber der wahre Sinn der Handlungen ist nicht so beschränkt, wie er es sich vorstellt. (...) Den vollen Nutzen dieser Handlung kennt nur Gott, der den Menschen zu dieser Handlung bewegt.« (FmF, S. 319).

Der Heilige Koran spricht von »*Licht über Licht*«, aber hier ist ›Gnade über Gnade‹ ersichtlich! ›Dankbarkeit über Dankbarkeit‹

überkommt mich. Jetzt sind es Freudentränen, die in mir aufsteigen. Wie bin ich dankbar für alles, dankbar für die Dankbarkeit! Und dann, genau mit dem Ezan zum Nachmittagsgebet, bin ich im ›Jetzt‹ angekommen. 40 Tage – welche Weisheit liegt in der Bemessung genau dieser Zeitspanne. 40 Tage, nicht mehr, nicht weniger! So dankbar!

All die Gaben, die ich hier erhielt, sind so unendlich kostbar. Und so ungefestigt noch, wie zarte, schöne Blüten, die den rauhen Frühlingswinden ungeschützt gegenüberstehen. Ich fühle mich durchflutet von Sanftheit, Annehmen, Vertrauen, innerem Frieden. Ich erbitte allen Schutz für ›dort draußen‹, um zu ›erinnern‹, wenn die tatsächlichen Prüfungen kommen. Daß die Schleier sich nie wieder schließen mögen! Daß meine Nefs Emmare der Überheblichkeit, der Selbstbezogenheit, überwunden werde durch diese Liebe und Barmherzigkeit! Wieviel mir doch gegeben wurde! Möge ich die Kraft haben, weiterzugeben, wo immer ich kann, »like a bridge over troubled waters...«. Möge das innere Halvet weitergehen, über das Halvet hinaus!

Gegen 7 Uhr abends ist der Sheykh auf einmal da. – Draußen, durch die noch geschlossene Zimmertür, höre ich ihn melodisch Gebete rezitieren, wie am Anfang. Das Halvet wird ›entsiegelt‹. In dem Teil, den er auf Türkisch spricht, betet er wieder um Frieden in der Welt und darum, daß meine Gebete angenommen werden mögen. – Dann klopft er, ich mache auf und sehe die ersten Menschen seit 40 Tagen. Bei ihm sind wieder Murat und seine kleine Tochter.

Ich weiß nicht, was ich tun soll, biete ihnen den einzigen Sitzplatz an, den ich habe, meine Matratze. Er fragt, wie es mir geht, und ich merke, daß ich kaum noch Stimme habe. Daß auch so etwas durch Mangel an Gebrauch verschwindet! Die Kleine sagt:»*Ablacığım*°, du hast ja die gleichen Strümpfe an wie damals, als ich dich zuletzt gesehen habe!«

Wieder sitzen wir in dem kleinen weißen Auto und fahren durch den Istanbuler Abendverkehr. Das Gewimmel auf den Straßen kommt mir überwältigend vor, dabei ist es sicherlich nicht anders als sonst auch. Die Kleine redet munter auf mich ein. Ich will antworten und merke etwas Seltsames: Ich finde die richtige Zeitform der Verben nicht! Will im Präsens sprechen und höre mich Futur verwenden. Auch verstehe ich kaum, was die anderen sagen.»Die sprechen Türkisch!« denke ich. Und:»Ich spreche auch Türkisch!« Wieso verstehe ich dennoch nicht?

Wenigstens gelingt es mir nach zwei Anläufen, meine Schwierigkeit zu schildern. Der Sheykh sagt, das würde sich bald geben, ich solle einfach erstmal zuhören. So lausche ich weiter der Kleinen, die eine Menge zu erzählen hat.

In der Wohnung des Sheykhs wartet außer seiner schönen jungen Frau auch seine Mutter auf mich. Nachdem ich ihr der Sitte entsprechend die Hand geküßt und an meine Stirn gezogen habe, umarmt sie mich und streicht dann über meinen Körper, anschließend über den ihren. So frisch aus dem Halvet heraus haftet noch etwas von dem Segen an mir, an dem sie auf diese Weise teilhat. Ich kriege zunächst meine erste Mahlzeit, Reissuppe mit kleinen Hammelfleischklößchen. Wieder wundert es mich, daß ich kaum Appetit habe, nach all dem Verzicht.

° *Ablacığım* = »Mein liebes älteres Schwesterchen«.

Dann ist es Zeit, über meine Erfahrungen zu sprechen. Am Anfang geht es schlecht. Nicht nur, daß meine Stimme immer noch nicht so recht will, auch habe ich noch diese merkwürdigen Syntaxschwierigkeiten. Mein Denken ist kristallklar, was die Diskrepanz noch deutlicher macht. Und wo soll ich nur anfangen? Es ist ja so viel geschehen! Aber die Art und Weise, wie der Sheykh zuhört, kompensiert vieles. An seinen nonverbalen Reaktionen erkenne ich, welche Themen er für wichtig erachtet. An seiner knappen Zwischenfragen sehe ich, daß er versteht, was ich nicht einmal habe aussprechen können.

Vorrangig interessieren ihn die verschiedenen Begegnungen mit Muhammad (s. a.). Das läßt er mich detailliert schildern und hört mit geschlossenen Augen zu. Die anderen sitzen schweigend dabei, sogar die Kleine ist still. Allmählich fällt es mir leichter, mich zu artikulieren. Aber das Wiedererleben, das mit diesem intensiven Mit-Teilen einhergeht, nimmt mich mit. Wieder beginne ich stark zu zittern.

Nach zwei Stunden beschließt der Sheykh, daß es für heute abend genug sei, ich würde sonst überanstrengt. »Sie ist ihrem Herzen begegnet«, sagt er den anderen. Murat fährt mich zu meiner Zelle zurück. Die Frau des Sheykhs hatte mir schon ein Bett hergerichtet, aber für einen weniger abrupten Übergang erscheint es mir besser, noch eine Nacht in meiner jetzt gewohnten ›Alleinheit‹ zu verbringen. Das Wort »Einsamkeit«, denke ich, paßt nicht im mindestens, denn – ganz gleich, was ich sonst empfunden habe – einsam war ich nie. Die GEGENWART, die man im Halvet sucht, ist immer bei mir gewesen.

Der 1. Tag danach

Um 7 Uhr morgens bin ich bereit, warte auf Murat, der mich abholen soll. Das kleine Zimmer ist nicht mehr ›meine Zelle‹. Seit der Entsiegelung ist die Atmosphäre gänzlich anders. Ich stehe am Fenster, habe zum ersten Mal die Vorhänge auf. ›Meine‹ Kinder spielen noch nicht, es ist zu früh. Einige alte Männer kommen von der Moschee zurück.

Während ich dort am Fenster stehe, habe ich auf einmal das Gefühl, in den Boden einzusinken. Es ist so real, daß ich erschrecke, mich am Fensterbrett festhalte und eine Stelle an der Tapete anvisiere, um zu prüfen, ob ich tatsächlich sinke. Nein, natürlich nicht! Kaum habe ich mich beruhigt, geht es wieder los. Entweder spüre ich, daß ich im Boden versinke, oder aber, daß meine Beine schrumpfen und ich kürzer werde. Es ist ziemlich unangenehm.

Da es nicht aufhört, setze ich mich auf meine Matratze, lehne den Rücken gegen die Wand. Wo bleibt Murat nur? Jetzt fühle ich, wie ich rückwärts in die Wand eindringe. Wieder ist es so real, daß ich die Arme haltsuchend ausstrecke und hingucke, um mich davon zu überzeugen, daß es nur eine Illusion ist. Diese Feststellung macht es jedoch auch nicht besser. Ich versuche, auf und ab zu gehen. Jetzt ist es, als bestünden meine Beine aus weichem Gummi: Mit jedem Schritt sacke ich ein. Das ist fast noch schlimmer. Ich lege mich wieder auf meine Matratze, und, vielleicht weil ich es nun schon erwarte, macht mir das Einsinken nicht viel aus. In Gedanken mache ich Dhikrs, und nun geht es besser. Es entsteht ein schaukelndes Gefühl, wie auf einer Luftmatratze auf einem See.

Dieser Vergleich gefällt mir. Während ich mich dem ruhigen ›Wellengang‹ überlasse, frage ich mich, ob die Wirkungsweise der Dhikrs schon mal neurologisch untersucht worden ist. Gegen Ende des Halvets habe ich aufgrund meines Bedürfnisses nach intuitiven Angängen sicherlich acht bis zehn Stunden täglich damit verbracht. Dieses ununterbrochene, rhythmische Hin und Her des Kopfes in Verbindung mit den inneren Klangmustern muß sich nicht nur auf das Gleichgewichtszentrum, sondern wohl auf das gesamte Zentrale Nervensystem auswirken.[*]

Um viertel vor acht ist Murat dann da. Zunächst bringt er mich zu Yusufs Frau, die meine Reissuppe gekocht hat. Sie möchte mein erstes Frühstück mit mir teilen. Yusuf kommt, und ich weiß gar nicht, wie ich mich bei ihm bedanken kann für all seine Rettungsaktionen. Beide wehren mit größter Entschiedenheit

---

[*] Siehe die Kommentare »Das Halvet im transkulturellen Vergleich«, S. 195 ff., und »Physiologische Begleiterscheinungen«, S. 151 ff.

122

meinen Dank ab: Jemandem im Halvet zu helfen, heißt Allah dienen. Aber Yusufs Frau bittet mich, sie zu ihrer alten, sehr kranken Mutter zu begleiten. Sie würde wohl bald sterben und hätte darum gebeten, mich zu sehen. Ich küsse ihr die Hand, und auch sie bestreicht zunächst meinen und dann ihren Körper mit ihren Händen.

Wir holen den Sheykh ab, und dann beginnt der Weg zurück, nach Europa. Morgens ist alles verstopft. Endlos lang stauen sich die Autos vor den Nadelöhren der großen Brücken. Murat hat mehrere Tageszeitungen gekauft. »Das Neueste vom Golfkrieg«, sagt er und reicht mir eine davon. Ja, es ist tatsächlich Krieg. Ich versuche eine Weile zu lesen, gebe dann aber auf. Ich merke, daß ich nicht den geringsten Bezug dazu habe, kann mich nicht darauf einstellen. »Jedenfalls eine Person auf dieser Welt, die nichts vom Krieg mitgekriegt hat«, meint der Sheykh zu mir.

Eigentlich hatte ich vor, übermorgen nach Deutschland zurückzufliegen. Aber nun geht mir alles viel zu schnell. Wenn ich wenigstens noch ein paar Tage den Ezan hören kann, bevor der Westen wieder auf mich eindringt. Ich werde versuchen, meine Reservierung umzubuchen. »Kein Problem«, meint der Sheykh, »aufgrund des Krieges sind fast alle Flüge leer.« Auch er hält eine allmähliche Akklimatisierung für richtiger.

Meine ›Übergabe‹ an meine türkische Familie soll in den Arbeitsräumen des Sheykhs im europäischen Teil der Stadt stattfinden. Viele der Freunde aus dem Kreis um den Sheykh begrüßen mich erfreut, wundern sich, daß ich »schon wieder« in Istanbul bin. Nur sehr wenige, der allerengste Kreis, wissen, daß ich im Halvet war. Noch eine Stunde soll ich hier sitzen, mich wieder an das Kommen und Gehen der Menschen gewöhnen, bevor meine Familie mich nach Hause holen kann.

»*Anneciğim*°, sag gar nichts!« kann ich nur sagen, als ich das Entsetzen über meinen Anblick in den Augen meiner Schwiegermutter sehe. Mein Schwager behandelt mich fürsorglich wie eine Invalide. Er nimmt meinen Arm, um mich zu stützen! »Ich bin nicht krank!« sage ich und merke, daß mir das Sprechen immer noch schwer fällt.

° *Anneciğim* = »mein Mütterchen«.

In der Wohnung meines Schwagers im Nobel-Vorort Yeşilyurt kriege auch ich einen Schreck, als ich mein Spiegelbild betrachte. Und erst recht, als ich auf die Waage steige: 44 kg... Meine Schwiegermutter klagt über mich, schimpft über Derwische im allgemeinen und den Sheykh im besonderen und verschwindet erstmal in der Küche, um Lütfiye, dem Dienstmädchen, Anweisungen zum Kochen meiner Lieblingsgerichte zu geben. Ich beschließe, in der Wanne zu verschwinden. Denn immer noch sinke ich ein, wenn ich versuche, ruhig zu sitzen. Im schaukelnden Auto war das kein Problem.

Ich registriere ganz bewußt, daß das von oben bis unten marmorgetäfelte Bad meines Schwagers größer ist als meine Zelle. Und eine Handbewegung reicht, und dampfend heiß strömt das Badewasser ein. Die Häuser in Yeşilyurt haben aufgrund der chronischen Wassermisere Istanbuls längst alle eigene Depots.

Meine Schwägerin und die Tante meines Mannes kommen, um mich zu begrüßen. Alle wollen wissen, was ich erlebt habe. Wie kann ich's erklären? Das Gespräch geht der Einfachheit halber zu meinem Gewicht. Lütfiye bringt mir immer neue Leckereien. Ich habe zwar weder Hunger noch Appetit, aber den Willen, möglichst schnell wieder zuzunehmen. Immer wenn ich denke, ich kann nicht mehr, zwinge ich mich zu wenigstens noch einem weiteren Bissen.

Ein Brief von meinem Mann wird mir ausgehändigt. Ein lieber, fürsorglicher Brief, der mich traurig macht. So ganz anders, als Mehmet war, als wir uns verabschiedeten. Es entspricht eher den Gefühlen, die ich an dem einen Abend im Halvet für ihn hatte. Ob es nicht doch Sinn hätte, es nochmal miteinander zu versuchen? 26 Jahre lang, seit ich 15 war, sind wir gemeinsam durchs Leben gegangen. Jedoch wohl eher nebeneinander statt miteinander... Vielleicht sehen wir klarer, wenn erstmal der Atlantik zwischen uns liegt. Wenn er aus Amerika auf Urlaub kommt, oder wenn ich ihn dort besuche...

Meine Kinder, meine Eltern und Freunde rufen an. Ich versichere allen, daß es mir sehr gut geht.

Der 2. Tag danach

»Es ist notwendig, dich so viel zu bemühen, daß du nicht bestehen bleibst, damit du das, was bleiben wird, erkennst.«

HZ. MEVLÂNA

Im Morgengrauen liege ich wach. Zum ersten Mal fühle ich mich elend. Wie schnell doch das Weltliche wieder die Vorherrschaft übernimmt! Schon jetzt erscheint mir mein tiefstes Erleben im Halvet fast unwirklich. Etwas, was Mina gestern am Telefon sagte, hat meine ganze Besessenheit zurückgebracht! Mit all der ihr eigenen Macht und eigenartigen Lebendigkeit, als wäre ich nie im Halvet gewesen! Ob sie mich mein Leben lang weiter quälen wird? Ob alles umsonst war?

Krampfartige Bauchschmerzen halten mich schon seit Stunden wach. Ich habe einen wasserdünnen Durchfall, außerdem hat auch meine Periode wieder angefangen. Endlich erklingt der Ezan. Hier, in diesem schönen Apartment am Marmara-Meer, hört man nur einen einzigen Muezzin, und auch den nur ganz gedämpft, wie aus weiter Ferne. Wäre ich nicht sowieso wach gewesen, ich hätte ihn wohl überhört. Eigentlich hatte ich heute in die Stadt fahren wollen, um einige Geschenke für meine Familie zu kaufen. Mal sehen, wie es mir geht, wenn ich auf bin.

Gegen Mittag besteht meine Schwiegermutter darauf, mich ins Krankenhaus zu bringen. Mein Körper kann nicht mehr das Geringste bei sich behalten, auch keine Flüssigkeit mehr. Alles läuft nur so aus mir heraus, die Krämpfe nehmen zu. Mit meiner Eile, mein Normalgewicht wieder zu erlangen, habe ich das Gegenteil erreicht. Mein erzwungenes, wahlloses Essen von gestern rächt sich. Ich weigere mich, ins Krankenhaus zu gehen, krieche wieder ins Bett. Bin weder so viele Menschen noch Tageslicht mehr gewöhnt.

Später setze ich mich wieder zu den anderen. Ich sehe ein Telefax von Mehmet liegen, mein Name springt mir in die Augen. Als ich hingreife, reißt mein Schwager es mir aus der Hand. »Das ist von meinem Mann«, sage ich, verwundert über seine ungewohnte Unhöflichkeit. »Aber nicht für dich«, sagt er, »das ist an uns gerichtet.« Er schließt das Blatt weg.

Als er geschäftlich unterwegs ist, bitte ich meine Schwiegermutter, mir den Brief zu geben. Als mein Schwager zurückkommt, bedanke ich mich bei ihm für seine Fürsorge. Er hat einfach nicht gewollt, daß ich es auf diese Art und Weise erfahre.

Als ich im Halvet war, hat Mehmet eine Beziehung mit Lâle, einer entfernten Verwandten, angefangen. Alles ging sehr schnell. Sie geht mit in die Staaten, sie werden heiraten. »Lâle war ein Gast auf eurer Hochzeit«, sagt meine Schwiegermutter, »sie war damals noch ein kleines Mädchen.« Ich krieche in mein Bett zurück, sage, daß ich schlafen will.

»Nun wird ›Geschenk‹ das genannt, was nicht in die Vorstellungskraft des Menschen paßt und ihm nicht durch den Kopf geht. Denn was immer in eines Menschen Vorstellungskraft kommt, entspricht seinem hohen Streben und seiner Fähigkeit. Aber Gottes Geschenk ist entsprechend Gottes Fähigkeit. Deswegen ist ein Geschenk Gottes das, was Gottes würdig ist, nicht der Vorstellung und des Strebens des Menschen. – Meine Gabe ist jenseits von all diesem—!«

HZ. MEVLÂNA

Auf einmal ist Muhammad (s. a.) wieder bei mir. Wieder trifft mich diese überwältigende Gegenwart direkt ins Herz, wieder kommen Tränen über Tränen, und schließlich sind es wieder Freudentränen. Wie habe ich bloß so dumm sein können, wie habe ich wieder zweifeln können, nach allem, was ich doch jetzt *weiß*? Wie habe ich so blind sein können, noch immer nicht die Hand zu sehen, die die Feder führt? Nicht zu erkennen, daß so viele meiner Gebete zugleich erhört worden sind? »Gottes Weg ist nicht, jedes Problem besonders und einzeln zu beantworten;

durch *eine* Antwort werden alle Fragen auf einmal klar, und die Schwierigkeit wird gelöst (...).«

Wie sehr hatte ich darum gebeten, Mehmet möge in Amerika nicht einsam sein! Und darum, daß das ›innere Halvet‹ nach dem Halvet weitergehen möge! Und daß mir Gelegenheit gegeben werde, durch das Weitergeben von Liebe und Selbstlosigkeit dienen zu dürfen! Daß mein Schmerz – wenn nötig – anhalten möge, bis ich mich sicher ›erinnere‹. Wirklich, durch *eine* Antwort werden »alle Fragen auf einmal klar, und die Schwierigkeit wird gelöst«! Lâle! Nur – *so* hatte ich es mir nicht vorgestellt! Natürlich nicht! »Deswegen ist ein Geschenk Gottes das, was Gottes würdig ist, nicht der Vorstellung und des Strebens des Menschen!«

Wie unerwartet reich bin ich beschenkt worden, gerade als ich am wenigsten damit rechnete! Und zugleich habe ich nun auch das direkte Erfahrungswissen, daß ich nicht verlassen worden bin, daß der Segen des Halvet weitergeht, wo auch immer ich sein mag! »*Wohin immer ihr euch wendet, da ist Allahs Angesicht*« (Sura 2/ 109); »Wie sollte unsere Religion jemanden freilassen, ehe sie ihn zum Ziel gebracht hat?« (FmF, S. 201). Oh, daß ich mich dieses Segens als würdig erweise!

»*Er hat dies alles gezeigt, damit du sicher bist, daß andere Stationen noch vor dir liegen.*«

Hz. Mevlâna

Lange Zeit liege ich einfach so da, spüre die Gnade tiefster, selbstlosester Liebe mich durchfluten, Welle um Welle. »Aber nicht wie Sein Türschloß ist Sein Aufschließen, denn dessen Huld ist unbeschreiblich. Wenn ich mich von meinen Teilen losbreche, das wird durch die unendlich subtile Huld und das Entzücken über Sein Aufschließen und Sein unvergleichliches Öffnen sein« (FmF, S. 233).

Als ich wieder willentlich über mich verfügen kann, schreibe ich einen Brief an Lâle. Ich wünsche ihr von Herzen alles Gute mit Mehmet. Mögen sie einander das geben, was wir uns nicht haben geben können.

Der 4. Tag danach

»(...) und die Morgenröte, wenn sie zu atmen beginnt.«

SURA 81/19

Heute morgen wiege ich nur noch 42 kg. Aber es geht mir soviel besser. Die ruhige Gewißheit, von der ich nun durchtränkt bin, ist soviel mehr, als ich je hatte. Ja, es wird weitergehen, Schritt für Schritt. *»Wahrlich, ihr werdet von einer Stufe zur anderen versetzt – und was haben sie, daß sie nicht glauben?«* (Sura 84/19–20).

Heute nachmittag erwartet mich noch einmal der Sheykh. Er schickt alle anderen hinaus. Dann spricht er zu mir von der *Silsile*, deren *Baraka* ich so deutlich im Halvet gespürt habe. Er spricht von seiner eigenen Einweihung, er spricht von einigen der letzten Sheykhs vor ihm. Erzählt mir von ihrem Leben und Sterben. Dann zeigt er mir die Gegenstände, die durch diese lebende ›Kette‹ an ihn weitergereicht worden sind, die ihn in dieser Nachfolge bestätigen.

Schließlich überreicht er mir einen traditionellen Gegenstand aus dieser Derwisch-Bruderschaft, der nun mir zukommt. »Sie sind nun Ihrem Herzen begegnet«, sagt er noch einmal. Ob ich Fragen habe? Eigentlich nur noch eine: Was kann ich tun, um die Früchte dieser Gnade, dieses direkte Wissen, nicht wieder entgleiten zu lassen? Um diese kleinen ›Pflänzchen des Erinnerns‹ zu hegen und zu pflegen? Um sie wachsen zu lassen?

Er erklärt mir eine alte Derwisch-Übung: »Nehmen Sie sich jeden Abend vor dem Schlafengehen etwas Zeit. Lassen Sie den vergangenen Tag an sich vorüberziehen. Bei jeder Ihrer Handlungen prüfen Sie, ob sie im Lichte des Halvet-Wissens angebracht war. So werden im Laufe der Zeit Ihre Handlungen mehr und mehr diesem Geist entsprechen, die Schleier werden immer dünner werden.«

Der Gegenstand, den er mir gegeben hat und der morgen im Handgepäck mit mir gen Westen fliegen wird, wird mir ganz konkret dabei helfen, mich zu ›erinnern‹.

Bismillāhi'r-raḥmāni'r-raḥīm.
Haben Wir dir nicht deine Brust erschlossen
und dir abgenommen deine Last,
die dir den Rücken niederwuchtete,
und haben Wir nicht deinen Ruf erhöht?
Also, wahrlich, kommt mit der Drangsal die Erleichterung.
Wahrlich, mit der Drangsal kommt die Erleichterung.
Wenn du nun entlastet bist, mühe dich eifrig.
Und deinem Herren widme dich ganz.

SURA 94

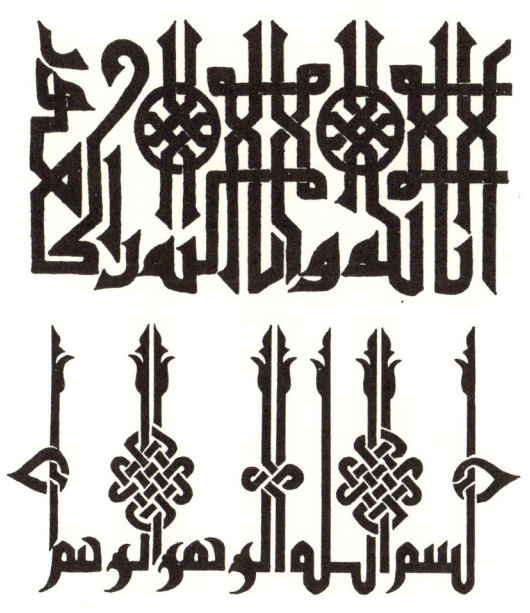

KOMMENTARE

*»Die Wissenschaften sind ein Punkt. Die Unwissenden haben viele
daraus gemacht.«*

HZ. ALI (zit. nach Güvenç, S. 100)

Es ist bezeichnend, daß das Bemühen, die Halvet-Erfahrung aus
westlich-wissenschaftlicher Sicht zu beleuchten, ein Mosaik verschiedenster Disziplinen erforderlich macht: Liegt die Stärke des
Westens doch im Reduktionismus, im Versuch, den jeweils
›kleinsten zugrundeliegenden Baustein‹ zu entdecken. Das Sufitum dagegen entspringt dem Wissen um die essentielle Einheit
allen Seins. Somit wird verständlich, wieso der Kommentarteil
nicht – was der wissenschaftlichen Methodik eher entspräche –
streng nach Fachrichtungen unterscheidet oder streng zwischen
persönlichen Erfahrungen, dem Vergleich mit anderen Erfahrungen derselben Richtung oder Analogen anderer Religionen, Kulturen, Epochen etc. trennt. Die Gegenüberstellung eines abend-
ländisch-reduktionistischen und eines morgenländisch-systemi-

schen Gedichts mag diesen Unterschied der Betrachtungsweise
verdeutlichen:

> *Blume du in der verwitterten Mauer,*
> *Ich pflücke dich aus der zerfallenen Spalte.*
> *Halte dich, Wurzel und alles, hier in der Hand.*
> *Kleine Blume – doch könnt' ich verstehn,*
> *Was du bist, Wurzel und alles, und alles in allem,*
> *Wüßte ich wohl, was Gott ist und was der Mensch.*
>
> A. TENNYSON (Übersetzung A. Schimmel°)

> *Hör auf der Flöte Rohr, wie es erzählt*
> *und wie es klagt, vom Trennungsschmerz gequält!*
> *»Seit man mich aus der Heimat Röhricht schnitt,*
> *weint alle Welt bei meinen Tönen mit!*
> *Ich such' ein Herz, vom Trennungsleid zerschlagen,*
> *um von der Trennung Leiden ihm zu sagen.*
> *Sehnt doch nach dem In-Einheit-Lebens Glück,*
> *wer fern vom Ursprung, immer sich zurück!«*
> *(...)*
>
> MATHNAWI, BD. 1 (Übersetzung H. Ritter, A. Schimmel)

Tennyson ist sich durchaus bewußt, daß sich die Gesamtheit des
Lebens auch in einer Blume manifestiert. Er versucht jedoch zu
verstehen, indem er die Blume pflückt und somit vom Kontext
trennt.»Wurzel und alles andere« und dann diese nun halbtote
Pflanze analysiert, d. h., seine intellektuelle Neugier befriedigt
(vgl. Arasteh, S. 54). Die ersten Zeilen Hz. Mevlânas Mathnawis
thematisieren Ähnliches. Der Unterschied liegt darin, daß hier das
Abgetrenntsein zum Katalysator des Erkennens des größeren,
untrennbaren Zusammenhangs wird.

Dieselben perspektivischen Unterschiede zeigen sich auch bei
der Betrachtung der menschlichen Existenz im allgemeinen und
den sich hieraus ableitenden Annahmen der Entwicklungspsycho-

---

° Mein herzlichster Dank gilt Frau Prof. Annemarie Schimmel. Ihr engagierter
Einsatz auf allen Ebenen hat dieses Projekt zu verwirklichen geholfen. Die
Begegnung mit ihr nach der Halvet-Erfahrung war ein unverhofftes Geschenk.

logien. Neuerdings versuchen interdisziplinär arbeitende Wissenschaftler, die den westlichen und östlichen Sichtweisen zugrundeliegenden theoretischen Konzepte menschlicher Wachstums- und Reifungsprozesse zu vergleichen.

Wilber (1984) ordnete beispielsweise westlichen und östlichen Therapieformen verschiedene »Ebenen des Bewußtseins« zu. Diese wiederum macht er abhängig von der »Identitätsgrenze«, die eine Person für sich – unbewußt – zieht. In seinem fünfstufigen Modell liegen Egotherapien und die Psychoanalyse auf der zweiten Stufe. Gestalttherapie, Bioenegetische Analyse und die Arbeit nach Rogers liegen auf Stufe drei. Für die vierte »Ebene des Bewußtseins« sind transpersonale Therapien wie die Arbeit nach Maslow und Jung zuständig. Östliche Methoden wie der Sufismus, der Taoismus, Formen des Buddhismus und des Hinduismus, aber auch das esoterische Christen- und Judentum sind bei ihm auf der fünften und höchsten Stufe angesiedelt. (Bei diesem Modell schließt jede Stufe die ihr vorausgehenden mit ein.)

Shafii stellt Entwicklungsstufen der Egopsychologien denen des Sufitums gegenüber. Sowohl die vier Stadien Freuds als auch die acht Stadien E. Eriksons werden seinen neun Entwicklungsstadien des Sufismus derart zugeordnet, daß sie zwischen der zweiten und der sechsten Stufe der Sufi-Skala angesiedelt sind. (Die erste Stufe beinhaltet die weiter gefaßte Sicht des Unbewußten.) Das heißt, daß da, wo nach der Sicht dieser westlichen Egopsychologien der Mensch seine Reife erreicht hat, er sich »selbstverwirklicht« hat, die »wahre Menschwerdung« *(Insān al-Kāmil*°*)*, also die Selbsttranszendenz, aus der Sufi-Sicht erst beginnt. Das Ziel einer sufischen Psychotherapie ist aufgrund der systemischen Betrachtungsweise demnach *nicht* das westliche Autonomie-Ideal der Unabhängigkeit, sondern die bewußte Akzeptanz der gegenseitigen Abhängigkeit, d. h. der »Inter-dependenz« statt der »In-dependenz«. Im menschlichen Reifungsprozeß wird daher in der Sufi-Tradition statt der westlichen »Selbstverwirklichung« die *Transzendenz des Selbst* angestrebt.

° *Insān al-Kāmil* = ein Mensch, in dem die potentiellen Anlagen vollends Wirklichkeit geworden sind; vollkommener Mensch.

Es stellt sich die Frage, warum die (jüngeren) westlichen Psychologien in ihren Stufenmodellen der menschlichen Entwicklungsprozesse da aufhören, wo aus sufischer Sicht die »Menschwerdung« erst beginnt. Teils ist dies sicherlich bedingt durch die oben beschriebenen Unterschiedlichkeiten der zugrundeliegenden Weltbilder. Eine Sichtweise, die sich – zumindest seit Descartes und Newton – bewußt auf die materielle Ebene beschränkt, ist notwendigerweise begrenzter als eine, die eine immanente und transzendente Einheit allen Seins voraussetzt. Darüber hinaus gibt es meines Erachtens auch noch rein pragmatische Gründe: Die höheren Stadien werden von den meisten Menschen nie erreicht werden. Dies wird sehr anschaulich in einem Sufi-»Klassiker« des 13. Jahrhunderts, in Attars (s. Glossar muslimischer Personen) »Konferenz der Vögel«, beschrieben: Eine riesige Schar von Vögeln bricht auf, den mythischen Vogel »Simurgh« (Selbsttranszendenz, direkte Erkenntnis der existentiellen Einheit allen Seins) zu finden. Am Ende der beschwerlichen Reise durch die »7 Täler« (sieben Entwicklungsstadien) sind nur noch 30 Vögel (persisch *si murgh*) übrig, die das Ziel der »Ganzwerdung«, die Stufe des Insān al-Kāmil, erreichen...

Es ist eine der bekannten Stärken westlicher Effizienz, sich vorrangig mit dem Machbaren zu beschäftigen. Warum viel Energie in etwas investieren, das »nur 30 Vögel« je erreichen werden? Aber dieselbe Stärke, die moderne Wunder wie Organtransplantationen ermöglicht, ist aus anderer Sicht gerade durch die selbstauferlegte Begrenzung auf das materiell Faßbare Schwäche. Wenn die höheren Ebenen des Menschseins in einer Kultur nicht einmal vom Konzept her theoretisch vorhanden sind, können sie auch nicht wirklich angestrebt werden. Existentielle Sinnlosigkeit breitet sich aus.

Obwohl nur für wenige erreichbar, kann das ganzheitliche Konzept des Insān al-Kāmil jedoch als inspirierendes Ideal gesehen werden. Nach Shafii (S. 241) ist es ein »Wegweiser auf dem Pfad des Lebens, der dem Menschen helfen kann, die Zersplitterung der Vergangenheit, die Dualitäten der Gegenwart sowie die kulturellen Einschränkungen und die Fokussierung auf das begrenzte Ich zu überwinden. Allein das Wissen um die Möglichkeit stimuliert psychologisches Wachstum und damit die Re-Integration in die Gesamtheit des Seins. Auch wenn man das Stadium des Insān al-Kāmil nicht erreichen mag, kann das Wissen, ein ›Reisender‹ auf dem Weg zu sein, und der Wille, dieses Ziel im Auge zu behalten, eine Quelle kontinuierlicher Ermutigung und Hoffnung sein, die einem dabei hilft, sein volles Potential zu erreichen.« Oder, wie Hz. Mevlâna sagt: »Genau wie ein Vogel, [der] zum Himmel fliegen will; obgleich er den Himmel nicht erreicht, entfernt er sich doch jeden Augenblick weiter von der Erde und fliegt höher als die anderen Vögel.« (FmF, S. 284).

Das Blutopfer

Anthropologische Forschungen zeigen, daß die Tradition ritueller Blutopfer bis zu den Anfängen der Menschheit zurückgeht. Zunächst wurden fast überall lebende Menschen geopfert, später traten dann Tiere an ihre Stelle. In einem Text des 13. Jahrhunderts beschreibt Ibn Arabi dies am Beispiel von Ibrahim, dem gestattet wurde, an Stelle seines Sohnes Ismail ein Schaf zu opfern: »Wie sollte der Loskauf eines Propheten durch das Schlachten eines Opfertieres erfolgen? Und wieso sollte das Blöken des Widders die geordnete Bewegung eines Menschen ersetzen? Gott, der Herrliche, erklärte den Widder für herrlich aus Fürsorge für uns oder für ihn; ich weiß nicht, aus welcher Erwägung heraus. (...) O wüßte ich doch, wieso denn das niedrige Individuum eines armseligen Widders durch seine Wesenheit den Stellvertreter des Erbarmers [den Menschen] ersetzen kann!« (FaH, S. 36).

In vielen Kulturen wurden Blutopfer dann gänzlich durch symbolische Riten abgelöst. In der katholischen Messe symbolisierten z. B. Oblaten und Wein das Verspeisen – also das Blutopfer – des Leibes Jesu.

Im Islam ist diese Entwicklung nicht eingetreten, rituelle Tieropfer werden nach wie vor erbracht. Hieraus ist jedoch nicht abzuleiten, daß nur die konkrete Ebene existiere. Ein Grundprinzip zum Verständnis des Islam ist das der gleichzeitigen Gültigkeit auf verschiedenen Ebenen, zumindest auf der exoterischen und der esoterischen.

Die Existenz dieser verschiedenen Ebenen zu erkennen, wird dem Außenstehenden dadurch erschwert, daß dieselbe Sache, dasselbe Ding, alle Ebenen zugleich repräsentieren kann. Unterschiede werden somit nur erkenntlich durch das Unterscheidungsvermögen des Betrachters. Wilber* weist auf ähnliche Schwierigkeiten bei den meisten modernen Anthropologen hin, die z. B. versäumten, »die entscheidenden Fragen nach der Unterschiedlichkeit der ›Großen Mutter‹ und der ›Großen Göttin‹ zu stellen, da sie nicht zwischen Zeichen und Symbol, exoterisch und esoterisch, Veränderung und Verwandlung unterscheiden« (S. 163).

Denn jeder religiöse Ritus kann, laut Wilber, als *Symbol* fungieren und damit höhere Ebenen der Wirklichkeit ansprechen, die durchschnittliche Mentalität transzendieren sowie überbewußte Impulse offenbaren. Oder er fungiert als bloßes *Zeichen* und bestätigt und verstärkt damit nur die irdische Ebene der Wirklichkeit. In welcher dieser Funktionen Riten wirksam werden, hängt weitgehend »vom psychischen Zustand des Individuums ab, das mit ihnen konfrontiert wird, und dem Verständnis, das es mitbringt« (Chakras, S. 162).

Dieselben Gedankengänge werden im Koran, der heiligen Schrift des Islam, erläutert: »*Darin [im Koran] sind Verse von entscheidender Bedeutung – die sind die Grundlage des Buches – und andere, die* verschiedener *Deutung fähig sind*« (Sura 3/8); »*Allah prägt* Gleichnisse *für die Menschen, auf daß sie nachdenken mögen*« (Sura 14/26).

Auch hier wird darauf hingewiesen, daß die Deutung dieser Gleichnisse, also der esoterische Gehalt, nicht jedem zugänglich ist: »*Dies sind Gleichnisse, die Wir für die Menschheit aufstellen, doch es verstehen sie nur jene, die Wissen haben*« (Sura 29/44). Im 13. Jahrhundert erläuterte Hz. Mevlâna diesen Sachverhalt folgendermaßen: Der Koran, der in seiner unendlichen Vielschichtigkeit und Schönheit einem ›doppelseitigen Brokat‹ gliche, sei mit der weiblichen Brust vergleichbar – der Säugling und der Liebende fänden beide Genuß daran. Beider Genuß sei gleichermaßen gut

---

* K. Wilber, Gibt es die Chakras wirklich?, München 1990.

und richtig, der Unterschied liege allein in der Verständnisfähigkeit, d. h. im Grad der Entwicklung (FmF, S. 272).

Im Falle des Blutopfers begnügt sich der Koran jedoch nicht mit Gleichnissen für die »Wissenden«, sondern weist explizit auf die nichtmaterielle, transzendente Ebene hin: »*Ihr Fleisch [das der Opfertiere] erreicht Allah nicht, noch tut es ihr Blut, sondern eure Ehrfurcht ist es, die Ihn erreicht*« (Sura 22/38).

Warum nun wird das Halvet, ein Weg zur Transformation des Bewußtseins, durch ein Blutopfer eingeleitet? Aus anthropologischer Sicht symbolisiert das Ritualopfer »das Sterben des separaten Ichs, um die Auferstehung zum Einssein zu ermöglichen; d. h.: Opfere die Unsterblichkeit des Ich und entdecke die Unsterblichkeit allen Seins« (Wilber, Chakras, S. 169). Als initiatorischer Ritus entspricht das Halvet strukturell dem Schema ›Sterben – Rückzug – Wiedergeburt‹, das in allen traditionellen Kulturen in Form ähnlicher Riten zu finden ist (vgl. van der Hart, S. 39 ff.°).

Die Notwendigkeit des ›Sterbens‹ als Voraussetzung für Transzendenz kommt in dem bekannten Prophetenausspruch »Sterbt, bevor ihr sterbt« zum Ausdruck. Im Halvet stirbt, wie im koranischen Beispiel von Ibrahim und Ismail, wieder der Widder anstelle des Menschen. Was im Menschen (im günstigsten Falle) stirbt (Fana), ist das Festhalten an der Individualität, das ihn daran hindert, die zugrundeliegende Einheit der Schöpfung (Tauhid, Vahdet al-vudschud) tatsächlich zu erfahren (Baqa).

Auf esoterischer Ebene ist das Blutopfer zugleich Symbol der Transformation und Hilfsmittel zur Transzendenz. Auf exoterischer Ebene wird es als Ausgangspunkt zur Übung einer islamischen Kerntugend, der Großzügigkeit, genutzt, indem das Fleisch an die Armen verschenkt wird. Aus psychologischer Perspektive werden die Selbstverpflichtungsaspekte, sich dem Ritus des Halvets zu unterziehen, sowie die Dringlichkeit des Vorgangs verstärkt durch das Drastische, Endgültige, das die bewußte Tötung eines Lebewesens beinhaltet. Wie bei der Betrachtung aller anderen Riten auch wäre es unangebracht, das Ritualopfer nur nach der äußeren Form zu beurteilen, da dieselbe äußere Form auf unterschiedlichen Ebenen unterschiedliche Aussagen macht.

° O. v. d. Hart, Rituals in Psychotherapy, New York 1983.

Betrachtungen zur These der »Morphischen Resonanz«

Erst seit ich mit Rupert Sheldrakes Thesen des ›Morphischen Feldes‹ und der ›Morphischen Resonanz‹ vertraut bin, habe ich ein Vokabular, mit dem ich viele Aspekte des Sufi-Erlebens für westliche Anschauungsweisen verständlich machen kann[*]. Darüber hinaus gab es auch mir selbst plausible Erklärungen für gewisse, mir nicht als logisch, aber dennoch intuitiv als richtig erscheinende Entscheidungen, die ich traf (beispielsweise, während des Ritualgebets eine Kopfbedeckung zu tragen). Im folgenden gebe ich eine knappe Zusammenfassung dieser – heute aus wissenschaftlicher Sicht so brisanten – Hypothesen.

Sheldrakes Thesen eröffnen auch Nicht-Mystikern einen (jedenfalls verstandesmäßigen) Zugang zu der allen esoterischen Traditionen zugrundeliegenden Erfahrung der absoluten Einheit allen Seins. Sheldrake selbst erklärt, »nichts Neues zu sagen, nichts, was nicht alle spirituellen Traditionen schon immer gesagt hätten«[**]. Sein Beitrag für die Menschen des Westens liegt darin, dieses ›ewige Wissen‹ den Prüfungserfordernissen der wissenschaftlichen Methode – und damit dem für die meisten Menschen der Industrienationen zunächst erforderlichen ›Verstandeswissen‹ – zugänglich zu machen.

Sheldrake geht davon aus, daß, ähnlich wie Gravitations- und Elektromagnetische Felder, auch ein ›Morphisches Feld‹ existiert. Hierunter kann in etwa ein ›Gedächtnisfeld der Natur‹ verstanden werden, in dem alle Geschehnisse des Universums ›aufgezeichnet‹ sind. Hierzu gehören auch Gedankenformen und Gesten. Gehirn und Nervensystem können als ›Empfänger‹ der im morphischen

---

[*] Rupert Sheldrake, Jahrgang 1942, Biologe, lebt in London. Er studierte Naturwissenschaften in Cambridge und Philosophie in Harvard. Bei seiner Rückkehr nach Cambridge wurde er zum Fellow des Clare College und zum Research Fellow der Royal Society ernannt. Dort untersuchte er die Entwicklung von Pflanzen sowie die Prozesse des Alterns und der Regeneration. Des weiteren führte er Forschungsprojekte an der Universität von Malaysia und in Hyderabad, Indien, durch. – Ich danke Dr. Sheldrake für die Gespräche und für die bezüglich meiner Halvet-Erfahrung geführte Korrespondenz.
[**] Persönliche Mitteilung von 1990.

Feld aufgezeichneten Informationen verstanden werden. (Analog zu einem Radiogerät, das die Musik nicht selbst produziert, sondern als Empfänger der entsprechenden Radiowellen fungiert.) Die Wissensübertragung bzw. -übermittlung geschieht durch den Prozeß der ›Morphischen Resonanz‹. Es ist eine Art Weitergabe über Zeit und Raum hinweg, die sich weder der genetischen Vererbung noch der Lernprozesse bedient. Statt dessen ›hakt‹ sich ein Organismus in die ›Spuren‹ *(runnels)* ein, die von anderen Mitgliedern der gleichen Spezies im Laufe der Zeit in diesem Feld zurückgelassen worden sind. Aus dieser Sichtweise sind Naturgesetze ›Gewohnheiten‹, die sich durch ständige Wiederholungen so stabilisiert haben, daß sie von uns als ›Gesetzmäßigkeiten‹ wahrgenommen werden.

Will man an dem Wissen oder den Erfahrungen einer bestimmten Gruppe teilhaben, muß man sich mit deren ›Spuren‹ im morphischen Feld ›in Resonanz‹ bringen. Je häufiger ein Vorgang wiederholt worden ist, um so deutlicher sind die Spuren. Will man beispielsweise an einer bestimmten spirituellen Erfahrung teilhaben, so ist es sinnvoll, sich der am häufigsten ausgeführten Rituale dieser Tradition zu bedienen und diese so exakt wie möglich nachzuvollziehen. Jede Abweichung – z. B. ›Modernisierungsversuche‹ alter Praktiken – stören die Resonanz und reduzieren damit die Wirkung. Je genauer sie der überlieferten Form entsprechen, um so effektiver wird der Zugang.

Ibn Arabi weist wiederholt darauf hin, daß es sinnvoll ist, bestimmte ›weltliche‹, d. h. traditionsgebundene Formen einzuhalten, ungeachtet der Tatsache, daß die ›Stufe der Erkenntnisfähigkeit‹ des Praktizierenden schon die der ›Einheit allen Seins‹ sein mag: »Die Gnostiker hingegen, die den wahren Sachverhalt kennen, geben sich den Anschein, als leugneten sie diese Erscheinungsformen [Götzen], die Objekte der Anbetung sind; denn ihre Rangstufe im Wissen veranlaßt sie, *sich der Forderung der gegebenen Situation anzupassen* (...) Ferner hält auch der ›vollkommene Mensch‹, ungeachtet seines Wissens um diesen Sachverhalt, *hinsichtlich der äußeren Form* (...) an der Gebetsrichtung nach dem mekkanischen Heiligtum fest (...) « (FaH, S. 148, 64).

Einfacher – und deshalb vielleicht klarer – wird derselbe Gedanke von Hz. Mevlâna ausgedrückt: »Aber der normale Weg ist, daß jeder, der diesen Standort [einer hohen spirituellen Entwicklungsstufe] erreicht hat, sein Leben und seinen Wandel in Streben und Tugend verbringt. Das ist wegen der gewöhnlichen Menschen, damit sie sich auf sie und ihre Worte verlassen mögen. Denn der Blick der Normalmenschen dringt nicht ins Innere; sie sehen nur das Äußere, und da die Normalmenschen dem Äußeren folgen, finden sie vermittels des Äußeren und durch seine Segenskraft den Weg zum Inneren.« (FmF, S. 286).

Hierdurch wird der Rahmen geschaffen, der die Wahrscheinlichkeit, bestimmte Erfahrungen zu machen, erhöht. Sheldrake verdeutlicht den zugrundeliegenden Mechanismus mit einer Analogie aus den Naturwissenschaften: »Morphische Felder umschließen und beinhalten die sich hierin befindlichen Individuen, so wie Magnetfelder die Eisenspäne umschließen und beinhalten, die sie in charakteristischen Mustern organisieren. Individuelle Insekten befinden sich in einem sozialen morphischen Feld, gerade so wie Eisenspäne in einem magnetischen Feld. Aus dieser Sicht wäre es genauso unmöglich, das soziale morphische Feld auf der Basis des Verhaltens isolierter Insekten zu verstehen, wie zu versuchen, ein magnetisches Feld zu verstehen, indem man die Eisenspäne herausnimmt und ihre mechanischen Eigenschaften in Isolation untersucht.

[Aus dieser Sicht] koordinieren Morphische Felder die [zugrundeliegenden] Muster aller sozialen Organisationen. Die Mitglieder eines traditionellen Stammes sind beispielsweise umschlossen von dem sozialen Feld des Stammes sowie von den [morphischen] Feldern der kulturellen Stammesmuster. Diese Felder haben ein Eigenleben und verleihen dem Stamm seine gewohnheitsmäßigen Organisationsmuster, welche erhalten werden durch die Selbst-Resonanz mit der Vergangenheit dieses Stammes. Insofern beinhaltet das Stammesfeld nicht nur die zur Zeit lebenden Mitglieder, sondern ebenso die der Vergangenheit. Und tatsächlich wird überall in der Welt im Leben traditioneller sozialer Gruppen die unsichtbare Gegenwart der Ahnen explizit anerkannt.«[*]

---

[*] R. Sheldrake, The Rebirth of Nature, London 1990, S. 95 ff.

Die obige Beschreibung ist eine Möglichkeit, sich den Einfluß der längst verstorbenen Heiligen der jeweiligen Traditionen sowie den der gesamten Überlieferungskette (Silsile) vorzustellen, an die man durch das initiatorische Abkommen mit dem Sheykh ›angeschlossen‹ wird. Ein solcher ›Anschluß‹ kann so gesehen als ein bewußtes ›Sich-Einklinken‹ in ein bestimmtes morphisches Feld verstanden werden.

Das möglichst überlieferungsgetreue Nachvollziehen bestimmter Praktiken bedeutet jedoch nicht, daß äußere Erscheinungsformen im Lauf der Geschichte einer spirituellen Tradition ebenfalls unverändert erhalten werden müßten. Im Sufitum kann laut Shah fast vom Gegenteil ausgegangen werden: Schulungsinstitutionen, die eine rigide Kontinuität äußerer Strukturen bewahren, werden erfahrungsgemäß schnell zu ›leeren Hüllen‹, zu ›Versteinerungen‹ einst lebendiger Prozesse. »All diese [Lernzentren] sind temporäre Erscheinungen. Wenn sie ihre Wirkung getan haben, nehmen andere ihren Platz ein. Die äußere Form oder Hülle mag jedoch bestehen bleiben im Bemühen, soziale oder andere vergleichsweise weniger wichtige Funktionen zu erfüllen. Die Erben solcher ›Hüllen‹ bemerken jedoch nur selten, falls überhaupt je, daß ihre [Schulungseinrichtung] ›organisch tot‹ ist. Deswegen sind scheinbar gut etablierte traditionalistische Körperschaften so ziemlich der letzte Ort, an dem die Fortführung einer Wissensvermittlung [wie der des Sufitums] anzutreffen ist.«[*]

Shah hält diese disintegrativen Prozesse für natürlich: »Wenn es möglich wäre, dieses Wissen in einer systematisierten äußeren Form weiterzuvermitteln, dann wäre ein solches [System] vor Tausenden von Jahren entwickelt und aufgezeichnet worden, ebenso wie die Gesetzmäßigkeiten der Stabilität der Materie in der Physik aufgezeichnet werden« (Learning, S. 228). Ferner sieht er hierin eine der wichtigsten Funktionen spiritueller Lehrer: »Dies ist die ewige Hauptursache für das zyklische Erscheinen lebendiger Lehrer. Sie allein sind in der Lage, Harmonie und Balance dort wiederherzustellen, wo Einrichtungen und Individuen diese geopfert haben in ihrer Suche nach Kontinuität, Sicherheit und der Hoffnung auf Stabilisierung.« (S. 228).

---

[*] I. Shah, Learning How to Learn, San Francisco 1981, S. 223.

In einem traditionell durchgeführten Halvet entspricht jedes ›innere‹ Detail so exakt wie möglich der Überlieferung; Rituale, Lesematerialien, Nahrung/Fasten, Zeitablauf... (Durch das Befolgen der islamischen Gebetszeiten beispielsweise bringt man sich nicht nur in ›Morphische Resonanz‹ mit den anderen Menschen, die diese Gebete vollziehen und vollzogen haben, sondern, da sie sich nach dem Stand der Sonne richten, auch in Harmonie mit den größeren kosmischen Rhythmen.)

Auch im Fall meiner Schulung hat der äußere Rahmen sich – ganz im Einklang mit Shahs obigen Ausführungen – den Erfordernissen der politischen Entwicklung der Türkei flexibel angepaßt: eine leerstehende kleine Wohnung ersetzt eine Sufi-Tekke. Die Zentren des Sheykhs, der mir die Halvet-Erfahrung ermöglichte (innerhalb und außerhalb der Türkei), sind ebenfalls für Außenstehende keineswegs gleich als Sufi-Institutionen erkenntlich.

Oft wird esoterischen Traditionen der Vorwurf gemacht, zwar von der ›zugrundeliegenden Einheit allen Seins‹ bzw. dem ›einen Gott‹ zu sprechen, aber dennoch – paradoxerweise, wie es scheint – darauf zu bestehen, daß die Adepten der vom jeweiligen Lehrer vertretenen Richtung folgen – unter Ausschluß aller anderen. Wieso dieser Ausschluß der anderen Religionen, die doch, im Sinne der ›Einheit allen Seins‹, gleichwertig sein müßten? Und wieso wird ständig davor gewarnt, sich auf mehreren spirituellen Pfaden zugleich zu bewegen? (Dies ist unter den Suchern in der »New-Age«-Bewegung ein weitverbreitetes Phänomen, das sogenannte »Guru Hopping«.) Vom Erklärungsmodell der Morphischen Resonanz ausgehend, erscheint diese Reinerhaltungsforderung wohl aller alten Traditionen jedoch sinnvoll: Wenn der Zugang zur Direkterfahrung, also zum mystischen Erleben, auf Resonanzprinzipien basiert, erschwert oder verhindert eine Synthese unterschiedlicher Pfade das ›Einhaken‹ in die bestehenden ›Spuren‹, die diesen Zugang erst ermöglichen.*

---

* Das heißt, daß keine bestimmte Glaubensvorstellung als die ›einzig wahre‹ gelten kann, denn »*Gott ist zu umfassend und zu groß, als daß eine bestimmte Glaubensvorstellung unter Ausschluß jeder anderen Ihn umfassen könnte. Denn Er sagt ›Wohin immer ihr euch wendet, dort ist Allahs Angesicht‹*« (Sura 2/109).

Vielleicht sind die Erfahrungen in allen esoterischen Traditionen, die als Visionen erlebt werden, als ein plötzlicher Zugang zur ›Resonanz‹ vergangener Ereignisse zu verstehen. Dies würde auch erklären, wieso sich die Visionen jeweils in den Metaphern, Bildern, Ausdrucksweisen der Tradition bewegen, durch deren Praktiken sie ausgelöst wurden – ungeachtet der Tatsache, daß es sich offensichtlich um universelle und damit überkonfessionelle Phänomene handelt. In einem islamischen Halvet ist demnach eine ›archetypische‹ Begegnung mit Muhammad (s. a.) oder Hz. Mevlâna eher zu erwarten als beispielsweise eine Erscheinung Buddhas. Auch die Tatsache selbst, daß ›Begegnungen‹ mit Heiligen in allen spirituellen Traditionen immer wieder geschildert werden, erscheint im Licht der ›Morphischen Resonanz‹ nur folgerichtig.

Vielleicht bedeutet auch die – aus westlicher Sicht so schwer annehmbare – Forderung nach absolutem ›Aufgehen‹ im Lehrer (*Fana fi'sh'Sheykh*), das manchmal als ›spirituelle Osmose‹ beschrieben wird, nichts als ein vollkommenes ›Einklinken‹ in dessen ›Empfängermechanismus‹, das den ›Direktzugang‹ für den Schüler ungeheuer erleichtert. Es könnte die ›Abkürzung‹ sein, die gemeint ist, wenn man im Sufitum sagt, daß mit Hilfe des Lehrers »ein Weg von tausend Schritten zu einem Schritt wird«.

Auch der subjektiv wahrgenommene Übergang von der Stufe des Ilm al-yaqin (Verstandeswissen) zum Ayn al-yaqin (sicheres inneres Wissen) könnte so gesehen das gelungene ›Einhaken‹ in die ›Spuren‹ sein, der Zugang zur eigentlichen Erfahrungsdimension dessen, das man bis dahin nur theoretisch wußte.

Die Grundforderung des Sufitums nach dem Erwerb der Tugenden Vertrauen und Hoffnung läßt sich aus der Sicht der Morphischen Resonanz als eine Methode interpretieren, sich ›positiven‹ Strömungen anzuschließen. Verfällt man dagegen den Sünden der Hoffnungslosigkeit und des Zweifelns (»*Keiner verzweifelt an Allahs Erbarmen als die Ungläubigen*«, Sura 12/87), so hakt man sich statt dessen in die Spuren derer ein, die diese (Un-)-Tugenden praktizieren°. Im Islam hat Gott »99 [bekannte] schön-

---

° Auch in der westlichen Psychologie spricht man von der ›sich selbst erfüllenden Prophezeiung‹ (SFP, self fulfilling prophecy), wenn Umstände eintreten, die

ste Namen«, d. h. Attribute. Hierzu gehören auch Namen, die aus westlicher Sicht nicht unbedingt als schön verstanden werden, wie »Der Nehmer von Ehre und Macht« *(Al Mudḏill)*** oder »Der den Ungerechten der Gerechtigkeit Unterwerfende« *(Al Munta-qim)***. Allah, da allem immanent und transzendent, beinhaltet notwendigerweise jede Art von Attribut, ›Gutes‹ sowie ›Schlechtes‹ – sofern man von menschlichem Dualitätsdenken aus urteilt. Der Koran (Sura 17/110) weist jedoch an: »*Sprich! Rufet Ihn ›Allah‹ an oder rufet Ihn an ›Ar Rahman‹!*« Also *Ar Rahman*, der Barmherzige, statt beispielsweise *Al Mudḏill*, der Nehmer von Ehre und Macht. Man könnte die Meinung vertreten, daß durch die Anrufung eines bestimmten Namens – d. h. einer bestimmten Facette der alle Facetten beinhaltenden Wirklichkeit – die ›Resonanz‹ mit dieser Qualität bevorzugt entsteht***. Denn dann geht, wie es in einer bekannten außerkoranischen Überlieferung (Hadith) heißt, »Allahs Barmherzigkeit seinem Zorn voraus«.

Ibn Arabi weist immer wieder darauf hin, daß Gott dem Bild entspricht, das man sich von ihm macht: »Ich bin so, wie mein Diener von mir denkt« *(Hadith Qudsi)*. Das bedeutet, daß man die Dinge hervorruft, an die man glaubt: »Jeder bildet sich aber die Vorstellung von der Gottheit nur dadurch, daß er sie in seinem eigenen Inneren erschafft; die Gottheit in den religiösen Vorstellungen besteht also nur dadurch, daß man sie [sich selbst] schafft, und daher sehen solche Menschen nur ihr eigenes Selbst und das, was sie darin geschaffen haben. (...) Wer aber Gott aus der Beschränkung loslöst, der verkennt ihn niemals und bekennt ihn

---

der Patient befürchtet/erwartet und dadurch ›heraufzubeschwören‹ scheint. Auch dies kann in ›positive‹ oder ›negative‹ Richtung ausgehen. Deshalb wird in kognitiv ausgerichteten therapeutischen Verfahren an der Erwartungshaltung des Klienten gearbeitet. *Daß* dieser Prozeß existiert, ist empirisch hinreichend belegt. *Wie* er funktioniert, wird – je nach Schulrichtung – unterschiedlich erklärt. Vielleicht sollte man diesen Thesen noch eine weitere hinzufügen: die der Morphischen Resonanz.

** Für die Korrektur der in der Literatur üblichen (unexakten) Übersetzung dieser ›Namen‹ danke ich Prof. A. Falaturi. Jeder der ›Namen‹ kann jedoch in mehrfacher Weise verstanden werden. »Der, Der irreführt« und »Der Rächer« sind auch üblich.

*** Siehe auch Kommentar »Methoden der Sufi-Schulung«, »Dhikr«, S. 165 ff.

in jeder Gestalt, in die er sich verwandeln mag, und Gott verleiht ihm von seinem eigenen Ich so viel, als der Gestalt entspricht, in der er sich ihm manifestiert bis ins Unendliche. Denn die Formen der göttlichen Manifestation haben keine Grenze, an der man haltmachen müßte; (...) Erwäge demnach die verschiedenen Rangstufen der Menschen bezüglich des Wissens über Gott! Denn dieses Wissen ist identisch mit ihrer Rangstufe hinsichtlich des Schauens Gottes am Tage der Auferstehung.« (FaH, S. 179, 63, 71).

Sheldrakes Thesen ermöglichen also eine westlich-wissenschaftliche Betrachtungsweise vieler ›gängiger‹ esoterischer Erfahrungen – unabhängig von einer bestimmten religiösen Ausrichtung. Menschen, denen aufgrund mystischen Erlebens ›unmittelbare Gewißheit‹ zuteil wurde, bedürfen keiner wissenschaftlichen Erklärungen, denn »dem Verstand ist eine Grenze gesetzt, an der er haltmachen muß, während der Mystiker, der durch ekstatisches Erleben zu unmittelbarer Gewißheit gelangt, sie überschreiten darf« (Ibn Arabi, FaH, S. 162). Dennoch sind solche rationalen Verstehensversuche aus islamischer Sicht sinnvoll, da der Koran dazu auffordert, naturwissenschaftlich zu forschen. (»*Die Zeichen sind in der Natur.*«) Zugrunde liegt die Prämisse: Je mehr der Mensch durch empirische Forschung erkennt, um so größer wird auch sein Erkennen Gottes, denn »*Wir werden sie Unsere Zeichen sehen lassen, an den Horizonten und in ihnen selbst*« (Sura 41/53).

Ferner ist es interessant, die These der Morphischen Resonanz mit den unterschiedlichen Konzeptionen des Unbewußten in Verbindung zu bringen, wie sie in der Psychologie des Sufitums im Vergleich zu westlichen Psychologien vorherrschen. Obwohl Jungs Konzept des ›Kollektiven Unbewußten‹ über Freuds individuellen Ansatz hinausgeht, ist es doch für den menschlichen Erfahrungsbereich konzipiert. Die Betrachtungsweise des Sufitums (Vahdet al-Vudschud) ist sehr viel umfassender: Sie beinhaltet zwar Jungs Konzept, geht aber über menschliche Erfahrungen der Vergangenheit, Gegenwart und Zukunft hinaus. Zu den unbewußten Kräften gehören auch die der animalischen, vegetativen und anorganischen Seinsstufen, zusätzlich zu menschlichen, spirituellen und universalen Zuständen. Dieser Ansatz beschränkt sich also keineswegs auf Phantasien, Träume, Illusionen und frühe Formen gedanklicher Prozesse, sondern umfaßt auch die organischen und psychospirituellen Verbindungen zwischen dem Menschen und der Natur – und damit die universale Wirklichkeit *(al haqq).*°

Sheldrakes Thesen stehen – auch was das Transzendieren des menschlichen Erfahrungsbereichs angeht – in Übereinstimmung mit dem Sufitum:»Im menschlichen Bereich existiert ein derartiges Konzept schon in Jungs Theorie des Kollektiven Unbewußten als ein vererbtes Kollektivgedächtnis. Die Hypothese der Morphischen Resonanz gestattet, das Kollektive Unbewußte nicht nur als ein menschliches Phänomen zu betrachten, sondern als einen Aspekt eines weitaus allgemeineren Prozesses, in dem Gewohnheiten durch die Natur vererbt werden.« (Rebirth, S. 94).

Die Person des Lehrers

»Der wahre Lehrer zerstört das Idol, das der Schüler aus ihm macht.»
HZ. MEVLÂNA

Auf allen mir bekannten spirituellen Schulungspfaden ist der Lehrer (oder die Lehrerin) von zentraler Bedeutung. Er verkörpert die Lehre als lebendiger Repräsentant der Tradition. Er verhilft dem Schüler dazu, über sich selbst hinauszuwachsen. Da jeder, per definitionem, nur *innerhalb* seiner derzeitigen Grenzen agieren kann, ist die Intervention von außen für den notwendigen ›Durchbruch‹ unabdingbar. Mein Lehrer verdeutlichte diesen Sachverhalt durch folgende Analogie:»Man kann bei sich selbst Erste Hilfe leisten, indem man einen Verband um eine Schnittwunde wickelt. Man kann sich aber nicht selbst operieren.«

Die grundlegenden Veränderungen, die der Pfad in Weltbild und Verhalten des Schülers erfordert, ähneln einer Totaloperation. Gerade die Anteile der Persönlichkeit, an denen der Schüler am meisten festhält, durch die er sich auf dieser Ebene am stärksten identifiziert, sind es auch, die ihn daran hindern, ganz zu

---

° Vgl. dazu M. Shafii, Freedom from the Self, New York 1985.

146

dem zu werden, was er potentiell ist.* »Es ist notwendig, dich so viel zu bemühen, daß du nicht bestehen bleibst, damit du das, was bleiben wird, erkennst.« (FmF, S. 311). In der jüngsten Bewußtseinsforschung spricht man von der »Transformation zu einem überbewußten Zustand«, die durch den »Tod des separaten Ichs möglich wird«. »Das separate Ich muß sterben, wenn man überhaupt irgendeine Form von Einssein erreichen will« (Wilber, Chakras, S. 169).

Dieses Loslassen, dieses ›Sterben vor dem Sterben‹, wie Muhammad (s. a.) es nennt, ist ein schmerzhafter Prozeß, durch den der Schüler sich nicht selbst hindurchführen kann. Erst die innige Beziehung zum Lehrer, die durch tiefe Liebe und bedingungsloses Vertrauen charakterisiert ist, schafft die Basis, auf der ein derartig drastischer Prozeß ablaufen kann. Der spirituelle Pakt führt dazu, daß zwei Menschen eine Innerlichkeit zu teilen beginnen, die von den persischen Mysterikern sehr treffend als »ham-dam« bezeichnet wird, wörtlich übersetzt als »vom selben Atem seiend«.**

Um den Schüler sicher durch diese extrem kritische Zeit zu führen, muß der Lehrer außergewöhnliche Charaktereigenschaften besitzen: ». . . die Fähigkeit, sich in gewissen Situationen kalt, distanziert und ›klinisch‹ zu verhalten, keine subjektive Emotion zu gestatten, sein Urteilsvermögen zu verschleiern, und, falls erforderlich, den Menschen gegenüber, die er lehrt, ein kaltes oder sogar hartes Erscheinungsbild zu wahren. (. . .) All dies ist um so schwieriger, da solche Eigenschaften vom Lehrer erst erworben werden müssen. (. . .) Die Persönlichkeit, die sich am besten zum Lehrer eignet, hat ein warmes Herz, welches unter gewissen Umständen ausgeschaltet werden kann.«*** Mein Lehrer bezeichnete dieses Erfordernis als »Unerbittlichkeit«, die sich von »Grausamkeit« hauptsächlich durch die Intention unterscheide.

---

* In der Psychologie ist es eine allgemein bekannte Tatsache, daß meist gerade die Handlungsweisen, die ein Patient ausführt, um seine Probleme zu überwinden, dieselben sind, die seine Symptome aufrechterhalten.
** E. Vitray-Meyerovitch, Rumi and Sufism, Sausalito, Kalifornien, 1987, S. 141.
*** Omar Ali-Shah, Sufism for Today, Paris 1991, S. 60 (dt. »Sufismus für den Alltag«, München 1993).

Die allem zugrundeliegende Liebe und Opferbereitschaft für den Schüler läßt eine solche äußerliche Haltung paradox erscheinen: »Ja, die härteste, unbegreiflichste Weisung des Meisters hat ihre Wurzel in seiner Liebe zum Schüler. (...) Und je tiefer die existentielle Verbundenheit, um so unbekümmerter wird der Meister mit seinem Schüler umgehen und auch Zeichen und Weisungen geben, die auf der natürlichen Ebene unbegreiflich bleiben müßten; Zeichen seiner unermüdlichen Bereitschaft, seines Einfallsreichtums und seines Mutes. Die Legitimation für all das liegt in der Präsenz der anderen Dimension.«[*]

Ohne bedingungsloses Vertrauen wäre ein weiteres Erfordernis unmöglich, das des bedingungslosen Gehorsams. Dies klingt autoritärer, als es ist. Beide, Lehrer und Schüler, folgen in Freiheit dem gleichen übergeordneten Gesetz, welches vom Schüler jedoch noch nicht ohne Hilfe erkannt werden kann: »Der initiatische Weg meint auch die Gefolgschaft gegenüber dem Meister, der als Verkörperung des LEBENS für den Schüler die einzige und unbedingte Autorität ist. Sich ihr zu unterwerfen, ist Ausdruck jener Freiheit, die aus der uneingeschränkten Bindung an die Transzendenz hervorgeht und Tag für Tag mit ihr wächst.« (Dürckheim, S. 93).

Es wird auch nicht davon ausgegangen, daß Lehrer keine Fehler machten: Sie sind Menschen und darum nicht unfehlbar. Schimmel zitiert hierzu Al Ghasali: »Laßt ihn wissen, daß der Vorteil, den er aus dem Irrtum seines Meisters zieht – falls dieser irren sollte – größer ist als der Vorteil, den er aus seiner richtigen Meinung ziehen würde – falls er recht haben sollte.«[**]

Die von Vitray-Meyerovitch (Rumi, S. 141) als »spirituelle Osmose« beschriebene Meister-Schüler-Beziehung ist von einer derartigen Tiefe und Reichweite, daß selbst Hz. Mevlâna, einer der geachtetsten Sufi-Meister aller Zeiten, wiederholt seine Verwunderung darüber ausdrückte: »Zum Beispiel hat Jesus gesagt: ›Ich wundere mich, wie ein lebendes Wesen ein anderes Lebewesen essen kann.‹ (...) Der wahre [esoterische] Sinn des Wortes ist,

---

[*] K. Graf Dürckheim, Der Ruf nach dem Meister, München 1986, S. 62.
[**] A. Schimmel, Mystische Dimensionen des Islam, Köln 1985, S. 155.

daß der Schaich den Jünger ohne Wie und ohne Weise verschlingt. Ich staune über solch ungewöhnliches Werk!« (FmF, S. 306).

Die lebendige Beziehung zum Meister bildet die äußeren Rahmenbedingungen dafür, daß der Schüler seine Sichtweise transformieren kann: »Auch sehen wir, daß der Jünger seinen eigenen geistigen Gehalt wegen des Meisters Form aufgegeben hat. Denn jeder Schüler, der zum Meister kommt, muß erst seinen eigenen geistigen Gehalt aufgeben und benötigt den Meister. (...) Baha'eddin fragte: Gibt er nicht doch wohl seinen eigenen geistigen Gehalt nicht um der Form des Meisters willen auf, sondern eher um des geistigen Gehalts des Meisters willen? Er antwortete: Es ziemt sich nicht, daß dem so wäre. Denn wenn dem so wäre, dann wären beide Meister. Jetzt muß der Jünger hart arbeiten.« (FmF, S. 167).

Der Meister repräsentiert den ›Ur-Lehrer‹, den Propheten Muhammad (s. a.), auf den im Sufitum alle spirituellen Überlieferungsketten (Silsile) zurückgehen. Durch das initiatorische Abkommen mit dem Sheykh wird der Schüler als weiteres Glied dieser Kette angeschlossen. Die Opfer, die der Anschluß an einen Lehrer erfordert, sind hoch. Die islamischen und die christlichen Traditionen drücken diese Erfordernisse weitgehend gleich aus: »Was dir der Schaich vorschreibt, ist dasselbe, was die Meister alter Zeiten vorgeschrieben haben, nämlich daß du Weib und Kinder, Reichtum und Stellung aufgibst.« (FmF, S. 175), und: »So jemand zu mir kommt und hasset nicht seinen Vater, Mutter, Weib und Kinder, Brüder, Schwestern, auch dazu sein eigenes Leben, der kann nicht mein Jünger sein.« (Lukas, 14;26).

Ein zeitgenössischer Sufi-Autor drückt es folgendermaßen aus: »Die Ethik des Derwischtums, die die Essenz der islamischen Mystik ist, macht es für diejenigen, die sich auf diesen Pfad begeben, erforderlich, ihr Leben hierfür zu geben.«[*] Im gleichen Sinne verstehe ich C. Castanedas[**] Worte, mit denen er seine Erfahrungen auf einem indianischen Einweihungspfad schildert: »Das Glaubenssystem, das ich hatte untersuchen wollen, ver-

---

[*] O. Güvenç, The Dervish Path and Mevlana, Vaduz 1981, S. 110.
[**] Die strittige Frage der Authentizität der Castaneda-Berichte ist in bezug auf die in diesem Buch vorgenommenen Gegenüberstellungen irrelevant.

schluckte mich statt dessen, und um weiterzumachen muß ich täglich einen äußerst hohen Preis zahlen: mein Leben als Mann in dieser Welt.«°

Die Meister – stellvertretend für den Propheten – gewährleisten die Sicherheit auf dem ansonsten äußerst gefährlichen Pfad:

»Wisse, daß der Führer Muhammad ist. Solange jemand nicht zu Muhammad kommt, kann er Uns nicht erreichen. (...) Gottes Weg ist überaus schrecklich, verschlossen und voller Schnee. Er [Muhammad] war der erste, sein Leben zu wagen, trieb sein Pferd an und machte den Weg frei. Wer immer auf diesem Wege geht, tut das durch seine Führung und Huld. Er hat den Weg entdeckt und hat überall Wegzeichen gesetzt und Holztafeln hingestellt. ›Geht nicht hierhin und geht nicht dorthin!‹ (...) Der ganze Koran ist da, um das klarzumachen. *Darin sind klare Zeichen* (Sura 3/97), das heißt: Auf diesen Wegen haben Wir Wegzeichen gesetzt.« (FmF, S. 355, 356).

Diese Beziehung wird nicht nur als lebenslänglich verstanden, sie geht über den Tod des Meisters hinaus. Sie bleibt »wie der Staub unter den Hufen des Pferdes«. Hz. Mevlâna, der seinen Lehrer Schems mit einem himmlischen Reiter verglich, sagte:

»Der himmlische Reiter kommt vorbei, und unter den Hufen erhebt sich der Staub. Nun ist er fort. Aber der Staub, den er aufgewirbelt hat, hüllt uns auch jetzt noch ein. Möge dein Blick gerade sein und weder nach links noch nach rechts abweichen. Sein Staub ist gegenwärtig und er im Unendlichen.«°°

Dies gilt jedoch für die spirituelle Dimension der Meister-Schüler-Beziehung. Die Intentionen auf der weltlichen Ebene sind genau gegensätzlich: »Es ist die Aufgabe des Lehrers, sich selbst ›überflüssig‹ zu machen. Bis dieser Moment jedoch kommt, folgt der Schüler ihm mit bedingungslosem Vertrauen, wie einem Führer auf einem Pfad, der für den Lernenden unsichtbar ist.« (Shah, Learning, S. 120).

° C. Castaneda, The Eagle's Gift, New York 1982, S. 2.
°° Zitiert nach D. Kielce, Sufismus, München 1985, S. 103.

Physiologische Begleiterscheinungen

Die körperlichen Erfahrungen, die bei mir etwa sechs Monate vor dem Halvet eingesetzt und sich während der Dhikr-Übungen intensiviert hatten, waren mir weder aus der traditionellen Sufi-Literatur noch aus Gesprächen mit Freunden vom Sufi-Pfad bekannt. Durch esoterisch interessierte Bekannte wurde ich auf die ›Kundalini‹-Literatur aufmerksam gemacht.*

Dieser aus dem Sanskrit stammende Begriff wird meist als »latentes Energiereservoir«, »ruhende Kraft« oder »psychosomatisches Kraftzentrum« übersetzt**. Es heißt, Kundalini sei die Urenergie, die dem Bewußtsein und seinen ganzheitlichen Transformationen zugrunde liege. Das traditionelle Symbol ist eine zusammengerollte Schlange, die an der Wirbelsäulenbasis liegt. Wird diese Energie ›erweckt‹, steigt sie langsam den Wirbelsäulenkanal empor. Sie öffnet dabei die Bewußtseinspotentiale (Chakras), die dort aufgereiht sind, und schließlich das höchste Zentrum im Gehirn. Dies markiert den Beginn eines Erleuchtungsvorganges. Ist der Durchgang vollendet, konzentriert sich die Energie an der Schädeldecke. Der Vorgang im Ganzen kann als ein Prozeß der Reinigung bzw. des Ins-Gleichgewicht-Bringens angesehen werden (Sannella/White, S. 283). Die Kundalini-Kraft bleibt, wenn sie einmal erweckt ist, ob durch persönliche Initiation oder nicht, tätig (Davis/White, 1990, S. 425). In welchem Ausmaß diese Erfahrungen sich auswirken, hängt jedoch davon ab, was der Betreffende daraus macht (Radha/White, 1990, S. 52).

Subjektiv werden diese Wahrnehmungen, die Gopi Krishna als die »Symptomatologie des Erwachens« bezeichnet, sehr unterschiedlich geschildert. Das Max-Planck-Institut hat eine biochemische Kundalini-Studie durchgeführt. In den Erfahrungsberich-

---

* Die bei manchen Derwischorden praktizierten *Lata'if*-Übungen (d. h. subtil, feinstofflich) werden in der zeitgenössischen Literatur manchmal als ›Sufi-Kundalini‹ bezeichnet, da sie ebenfalls zu kinästhetischen und visuellen Wahrnehmungen führen können. Diese Analogie ist m. E. nicht als solche vertretbar, da die Unterschiede zahlreicher als die Ähnlichkeiten sind.
** Vgl. J. White (Hrsg.), Kundalini Energie, München 1990.

ten ist von elektrischen Empfindungen, nervösen Erregungen, inneren Lichtern und von Zuckungen die Rede, auf die gewöhnlich eine Phase folgt, in der die Symptome gemäßigt auftreten und das zentrale Nervensystem offensichtlich verändert funktioniert (Ferguson/White, S. 276). Ebenfalls sehr typisch sind Empfindungen des Vibrierens oder Zitterns, Kribbelns oder Juckens, die sich nach einem bestimmten Muster über den Körper ausbreiten (Sannella/White, S. 287).

Auch Anschwellungen und Verhärtungen des Unterbauchs werden des öfteren beschrieben: »Er verspürte eine eigenartige Fülle im Unterleib und später ein mehrere Stunden anhaltendes Brennen im Bauch. Erstaunt stellte er fest, daß sein Bauchumfang um zehn Zentimeter zugenommen hatte, ohne daß er schwerer geworden war.«[*]

»Wenn jemand meditiert und seine Kundalini in der Astraldimension oder in der Dimension der Ki-Energie[**] aktiviert ist, werden sein Unterleib oder seine Wirbelsäule unerklärlich hart. Dies geht einher mit einem Gefühl der Disharmonie am Steißbein oder am Perineum, welches sich durch ein Kribbeln ankündigt (...), ein merkwürdiges, heißes Gefühl, einer elektrischen Vibration sehr ähnlich.«[***]

In der Shinto-Tradition wird diese auffällige physiologische Veränderung sogar als Gradanzeiger des spirituellen Erwachens genutzt: »Wenn die meditative Erfahrung tiefer wird, verhärtet sich der Unterbauch des Praktizierenden allmählich. Dies ist das Ergebnis wiederholten Ansammelns von Ki-Energie in der Tanden Gegend [4 bis 6 cm unterhalb des Nabels]. Dies ist besonders dann der Fall, wenn die Kundalini zusammen mit dem Svadhisthana-Chakra [2. Chakra] erwacht. Ein objektiver Test des Fortschritts in der meditativen Praxis ist daher, zu prüfen, wie hart oder angespannt der Unterbauch [des Schülers] geworden ist.« (Motoyama, S. 43).

---

[*] Fallstudie aus L. Sannella, Kundalini-Erfahrung und die neuen Wissenschaften, Essen 1989. S. 60.

[**] *Ki* oder auch *Chi* ist das Lebensprinzip, was dem Sanskrit-Begriff *Prana* (Hauch, Atem) entspricht.

[***] H. Motoyama, Toward a Superconsciousness, Berkeley, Kalifornien, 1990, S. 77.

Die mit dem Erwachen der Kundalini einhergehenden emotionalen Zustände werden von qualvoll bis ekstatisch geschildert. Die folgenden Beschreibungen sind exemplarisch: »Eine selige, unaussprechliche Erfahrung, ein elektrisches Entzücken, das den ganzen Körper durchströmt« (Goyeche/White, S. 280f.); »ein Gefühl überirdischen Friedens und überirdischer Ruhe« (Krishna/White, S. 288); »starke Wellen tiefer Ekstase, spontaner Freude und unbeschreiblichen Friedens. Der ganze Körper erscheint überflutet von herabströmender Glückseligkeit, indem selbst die unzähligen Blutkörperchen vor Freude tanzen« (Chaudhuri/White, S. 59); »Subjektiv gesehen war es, als raste in meinem linken Bein eine elektrische Ladung nervöser Energie hoch, passierte meine Genitalien und zerstreute sich dann im oberen Rückenbereich. Es war eine schreckliche Erfahrung. Ich wußte intuitiv, daß ich diesen Strom irgendwie durch mein intensives Gebet ausgelöst hatte, aber ich hatte keine Ahnung, wie ich ihn stoppen konnte« (McCleave/White, S. 372); »Die Phase der Anpassung an die höhere Kraft, [mit ihren] inneren Konflikten und unausgeglichenen Geisteszuständen, ist oft sehr qual- und leidvoll. Das ist einer der Gründe, warum man das Erreichen eines höheren Bewußtseins mit einer Wiedergeburt verglichen hat« (Krishna, Bedeutung, S. 224, 226).

White (S. 138) weist darauf hin, daß das Erwachen der Kundalini jedoch nicht *schon an sich* ein traumatisches oder großartig theatralisches Ereignis darstellt. Vielmehr sind die spektakulären inneren Erscheinungen, über die so häufig berichtet wird, selbst dahinschwindende, vergängliche Erfahrungen. Sie zählen zu den Höhepunkten, nicht Hochebenen des menschlichen Bewußtseins. In jemandem, dessen ›Erleuchtungsquotient‹ von Geburt an hoch ist, dürften solche Phänomene fast völlig übergangen werden. Die Entfaltung eines höheren Bewußtseins schreitet statt dessen »mit wenig Feuerwerken« voran.

Die Phase, während der der Organismus unter dem Druck der neu entlassenen Energie beschleunigt funktioniert, kann Monate bis Jahre dauern. Bei den erfolgreichen Fällen tritt eine Bewußtseinswandlung ein (Krishna/White, S. 220). Während Krishna postuliert, daß ein erleuchtetes Bewußtsein ohne biologische Transformation niemals möglich ist, geht Pandit umgekehrt davon aus, daß zunächst eine Bewußtseinswandlung erfolgt, die für die folgende Veränderung im Organismus verantwortlich ist (Pandit/White, S. 415).*

Wird die Kundalini-Kraft im Rahmen einer spirituellen Schulung bewußt erweckt, werden, je nach Tradition, bestimmte Übungen verordnet: Mantra-Meditation, intensives Gebet oder Kriyas.

Die folgende Beschreibung der ›Kriyas‹ könnte ebenso eine Beschreibung des islamischen Ritualgebets oder der Dhikr-Meditation** sein: Nach Khalsa et. al. (White, S. 237, 238) stellt ein Kriya eine Folge körperlicher und mentaler Tätigkeiten dar, die gleichzeitig auf Körper, Verstand und Geist einwirken. Diese Tätigkeitssequenz kann entweder nur aus Meditations- oder aus Körperübungen oder aus beidem bestehen, aber die Verbindung muß in jedem Fall alle Systeme, die für eine bestimmte Bewußtseinsveränderung Bedeutung haben, vollständig anregen. In den Kriyas ist die besondere Zusammensetzung auf äußerst subtile Weise kodiert und das Zusammenspiel der verschiedenen Energiesysteme gesteuert.

»Es gibt Kriyas für jeden Bereich menschlichen Potentials, jedes hat eine andere Wirkung. Die alten Gründer der Kriyas dachten nicht nur an einen ›einzigen‹ mystischen Zustand: man muß sich hüten anzunehmen, daß es nur einen einzigen ›Meditation‹ genannten Zustand gibt.«

Einige, die dieses Erwachen ohne spirituelle Anleitung erfahren, werden »in Schrecken versetzt, da sie glauben, es handle sich um eine Geisteskrankheit, um Nervosität oder um böse Geister« (Desai/White, S. 61). Außer kompetenter Leitung und der Übung von Selbstdisziplin, Geistesbeherrschung und Läuterung (Bailey/White, S. 413) werden verschiedene andere Maßnahmen empfohlen, um diesen Prozeß so sicher wie möglich verlaufen zu lassen: richtige Ernährung, regelmäßiger Schlaf, Ruhe, liebende und harmonische Beziehungen zu anderen Menschen (Hopman/

---

* Vgl. hierzu auch Kommentar »Die Authentizität mystischer Erfahrungen«, S. 188 ff.
** Vgl. Kommentar »Methoden der Sufi-Schulung«, S. 153 ff.

White, S. 318). Sannella regt an, die Prozesse zuzulassen statt zu versuchen, sie unter Kontrolle zu halten. Falls die Erfahrung als zu heftig erlebt wird, wird geraten, die Meditationsübungen einzustellen und sich lebhaft körperlich zu betätigen (Sannella/White, S. 288). Es fällt auf, daß die meisten der oben genannten abschwächenden Maßnahmen den Bedingungen eines islamischen Halvets diametral entgegenstehen. Dies könnte erklären, weshalb die Kundalini-ähnlichen Prozesse, die ich erlebte, verhältnismäßig intensiv abliefen.

Krishna, der sich aktiv für eine wissenschaftliche Erforschung des Kundalini-Phänomens einsetzt, geht davon aus, daß aufgrund der zugrundeliegenden Einheitlichkeit spirituellen Erlebens die Erfahrungen, die mit dem Kundalini-Erwachen einhergehen, auch bei »Mystikern, Sufis und Taoisten« in einem mehr oder minder starken Ausmaß auftreten müßten. Meine persönliche Erfahrung Kundalini-ähnlicher Symptome, die als Begleiterscheinungen traditioneller Sufi-Praktiken auftraten – ohne daß mir damals die hier zitierte Literatur bekannt war –, könnten diese Annahme bestätigen.

Allgemein wird in der Literatur davor gewarnt, die Kundalini-Energie frühzeitig und ohne den schutzgebenden Rahmen der Disziplin einer spirituellen Schulung zu erwecken: »Meditiere *nicht*, um Kundalini zu erwecken, weil du dir dabei wahrscheinlich selbst schaden wirst. Es ist zwar möglich, dies vorzeitig zu erzwingen, aber auch extrem gefährlich. Strebe lieber danach, mehr zu lieben und zu verstehen. Strebe danach, deinen Charakter zu läutern und deinen Geist durch selbstlosen Dienst, anspruchsvolle Studien und geistiges Training zu bilden. Tu dies, und Kundalini wird sanft, von selbst und ohne die krankhaften Folgen erwachen, denen man immer häufiger begegnet.« (White, Kundalini-Energie, S. 410).

Naturwissenschaftliche Ansätze

Neuerdings wird verschiedentlich versucht, naturwissenschaftliche Erklärungen für die Kundalini-Symptomatologie zu finden. Laboruntersuchungen des Kundalini-Phänomens werden in verschiedenen Teilen der Welt durchgeführt. Glueck vom Hartford Institute of Living, Connecticut, vermutet zum Beispiel, daß die gleichbleibenden, sich wiederholenden Laute, die in der Mantra-Meditation verwendet werden, beim Menschen eine Resonanzwirkung im limbischen System erzeugen können. Dieser Prozeß führe schließlich dazu, daß Empfindungen elektrischer Natur auftreten, die sich im Kopf verbreiten und rhythmisch, manchmal beinahe konvulsiv oder orgasmisch werden können (zit. nach Ferguson/White, S. 277).

Bentov (White, S. 291 ff.) postuliert, daß sich in der Aorta einer Person im tiefen Meditationszustand eine stehende Welle bildet, die sich in einer rhythmischen (Mikro-)körperbewegung spiegelt. Auf den Blutausstoß des Herzens hin wird die Körpermasse einer sitzenden, meditierenden Person in Bewegung gesetzt und beginnt mit ihrer natürlichen Frequenzen zu schwingen. Durch seine Auf- und Ab-Bewegung versetzt der Schädel das Gehirn in Bewegung. Dadurch entstehen Schallwellen und eventuell elektrische Wellen, die sich innerhalb des Schädels fortpflanzen. Dieser wandernde Stimulus ist für die körperlichen Auswirkungen der ›erwachten Kundalini‹ verantwortlich. Auf seiner letzten Wegstrecke durchquert er einen Bereich, in dem sich ein Lustzentrum befindet (Lustzentren sind der Gyrus cinguli, der seitliche Hypothalamus, Bereiche des Hippokampus und der Amygdala). Wenn das Lustzentrum stimuliert wird, erfährt der Meditierende einen Zustand der Ekstase. Es kann Jahre systematischer Meditation erfordern, um diesen Zustand zu erreichen, oder er kann wiederum bei bestimmten Menschen spontan eintreten. Bentovs Beobachtungen haben gezeigt, daß diese Mechanismen durch bestimmte mechanische Schwingungen, elektromagnetische Wellen oder durch Geräusche experimentell im Labor ausgelöst werden können.

Peck, ein Physiker, der sich mit der elektrischen Leitfähigkeit ionisierter Medien beschäftigt, geht bei seiner Betrachtung des

Kundalini-Phänomens davon aus, daß sich die elektrische Leitfähigkeit des Nervensystems durch bestimmte Reize verändert und
daß durch diese Veränderung das Nervensystem leistungsfähiger,
empfindungsfähiger und leichter kontrollierbar wird (White, S.
278).

Meines Erachtens stehen auch neuere Entdeckungen der
Endokrinologie mit dem Kundalini-Phänomen im Zusammenhang. Die Hypophysenhorme Endorphine und Enkephaline sind
im Körper natürlich vorkommende Opiate, d. h. Substanzen, die
morphium- oder heroinähnliche Wirkungen zeigen. Zu den
Steuerungsfunktionen dieser Hormone gehört die Modulation
von Streß, Schmerz, Stimmungen, Sexualität und der Grundpro-
zesse des Lernens und Behaltens (vgl. Davis/White).

Rossi[*] geht davon aus, daß diese Hormone einer psychischen
Modulation und einer hypnotherapeutischen Intervention zugänglich sind, da viele ihrer multiplen Funktionen entweder
direkt oder indirekt durch das limbisch-hypothalamisch-hypophy-
säre System vermittelt werden. Was für die hypnotisch induzierte
Trance gilt, kann meines Erachtens auch für Trancezustände
angenommen werden, die durch die Praktiken verschiedener
spiritueller Traditionen hervorgerufen werden (ohne daß spiritu-
ell-ekstatische und durch Hypnose induzierte Zustände gleichzu-
setzen wären). Die mit dem Kundalini-Erwachen einhergehenden euphorischen »Zustände der Glückseligkeit« könnten hier ihr
physiologisches Korrelat[**] haben.

Laboruntersuchungen an der Universität München zur »Neu-
rophysiologie der religiösen Trance«[***] scheinen dies zu bestätigen. U. a. wurde bei den Probanden eine Zunahme der Beta-

---

[*] E. Rossi, Die Psychobiologie der Seele-Körper-Heilung, Essen 1991, S. 173.
[**] In der westlichen Literatur sind Formulierungen wie »zugrundeliegende
physiologische Prozesse« üblich. »Zugrundeliegend« impliziert jedoch eine
Kausalität, die wissenschaftlich nicht erwiesen und aus der spirituellen Sicht der
existentiellen Einheit von Körper und Seele (Vahdet al-Vudschud) nicht akzepta-
bel ist. M. E. kann eher von einer Korrelation ausgegangen werden, d. h., daß
beide Variablen beispielsweise von einer dritten abhängen statt sich gegenseitig
zu verursachen.
[***] F. Goodman, Ekstase, Besessenheit, Dämonen – Die geheimnisvolle Seite
der Religion, Gütersloh 1991, S. 39.

Endorphine verzeichnet, die auch nach der Sitzung anhielt und »für die intensive Euphorie nach der Ekstase verantwortlich ist«. Ferner zeigte das EEG für die »religiöse Trance« nicht die so häufig mit veränderten Bewußtseinszuständen in Verbindung gebrachten Alphawellen, sondern vorwiegend Thetawellen.

Eine oft erwähnte Dimension des Kundalini-Erwachens sind die extremen Stimmungsschwankungen, denen die Betroffenen ausgesetzt sind. Auch dies kann mit den neueren Erkenntnissen der Endokrinologie und der biophysiologischen Hypnoseforschung in Zusammenhang gebracht werden: »Die Beweise für die zentrale Rolle, die das limbisch-hypothalamische System und die Endorphine und Enkephaline bei einer Vielzahl von seelischen Prozessen und Stimmungsschwankungen spielen, sind inzwischen erdrückend. Beispielsweise läßt der Nachweis zahlreicher Neuropeptidrezeptoren im Gehirn den Schluß zu, daß Strukturen, die mit dem limbischen System verbunden sind (z. B. die Amygdala und der Gyrus cinguli), Regionen sind, in denen aller Wahrscheinlichkeit nach Stimmungen biochemisch modifiziert werden.« (Rossi, Psychobiologie, S. 244).

Die histologische und anatomische Basis der beobachteten physiologischen Veränderungen scheint nach wie vor ungeklärt. Zumeist wird von einer Veränderung des Zentralnervensystems ausgegangen (vgl. White/Glueck, Bentov, Peck). In Frage kommen könnte jedoch ebenso das Autonome Nervensystem[*], das elektromagnetische Feld des Körpers – gemessen in der Bindegewebsflüssigkeit als physiologische Basis der Meridiane[**] oder das Neuropeptidsystem[***] (vgl. Rossi, Psychobiologie).

Die neuen Methoden der Neuropeptidforschung machten eine Ausdehnung der Grenzen des limbischen Systems erforderlich, um die Modulation sensorischer Informationen mit einzubeziehen. Pert (zit. nach Rossi, S. 244) drückt das so aus: »Das Hinterhorn des Rückenmarks der Säugetiere (. . .) ist mit praktisch

---

[*] K. Ring, The Omega Project, New York 1992.

[**] H. Motoyama u. R. Brown, Chakra Physiologie, Freiburg i. Br. 1980.

[***] Ausgehend von einem völlig neuen Verständnis der Geist-Körper-Kommunikation hat die neurobiologische Forschung das vegetative Nervensystem, das endokrine System und das Immunsystem begrifflich als ›Neuropeptidsystem‹ zusammengefaßt.

allen Neuropeptidrezeptoren ausgestattet. Obwohl man es früher nicht als Teil des limbischen Systems betrachtet hat, können die Neuropeptidrezeptoren hier, wie auch an anderen sensorischen Zwischenstationen, ankommende sensorische Informationen filtern (...).«

Bei ihrer Suche nach den Ursprüngen der Evolution des Neuropeptidsystems haben Roth et. al. Beweise vorgelegt, »daß es älter als das Zentralnervensystem, das vegetative Nervensystem und das endokrine System ist; es ist die Kommunikationsmethode von Einzellern, Pflanzen und niederen Tieren. Da die Natur dazu neigt, ihre Systeme zu erhalten, wird klar, daß die Neuropeptide ein tieferes und universelleres System der Informationsumsetzung zwischen Geist und Körper sind als das ZNS« (zit. nach Rossi, S. 262).

Die Physiologie der Halluzinationen

Die Lokalisation der Neuropeptidrezeptoren an den wichtigsten Zwischenstationen im Zentralnervensystem legt laut Rossi (Psychobiologie, S. 245) die Vermutung nahe, daß sie eine wichtige Rolle bei den psychobiologischen Mechanismen der hypnotisch induzierten Illusionen und Halluzinationen spielen. »Die Neuropeptide sind also eine bisher nicht erkannte Form der Informationsumsetzung zwischen Geist (mind) und Körper, die womöglich die Grundlage vieler hypnotherapeutischer und psychosozialer Reaktionen (...) ist. Aus einer höheren Sicht ist das Neuropeptidsystem möglicherweise auch die Basis der volksmedizinischen, schamanistischen und spirituellen Formen der Heilung, die zur Zeit unter dem Schlagwort der ›ganzheitlichen Medizin‹ Mode geworden sind« (S. 262). Möglicherweise ist das Neuropeptidsystem auch der Träger der körperlichen Veränderungen, die mit der Bewußtseinserweiterung einhergehen – anstelle des Zentralnervensystems, in dem viele Autoren den Sitz der biologischen Transformation vermuten.

Die Illusionen und Halluzinationen der hypnotischen Trance könnten m. E. ihre Entsprechung – jedoch auf anderer Ebene – in den Visionen der durch spirituelle Praktiken induzierten Trance haben, d. h. mit denselben physiologischen Prozessen in Zusammenhang stehen. Diese Überlegungen sind jedoch rein spekulativer Art. Interdisziplinäre Untersuchungen auf traditionell so unterschiedlichen Gebieten wie der Neurologie, Molekulargenetik, Biologie, Psychologie, Religion, Energetischen Medizin und Kulturanthropologie sind erforderlich, um konkretere Aussagen machen zu können.

Methoden der Sufi-Schulung

»Dieses Ritualgebet ist nicht deswegen angeordnet, daß du den ganzen Tag stehen und dich beugen und niederwerfen solltest; sein Zweck ist vielmehr, daß der geistige Zustand, der im Gebet sichtbar wird, immer bei dir sein sollte (...)«

HZ. MEVLÂNA (FmF, S. 284)

Verschiedene Derwisch-Orden haben im Laufe der Zeit unterschiedliche Schulungsmethoden entwickelt. Als gemeinsame Nenner liegen ihnen jedoch das Ritualgebet und der Dhikr*, mantra-ähnliche Anrufungen, zugrunde. Aufgrund ihrer zentralen Bedeutung für den Sufi-Pfad im allgemeinen und für ein Halvet im besonderen sollen diese Praktiken im folgenden näher erläutert werden.

Ritualgebet

Das Ritualgebet ist eine der sogenannten »Fünf Säulen des Islam«, d. h. eine der fünf Pflichten, die für jeden Muslim bindend sind**. Es gilt als die »erste und die letzte Stufe«, die Vereinigung mit der ganzen Menschheit und mit Gott. Für den Sufi ist es jedoch kein Ende in sich, sondern erst die Basis, der weitere Praktiken der Annäherung hinzugefügt werden, bis schließlich das

---

* In den Sprachen des islamischen Kulturraums gibt es unterschiedliche Ausdrücke für »beten«. Es wird – beispielsweise im Türkischen – unterschieden zwischen *namaz kılmak* = Ritualgebet, *dua etmek* = Bittgebet, *dhikr* = Anrufungsgebet des Erinnerns und *semâ* = getanztes Gebet, mystischer Reigen.

ganze Sein des Derwischs vom Gottesgedenken ›durchtränkt‹ ist:
»Wenn jemand von ganzem Herzen sein Gebet verrichtet, wenn
er den Weg Gottes betritt, wird er zunächst eine Weile die fünf
vorgeschriebenen Gebete beachten, danach wird er ihnen immer
mehr, bis ins Unendliche, hinzufügen« (Hz. Mevlâna, FmF, S.
172). Es geht nicht darum, die äußere Form des Islam zu
umgehen, sondern, im Gegenteil, diese zu vertiefen: »Verführt
von gewissen poetischen Äußerungen späterer persischer Dichter
oder unter dem Eindruck von herumstromernden Derwischen,
die alles andere als gesetzestreu waren, haben die Europäer die
Sufis oft für Vertreter einer Bewegung gehalten, die sich ganz von
den gesetzlichen Vorschriften des Islam frei gemacht hat und sich
nicht mehr um Glaube oder Unglaube kümmert. So wurde das
Wort Sufi im Westen oft fast zum Äquivalent für ›Freidenker‹. Das
ist jedoch keineswegs korrekt.« (Schimmel, Mystische Dimensionen, S. 158).

In einer Überlieferung heißt es, daß Allah dem, der im Gebet
steht, »die Schleier lüftet, die Tore des Unsichtbaren öffnet
(kashf), so daß Sein Diener Ihm gegenübersteht«. Das Gebet stellt
eine »geheime Beziehung zwischen dem Anbeter und dem Ange-
beteten« her und gilt als »Schwelle zum Eintritt in die göttliche
Realität« *(al-haqiqat),* dem Ziel des Sufi-Pfades. Das Ergebnis
dieser Bemühungen wird von Hz. Mevlâna (FmF, S. 302) unter
Bezugnahme auf den Koran beschrieben – wobei schon die Praxis
des Dhikr anklingt: »In jedem Zustand ist sein Herzenskern mit
Gott beschäftigt, und jene äußere Beschäftigung hindert den
Vollkommenen nicht an seiner inneren Beschäftigung. Wie Gott

°° In den Sufi-Orden des Westens wird dies zum Teil anders gesehen. Hierzu
schreibt Scheich Moinuddin al Chishtiyya: »Es gibt leider einige Pseudo-Sufis im
Westen, die töricht meinen, *Salat* [Arabisch für Ritualgebet] sei nicht notwendig.
Sie sagen – was seltsam ist –, daß rituelle Handlungen wie das *Salat* bloße Rituale
sind, die der wahrhaft geistig Strebende nicht braucht. Solche irregeleiteten
Menschen führen Ibn Arabi (r.a.), Mevlâna Rumi (r.a.), Imam al-Ghasali (r.a.)
und Mansur al-Hallaj (r.a.) als Beispiel für ›wahrhaft befreite und freidenkende
Sufis‹ an. (...) Jene Großen, die hier erwähnt wurden, waren in Wahrheit die
glühendsten und aufrichtigsten Befolger des Salat.« (A. Moinuddin, Die Heilkunst der Sufis, Freiburg i. Br. 1984, S. 150).

der Erhabene sagt: ›*Männer, die nicht Handel oder Kauf vom Gedenken an Gott abhält*‹« (Sura 24/37).

Die Frage, was an diesem Ritual so wichtig ist, kann auf verschiedenen Ebenen beantwortet werden. Aus westlicher Sicht wird es manchmal aufgrund des äußeren Ablaufs des Stehens-Beugens-Niederwerfens-Kniens – nicht sehr achtungsvoll – als ›spirituelle Gymnastik‹° bezeichnet. Und tatsächlich hat es u. a. auch diese Funktion: Die Bewegungen sind ebenmäßig, fließend und leicht, Muskeln, Gelenke und Wirbelsäule werden fünfmal täglich trainiert, innere Organe werden stimuliert, durch die wiederholten Beugungen wird die Durchblutung des Gehirns gefördert und vieles mehr. Praktizierende Muslime bleiben meist bis ins hohe Alter gelenkig, dem Erdboden verbunden. Diese Abfolge körperlicher Zustände bildet den äußeren Rahmen, in dem die inneren Dimensionen sich entfalten können.

Das Gebet nimmt seinen Anfang mit der vorausgehenden Ritualwaschung *(wudu, ghusl)*. Auch hier werden (mindestens) zwei Ebenen deutlich: Die Waschung mit Wasser führt zur äußeren Reinlichkeit. Ist kein Wasser vorhanden, kann die ›Waschung‹ jedoch auch mit Sand vollzogen werden *(tayammum):* die Handlung geht also bewußt über hygienische Maßnahmen hinaus, erinnert daran, ›gereinigt‹ im Sinne von geläutert vor den Schöpfer zu treten. Es folgt eine bewußte Hinwendung nach Mekka *(qibla)* und eine ›Absichtserklärung‹ *(niyet)*, die den Zweck des Rituals noch einmal ins Bewußtsein bringt und ohne die das Gebet ungültig wäre. (Psychologisch gesehen zählen solche vorbereiten-den Maßnahmen zu den »Selbstverpflichtungsaspekten«, die die

---

° Die diesbezügliche Diskrepanz morgen- und abendländischer Sichtweisen wird von Asad sehr klar verdeutlicht: »Und in der Tat können es Menschen anderer Religionen, die gewohnt sind, das ›Geistige‹ vom ›Körperlichen‹ sorgfäl-tig zu trennen, nur schwer verstehen, daß in der nicht entrahmten Milch des Islam diese beiden Bestandteile trotz Verschiedenheit ihrer jeweiligen Beschaf-fenheit harmonisch miteinander hergehen und zum Ausdruck kommen. Mit anderen Worten: Das islamische Gebet besteht aus geistiger Konzentration und aus körperlichen Bewegungsabläufen, weil sich das menschliche Leben selbst auch derart zusammensetzt und weil wir uns Gott durch die Gesamtheit aller von Ihm verliehenen Fähigkeiten annähern müssen.« (M. Asad, Vom Geist des Islam, Köln 1984, S. 22).

innere Beteiligung erhöhen und die Aufmerksamkeit fokussieren.)

Das Ritualgebet symbolisiert die Einheit von Körper, Geist und Seele, weist auf ein untrennbares Zusammenwirken aller dieser Ebenen hin. Es ist so allumfassend wie der Islam in seinem Selbstverständnis. Auch die verschiedenen Körperstellungen erinnern an die Grundannahme des Islam, die der existentiellen Einheit allen Seins *(tauhid)*: Die Niederwerfung *(sidschde)*, bei der die Stirn die Erde berührt, betont den Kopf/Verstand und symbolisiert somit den menschlichen Daseinsbereich. Das Herz befindet sich hierbei in einer höheren Position als das Gehirn. Das Blut fließt vom ›Herzen zum Kopf‹ und erinnert somit an die Grundprämisse des Sufismus, Herz und Verstand in Einklang zu bringen. Dieser Haltung ist der arabische Buchstabe »mim« ﻣ zugeordnet. Die den Torso betonende Beugung *(ruku')* versinnbildlicht tierisches Leben und wird mit dem Buchstaben »dal« ﺩ ausgedrückt. Die aufrecht stehende Haltung *(qiyam)* der »Erdverwurzelung« symbolisiert das vegetative Leben – in enger Verbindung mit dem Mineralreich*. Dies wird durch den ersten Buchstaben des arabischen Alphabets, »alif« ﺍ, ausgedrückt. (Aus diesen Buchstaben – *alif, dal* und *min* – besteht das Wort »Adam«, der Name des ersten erschaffenen Menschen und ersten Propheten des Islam.) Im Laufe des Gebets werden alle Seinsstadien durchlaufen, wird daran erinnert, daß die Schöpfung Eins ist, daß der Mensch und die Erde Eins sind.**

Die Gebetszeiten richten sich nach zyklischen kosmischen Gegebenheiten und bringen somit den Menschen in Einklang mit den natürlichen größeren Rhythmen des Universums: mit den Bewegungen der Planeten, den jahreszeitlichen und geographischen Gegebenheiten.

Der im Ritualgebet rezitierte Text beginnt mit der Erklärung »*Allahu akbar*« (Gott ist größer). Er endet mit einem Friedens-

---

* In einigen Traditionen wird die Symbolik von Sidschde und Qiyam entgegengesetzt verstanden.
** Aus islamischer Sicht soll sich der Mensch keineswegs die Erde »untertan machen«. Ganz im Gegenteil hat er eine »noble Statthalteraufgabe«, d. h. er besitzt nichts, sondern verwaltet das ihm anvertraute Unterpfand der Schöpfung.

und Segensgruß für den Propheten (s. a.), für »uns selbst und für euch« (d. h. für die Muslime und die Nicht-Muslime) und schließlich mit einem besonderen Gruß an die zwei »Engel der Aufzeichnung«, die »hinter den Schultern des Betenden stehen«.

Ibn Arabi (FaH, S. 176) gab folgende Erläuterung zu dieser rituellen Verpflichtung:

»Muhammad hat nämlich in dem bekannten Hadith gesagt: ›Und mein Augentrost wurde gesetzt in das Gebet.‹ Denn das Gebet ist eine leibhaftige Anschauung, und zwar deswegen, weil es eine geheime Zwiesprache zwischen Gott und seinem Diener ist, wie es denn auch im Koran heißt (Sura 2/147): ›*Darum gedenket Mein, daß Ich euer gedenke.*‹ Es ist dies also eine rituelle Verrichtung, die zwischen Gott und Seinem Diener in zwei Hälften aufgeteilt ist; die eine Hälfte davon gehört Gott, die andere dem Diener, wie es in der authentischen Überlieferung von Gott heißt, daß er gesagt habe: ›Das Gebet ist zwischen mir und meinem Diener in zwei Hälften aufgeteilt, die eine Hälfte davon gehört Mir und die andere Meinem Diener. Meinem Diener gehört das, was er erbittet.‹ (...) Erwäge demnach die Erhabenheit der Rangstufe des Gebetes und wie weit es den Betenden emporträgt!«

Wenn der Mensch in seiner Ganzheit beteiligt ist, wenn er im wahrsten Sinne des Wortes »mit Leib und Seele« dabei ist, entstehen tiefe Versenkungszustände. (Eine bekannte Sufi-Geschichte berichtet von einem Mann, an dem während des Ritualgebets eine notwendige, von diesem jedoch gefürchtete Beinamputation vollzogen wurde, ohne daß er es bemerkte.) Diese ganzheitliche innere Beteiligung – die, wenn überhaupt, erst im Lauf der Zeit erlangt wird – führt zu der direkten, subjektiv wahrnehmbaren Wirkung, aufgrund derer der Praktizierende all das, was theoretisch über diese ›Säule des Islam‹ gesagt wird, selbst nachvollziehen kann: »Wer aber beim Gebete nicht zur Rangstufe der leibhaftigen Anschauung zu gelangen vermag, der hat noch nicht das höchste Ziel darin erreicht und hat darin noch keinen Augentrost« (Ibn Arabi, FaH, S. 176); oder, mit den Worten Hz. Mevlânas: »Das Wort [des Propheten]: ›Zwei Gebetseinheiten sind besser als die ganze Welt und was darinnen ist‹, ist nicht für jedermann. Es ist richtig nur für den, dem es wichtiger

wäre als die ganze Welt und was drinnen ist, wenn ihm zwei
Gebetseinheiten entgehen.« (FmF, S. 74).

Dhikr

*»Wer je einen solchen rhythmischen dhikr erlebt hat – mit seinem
zunehmenden Tempo und der Verkürzung der Worte, bis nur noch eine
Art von intensivem Seufzen erreicht ist – weiß, daß selbst ein Außenste-
hender leicht von der Stärke dieses Erlebnisses hingerissen werden
kann.«*

A. SCHIMMEL (Mystische Dimensionen, S. 250)

Die Praxis des Dhikr kann als ›Herz‹ des Sufitums verstanden
werden: ›Herz‹, weil es die zentrale Übung zur Erlangung des
Ziels auf dem Pfad, also der intuitiven Wahrnehmung der Einheit
allen Seins, ist, und ›Herz‹ im Sinne der Sufi-Terminologie als
›Organ des Erkennens‹ der göttlichen Realität. Ferner ist es die
Kernübung eines traditionellen Halvets schlechthin. Dies kommt
ebenfalls zum Ausdruck in dem Titel eines Kommentars von
Abdul Karim Jili (14. Jh.) zu Ibn Arabis Abhandlung zum Halvet:
»Die Entschleierung der Geheimnisse, die dem Menschen offenbart werden, welche dem Dhikr ergeben sind«. In diesem Sinn
wird von den Sufis auch der Koran-Vers 29/45 verstanden: *»Trage
vor, was dir von dem Buche [Koran] offenbart wurde und
verrichte das Gebet [Salat]. Wahrlich, das Gebet hält von Schänd-
lichkeiten und Abscheulichem ab; und an Allah zu denken [Dhikr],
ist gewiß das Höchste.«*
Diese Praktiken, die nach einem Ausspruch des Propheten
(s. a.) auch als »Schlüssel zu den Toren der Erkenntnis« bezeichnet
werden, führen sich direkt auf den Koran zurück: *»Und gedenket
Gottes oft«* (Sura 33/40). Die Aufforderung, sich durch Dhikr, d. h.
»Erinnern«, »Gedenken«, dem Schöpfer zu nähern, zieht sich wie
ein roter Faden durch die heilige Schrift des Islam. Dieses Wort
wird im Sprachgebrauch des Korans dann verwendet, wenn es um
die Offenbarung höherer Formen der Anbetung geht[°]. So u. a.

[°] Beispielsweise in den Suren: 2/152; 3/41; 4/103; 7/205; 13/28; 18/24; 18/28; 20/
14; 23/39; 28/13; 29/45; 33/35; 37/75; 53/29; 62/10; 73/8; 76/25.

auch in dem Koranvers »*Darum gedenket Mein, Ich will euer gedenken*« (Sura 2/152), der neben dem Vers: »*Er liebt sie und sie lieben Ihn*« (Sura 5/59) für die Sufis ihre innige und vertraute Beziehung zu Allah, dem »Geliebten«, dem »Freund«, besonders klar zum Ausdruck bringt. In beiden Versen wird ausgedrückt, daß die ursprüngliche Anrufung vom Schöpfer ausgeht, nicht vom Menschen: »Dhikr ist ein Licht, das seinen Ursprung im Göttlichen hat und durch dessen Reinheit das Herz des Sufis zum Geliebten hingezogen wird« (Ruzbihan, gest. 1209 in Schiras).

Kalabadhi (gest. ca. 996) führt den Dhikr direkt auf den ›Urvertrag‹ zurück: »Die Menschen hörten ihren ersten Dhikr, als Gott sie mit den Worten anredete: *alastu birabbikum*, ›Bin Ich nicht euer Herr?‹. Dieser Dhikr war in ihren Herzen eingeschlossen, ebenso wie die Tatsache selbst in ihrem Intellekt eingeschlossen war. Als sie dann den Sufi-Dhikr hörten, erschienen die geheimen Dinge aus ihrem Herzen wieder.« (zit. nach Schimmel, Mystische Dimensionen, S. 244).

Die äußere Durchführung dieser spezifisch sufischen Form der Anrufung variiert von *Tariqat* (Orden) zu *Tariqat* beträchtlich, ist jedoch in allen von zentraler Bedeutung. Dhikr kann einzeln und in Gruppen, laut oder verinnerlicht (»Dhikr des Herzens«), im Sitzen, Stehen oder Drehen ausgeführt werden. Immer ist es eine Kombination von Klang (äußerem oder innerem), Konzentration, Atmung und Bewegung. Wie auch im Ritualgebet gibt der Mensch sich in seiner Gesamtheit dieser heiligen Handlung hin. Und ebenfalls wie im Ritualgebet erschließt sich die Wirkung erst allmählich. Eine alte Anweisung lautet: »Erst tust du so, als machtest du Dhikr, dann machst du Dhikr, schließlich macht der Dhikr dich.« Darauf wird das »Herz erweckt« – oder, nach einem Ausspruch des Propheten (s. a.) «poliert«[*] –, und es folgt der »glückliche Zustand, da alles aus Büchern erlernte Wissen nichts mehr nütze ist« (Moinuddin).

Rezitiert werden hierbei heilige Formeln wie beispielsweise der erste Teil des Glaubensbekenntnisses »*La ilahe illallah*« oder ausgewählte »schönste Namen« Allahs. Der Kopf (im Stehen gilt

---

[*] »Es gibt Mittel und Wege, alles zu polieren. Was den Rost des Herzens entfernt, ist der Dhikr.«

dieses für den ganzen Körper) bewegt sich dabei rhythmisch von rechts nach links, später dann auf und ab. Durch die Kombination von Klang und Bewegung entstehen spezifische Atemmuster, die in einigen Tariqats bewußt verstärkt werden. Beispielsweise kann die Betonung auf der Ausatmungsphase liegen. Hierdurch kann es zur Hyperventilation kommen, die mit konvulsiven Zuckungen und teilweiser Katalepsie einhergehen kann. Diese Erscheinungen werden weder angestrebt noch vermieden. Treten sie auf, werden sie in einigen Tariqats als besondere Gnadenzeichen interpretiert.

Laut Schimmel muß sich »bei dem Dhikr der Gottesnamen die Weisheit des mystischen Führers besonders zeigen, weil er den Schüler anzuleiten und sorgfältig zu überwachen hat, damit er nicht ernsthaften geistigen und seelischen Gefahren ausgesetzt ist. Die Regeln für den Gebrauch dieser göttlichen Namen sind von den Sufis sehr sorgfältig ausgearbeitet worden. Der Name Al-Fa'iq, »der Überwältigende« [beispielsweise], sollte niemals von einem Anfänger benutzt werden, sondern nur von einem Gnostiker hohen Ranges. Die falsche Anwendung eines Gottesnamens kann schwere Konsequenzen für den Betreffenden oder diejenigen, die ihm nahestehen, haben, die sich, wie ich aus der Erfahrung von Freunden weiß, sogar in körperlichen Symptomen äußern können.« (Mystische Dimensionen, S. 252).[*]

Die physiologische Dimension

Es stellt sich die Frage, welche physiologischen Prozesse durch die Sufi-Praktiken angeregt werden und inwiefern diese transformierende Auswirkungen auf das Bewußtsein haben könnten.

Von westlichen Wissenschaftlern werden die neurophysiologischen Auswirkungen von Bewegung, Atemrhythmus und Klangmustern erst in jüngster Zeit untersucht. Ebenso wie die Sufi-Tradition[**] und die fernöstliche Kriya-Lehre geht die Hirnfor-

---

[*] Vgl. »Betrachtungen zur These der ›Morphischen Resonanz‹«, S. 138 ff., und »Die physiologische Dimension«, S. 167 ff.
[**] Zu den körperlich-geistig-seelischen Auswirkungen der verschiedenen Positionen s. Moinuddin, Heilkunst, S. 138–143.

schung davon aus, daß bestimmte Bewegungsabläufe mit spezifischen Bewußtseinszuständen einhergehen: »Da nun Strukturen im Gehirn, in denen Gefühle und Denken vor sich gehen, der motorischen Region der Gehirnrinde sehr nahe sind, und da im Gehirn Erregungen und Impulse dazu neigen, sich auszubreiten und auf benachbarte Gewebe überzugreifen (Diffusion), wird eine drastische Veränderung in der motorischen Region parallele Wirkungen auf Denken und Fühlen haben. (...) Körperhaltung, verbesserte Durchblutung sowie die Atmung haben auf das Gehirn eine nicht zu unterschätzende Wirkung.«[*]

In der ethnopsychologischen Forschung konnte gezeigt werden, daß bestimmte Körperhaltungen spezifische, veränderte Bewußtseinszustände hervorrufen (Goodman, S. 93). Diese das Bewußtsein beeinflussenden Bedingungen gelten für Ritualgebete und Dhikr im allgemeinen und für die Gegebenheiten eines Halvets in verstärktem Maße. Hier könnte eine physiologische Erklärung für die spirituelle Entwicklung – bzw. Bewußtseinserweiterung – liegen, die aus islamischer Sicht durch diese Exerzitien angeregt wird.

Neurophysiologische Auswirkungen der Körperbewegungen

»Als Erwachsener nimmt man überwiegend eine sitzende oder stehende Körperhaltung ein. Kinder dagegen rennen und springen, schlagen Räder und Purzelbäume. (...) Das hat Einfluß auf das Innenohr und damit auf unser Gehirn. (...) Heftige Körperbewegungen, unnatürliche Kopfhaltung etc. führen zu einer Reizung des Vestibularapparats, was eine vermehrte neurale Tätigkeit im Gehirn auslöst.« (Holler, S. 177, 182). Die vestibuläre Reizung, die sich schon bei den verhältnismäßig sanften Bewegungsabläufen des Ritualgebets einstellt, findet im Dhikr in weitaus stärkerem Maß statt.

Anthropologische Untersuchungen zeigen, daß die aus diesen Körperbewegungen resultierende sogenannte »kinetische Trance« ein wichtiger Bestandteil aller indigenen Traditionen ist,

---

[*] J. Holler, Das neue Gehirn, Südergellersen 1991, S. 160, 27.

die ekstatische Gebetsformen praktizieren. »Kinetische Trance bezeichnet einen Trancezustand, der ausgelöst wird durch heftige Körperbewegungen, meist Rotationen, und eine unnatürliche Haltung des Kopfes, was zu einer Reizung des Vestibularapparates führt. (...) Mit der motorischen Stimulation der kinetischen Trance wird eine Form der nonverbalen Psychotherapie praktiziert. Im Gegensatz zum Reizentzug, der den Körper sozusagen vergessen läßt, bewirkt diese Technik das Gegenteil: Durch Überreizung des Gleichgewichtszentrums und des Gehirns wird eine außerkörperliche Erfahrung erzielt. Es kommt zu Sinnestäuschungen des Fallens, Schwebens und Wirbelns.«* (Holler, S. 182, 183).

Neuere Untersuchungen der Wirkungsweise des Gleichgewichtssinns ergeben weitere interessante Hinweise auf die möglichen psycho-spirituellen Auswirkungen dieser Sufi-Praktiken: »Der Vestibularapparat ist dicht verwoben mit dem Schaltsystem der anderen Sinne im Gehirn, insbesondere dem Seh- und Hörvermögen und den verschiedenen Tastsinnen. (...) Die Signale aus den verschiedenen Sinnesorganen werden [im Zwischenhirn] integriert, geordnet und überprüft und dann, falls nötig, an den Kortex weitergeleitet. Und im Zwischenhirn stoßen wir auch auf eines der bemerkenswertesten Phänomene des ganzen Denkapparats: Die meisten Signale aus *allen* Sinnesorganen werden dort mit Signalen aus dem Vestibularapparat integriert, bevor sie an die Regionen des Bewußtseins im Kortex weitergeleitet werden. Falls der Vestibularpparat zu wenig aktiv, überaktiv oder aus dem Takt ist, kann das umfassende und entnervende Wirkungen haben. (...) Dieses feinfühlige, differenzierte Sinnesorgan gestattet uns jüngsten Forschungen zufolge nicht nur, gerade zu stehen, sondern auch gerade, das heißt, klar und vernünftig zu denken.«**

---

* Ich gehe davon aus, daß die subjektive Erfahrung des »Einsinkens«, die ich anschließend an das Halvet erlebte, auch mit diesem Prozeß in Zusammenhang steht. Es könnte sich um eine Art von »Entzugserscheinung« als Reaktion auf das plötzliche Aussetzen der wochenlangen, intensiven vestibulären Reizung handeln.
** G. Leonard, Der Pulsschlag des Universums, München 1992, S. 64 u. S. 67.

Was aus der Sicht der Hirnforschung als »entnervende Wirkung« gelten muß, da es das »klare und vernünftige Denken« durchbricht, könnte durchaus der physiologische Mechanismus sein, der aus der Sicht verschiedenster spiritueller Traditionen in der kinetischen Trance das »Erwecken der psycho-spirituellen Sinne« fördert und die Wahrnehmung anderer Realitäten überhaupt erst gestattet.

Es ist interessant, daraufhin die äußere Form des Ritualgebets zu untersuchen, d. h. das Zusammenspiel von Sprachform und Bewegung: Der arabische Wortlaut des Gebets ist in großen Teilen festgelegt und wird – ebenso wie der Bewegungsablauf – in seinem wesentlichen Gehalt niemals geändert. Individuelle Variationsmöglichkeiten der rezitierten Koranverse bestehen nur bei den Körperstellungen, bei denen sich der Kopf in der für den Menschen üblichen aufrechten Haltung befindet. Die Zeitdauer der sich direkt auf die neurale Hirntätigkeit – und damit alle Körperfunktionen – auswirkenden veränderten Kopfhaltungen ist dagegen interessanterweise genau vorgegeben, d. h. ›dosiert‹ durch die Dauer der im Wortlaut vorgeschriebenen Gebetsformeln*. Ganz offensichtlich handelt es sich hier nicht um einen freien, individuellen Dialog mit dem Schöpfer – dafür gibt es die Gebetsform »dua« –, sondern um einen höchst komplexen, gezielt strukturierten Ritus.

---

* Die Beibehaltung der arabischen Sprache dient aber nicht nur der zeitlichen Strukturierung. Der hierbei rezitierte Text des Korans ist im spirituellen Sinne nur in dieser Ursprungssprache gültig. Alle Übersetzungen werden lediglich als ›Annäherungen‹ verstanden. Diese Praxis schützt nicht nur den Inhalt vor Verfälschungen, sondern bewahrt auch die spezifische akustische Hirnstimulierung, die durch die ursprünglichen Klangmuster von den Anfängen her gegeben ist, vor Abweichungen. (Die These der »Morphischen Resonanz« betont aus anderer Sicht ebenfalls die Bedeutung des ursprünglichen Lautklangs, siehe S. 138 ff.)

Die elektro-physiologische Dimension

Die Gebetszeiten richten sich, wie schon erwähnt, nach zyklischen kosmischen Gegebenheiten und bringen den Menschen in Einklang mit den größeren Rhythmen des Universums. Die »Lata'if-Lehre« (»subtil«, »feinstofflich«) der Naqshbandi-Tradition beschreibt die energetisch-physiologischen Auswirkungen dieses rhythmischen Resonanzprinzips:

Die Energie der *Latifas,* d. h. der »feinstofflichen Zentren« des Körpers, entspricht aus dieser Sicht dem sich im Laufe des Tages zyklisch verändernden Energiefeld der Erde*. Dieses Energiefeld** wird maßgeblich vom Sonnenstand beeinflußt und in fünf Zyklen unterteilt. Diese Zyklen haben ihre Entsprechung in den fünf Gebetszeiten des Ritualgebets. Durch bestimmte Übungen (besonders Ritualgebet und Dhikr) werden dieser Lehre zufolge die *Latifas* angesprochen und verstärkt. Die so aktivierten körpereigenen Energiepunkte oder -felder beginnen im verstärkten Maß mit dem globalen Energiefeld, mit dem sie je nach Zyklus übereinstimmen, zu korrespondieren. Der im Sufitum angestrebte Zustand des »Insān al-Kāmil«, des voll entwickelten Menschen, kann in diesem Sinne verstanden werden als völlige geistige und körperliche Gelöstheit, bei der der Körper des Menschen frei und ungehindert von der Lebensenergie durchpulst wird.***

Forscher unterschiedlichster Disziplinen halten das elektromagnetische Feld für die Hauptverbindung des menschlichen Bewußtseins mit der weiteren Umwelt. Abraham**** schreibt: »Es

---

* Jeder Langstrecken-Flugreisende kennt die Beeinträchtigungen, die entstehen, wenn die körpereigenen Biorhythmen nicht mit denen der geographischen Zeitzone synchron sind: »Jetlag«.
** Für eine knappe Beschreibung des Einflusses des Plasmafelds der Sonne auf das Magnetfeld der Erde aus naturwissenschaftlicher Sicht sowie dessen Auswirkungen auf die Evolution des menschlichen Nervensystems s. L. Sannella, Kundalini-Erfahrung und die neuen Wissenschaften, Essen 1989, S. 136 ff.
*** Vgl. A. Dornbach, Die Lata'if-Lehre, in: Al Sufi, 1. Jahrgang, Nr. 2, 1991.
**** R. Abraham, T. McKenna, R. Sheldrake, Trialogues at the Edge of the West, Santa Fé 1992, S. 82, 85.

ist ein sehr attraktiver Gedanke, das elektromagnetische Feld als eine Art von bevorzugtem Mittler zwischen all den physischen Feldern anzusehen. Vielleicht wird das Feld des Bewußtseins [*mental field*] als ein mathematisches Modell ausgedrückt werden, welches feldtheoretisch und multidimensional ist und nur mit dem elektromagnetischen Feld in Verbindung steht, welches wiederum mit allen anderen physischen Feldern verbunden ist. (...) Wir haben in unserem individuellen Bewußtsein eine bestimmte Affinität zu dem elektromagnetischen Feld: die elektromagnetische Wahrnehmung und Aufnahme usw., wie beim visuellen Prozeß erkenntlich. Was in bezug auf das Phänomen von Geist über Materie am leichtesten zu beeinflussen sein sollte, ist das elektromagnetische Feld.«[*] (Man kann darüber spekulieren, ob die Auswirkungen des Dhikrs, die ich als meinen »Luftkörper« empfand, eine subjektive Wahrnehmung der Veränderung des elektromagnetischen Körperfelds sein könnten.)

Die Hirnforschung geht davon aus, daß das Gehirn nicht nur durch optisch-akustische und elektromagnetische Stimulation, sondern auch durch Reizentzug gezielt verändert werden kann.[**] Einige Hinweise zu Auswirkungen extremer Reizreduzierung kommen aus Langzeituntersuchungen, die in antarktischen Regionen sowie in Isolationszellen vorgenommen wurden. Es zeigte sich, daß die sensorischen und perzeptualen Deprivationsbedingungen zu einem signifikanten Anstieg der α-Aktivität, der Hypnotisierbarkeit und der Schmerztoleranz führten.[***]

Fazit

Für die Bedingungen eines Halvets gelten beide – weiter oben als gegensätzlich geschilderte – bewußtseinsverändernde Techniken – Reizentzug (absolute Isolation) sowie vestibuläre Überreizung

---

[*] Interessanterweise findet diese Hypothese Unterstützung in der empirischen Forschung in Form des »ESS«, des »Electricity Sensitivity Syndroms« (vgl. Ring, Omega Project).

[**] Vgl. Holler, S. 26.

[***] A. Barabasz, EEG alpha, Skin Conductance and Hypnotiziability in Antarctica, zit. nach Larbig et. al./Revenstorf, Klinische Hypnose, Berlin 1990, S. 103.

(Dhikr, Namaz) – zugleich. Die Kombination mit den weiteren Erfordernissen (extremes Fasten, weitgehende Bewegungslosigkeit, Tageslichtentzug und Indoktrinierung mit ausgewählten islamischen Lesematerialien) läßt die Gesamtheit der Halvetbedingungen zu einer äußerst machtvollen Methode der physio-psycho-spirituellen Transformation werden.

Somit werden die Warnungen gegen den eigenmächtigen Einsatz dieser Methoden mehr als verständlich.[*] Schon die Praxis des Dhikrs, für sich genommen, sollte laut Tradition nur unter Anleitung eines Sheykhs durchgeführt werden: »Wenn einzelne immer wieder unbekümmert selbständig Übungen ausführen, dann ist der geringste Schaden, der dabei entstehen kann, eine ernsthafte geistige Verwirrung, der ernsteste aber ist der Tod, wie es auch schon vorgekommen ist. Die Sufis haben aber ihre Schüler zu Tariqats zusammengefaßt, so daß diejenigen, die die Übungen machen, aus der Nähe überwacht werden können.« (Moinuddin, S. 190).

Abschließend sollte erwähnt werden, daß diese Sufi-Praktiken keineswegs nur drastische bewußtseinsverändernde Auswirkungen haben, sondern außerdem den Allgemeinzustand positiv beeinflussen: Die fünfmal täglich induzierten veränderten Bewußtseinszustände (Trance) gestatten den durch verhaltensbedingten Streß gestörten ultradianen Zyklen, sich wieder zu normalisieren und hierdurch die Funktion des vegetativen und des endokrinen Systems zu regulieren. Diese Prozesse wirken psychosomatischen Erkrankungen entgegen und könnten, laut Rossi, die Basis der schamanischen und anderer spiritueller Formen der Heilung sein (persönliche Mitteilung, 1991[**]).

---

[*] Siehe S. 164, Abhandlung von Ibn Arabi, sowie das nächste Kapitel »Methoden spiritueller Schulung – ›gesundmachend‹ oder ›krankmachend‹?«
[**] Ich danke Dr. Ernest Rossi für seine persönliche Anteilnahme an den durch das Halvet ausgelösten psycho-physiologischen Prozessen und seine wiederholte Bereitschaft zur gemeinsamen Reflexion, die die Kommentare zu den »Physiologischen Begleiterscheinungen« maßgeblich mit beeinflußt hat.

Methoden spiritueller Schulungen;
›gesundmachend‹ oder ›krankmachend‹?

*»Die [Initianten] scheinen willens, ihre Körper über die Grenzen des
physisch Erträglichen hinaus zu belasten, um den Geist zu erwecken.
Was die moderne Welt als gefährliche Bedrohung der Gesundheit, ja des
Lebens an sich betrachtet, wird von den Schamanen als Wege zum
Wissen erachtet.«*

ACHTERBERG*

Westliche Psychosomatik-Forschungen zeigen, daß die Funktion
des Immunsystems durch akuten und chronischen Streß geschwächt wird**, der Organismus wird krankheitsanfälliger. Die
physiologischen und psychischen Methoden, die spirituelle Lehrer verschiedenster indigener Traditionen anwenden, können aus
westlicher Sicht nur als massivster ›Streß‹ im geradezu klassischen
Sinne verstanden werden.*** In den betreffenden Kulturen selbst
wird ebenfalls anerkannt, daß die Maßnahmen, die zur Bewußtseinserweiterung führen, äußerst belastend sind. Ausdrücke wie
›sterben‹, ›gekocht werden‹, ›das Herz mit Blut und Tränen
waschen‹ oder ›verbrennen‹ zeigen dies deutlich.

Es stellt sich die Frage, wieso eine Vorgehensweise, die aus
einer Beurteilungssicht ›krank macht‹, aus einer anderen als ›zur
Genesung führend‹ verstanden wird.**** Meines Erachtens liegt

---

* J. Achterberg, Imagery in Healing, Shamanism and Modern Medicine, Boston
1985, S. 36.
** H. Selye, Stress without Distress, New York 1974.
*** Als Streß gilt jedes Ereignis, in dem äußere oder innere Anforderungen
(oder beide) die Anpassungsfähigkeit eines Individuums, eines sozialen Systems
oder eines Organismus beanspruchen oder übersteigen. Vgl. Lazarus et. al.,
Stress-related Transactions between Person and Environment, in: Pervin and
Lewis, Perspectives in Interactional Psychology, New York 1978.
**** Aus der Sicht des Sufitums beruht alles Kranksein auf der Illusion des
Getrenntseins, d. h. auf dem ›Vergessen‹ der tatsächlichen existentiellen Einheit
der Schöpfung. Die ›Heilung‹ – und damit die eigentliche Menschwerdung –
vollzieht sich durch die ›re-ligio‹, also der Rückbindung durch das ›Wieder-
erinnern‹ der Verbundenheit allen Seins. Der Sheykh ist der ›Arzt der Seele‹, der
den Weg weist und damit dem Menschen zur Heilung (im Sinne von ›heil sein‹
und ›heilig‹) verhilft.

der Unterschied (d. h. ob man als Ergebnis körperliche Gesundheit oder Krankheit, Psychose oder erweitertes Bewußtsein erlangt) in der Einbettung in ein in sich geschlossenes (spirituelles) Lehrsystem. In den diversen äußerst schwierigen Transitionsphasen auf dem ›Weg‹, in denen der Schüler psychisch und physisch sehr labil ist, gewährt diese Einbettung die nötige schutzverleihende Struktur.

Vielleicht sind auch die vielfachen Schäden, die Suchende heutzutage auf unterschiedlichsten ›New-Age‹-Pfaden erleiden (vgl. White, Kundalini-Energie), darauf zurückzuführen, daß hier meist auf die aus traditioneller Sicht unverzichtbaren Tugenden (wie Gehorsam, Disziplin, Askese, Vertrauen, Hoffnung, Geduld) kaum Wert gelegt wird. Der Erwerb dieser Tugenden, der in den spirituellen Schulungen der indigenen Kulturen oft viele Jahre dauert, ist sozusagen der ›Eigenbeitrag‹[*] des Schülers zur Reduzierung der Gefahren, die mit den transformativen Prozessen einhergehen.

Die extremen Belastungen, denen der Schüler im Laufe seiner Ausbildung ausgesetzt wird, führen jedoch nicht nur zu psychischen Veränderungen. In der Literatur fernöstlicher Traditionen wird immer wieder darauf hingewiesen, daß eine Bewußtseinserweiterung notgedrungen mit einer grundlegenden biologischen Transformation im weitesten Sinne einhergeht[**]. Aber auch in der klassischen Sufi-Literatur gibt es vereinzelte Hinweise, die als Beschreibung von Prozessen physiologischer Veränderungen gedeutet werden können: »Die Kubrawiyya [Kubra, 13. Jhdt.] hat als Dhikr das Glaubensbekenntnis gewählt, das, wenn man es unter den harten Bedingungen der Anfangsklausur [Halvet] praktiziert, nicht nur den Atem, sondern auch das Blut beeinflussen und das ganze Wesen des Schülers durchdringen soll« (Schimmel, Mystische Dimensionen, S. 363).

Rossi kommt aus neuroendokrinologischer Sicht interessanterweise zu einer Schlußfolgerung, die mit den oben zitierten

---

[*] Obwohl es aus der erweiterten Betrachtungsweise des sufischen Verständnisses des »La ilahe illallah« auch ein »eigen« nicht mehr gibt.

[**] Vgl. beispielsweise Krishna/White, S. 146, Pandit/White, S. 147; Ring, Omega Project, S. 201.

Annahmen östlicher spiritueller Traditionen im Einklang steht: Die Psyche (mind) beeinflußt nicht nur die Gefühle und den Blutdruck, sondern sogar die Gene und die Moleküle. »Unter der Einwirkung von psychischem Streß verwandelt das limbisch-hypothalamische System im Gehirn die Nervenimpulse der seelischen Botschaften in neurohormonale ›Boten-Moleküle‹ des Körpers. Diese wiederum sind in der Lage, das Hormonsystem zu veranlassen, Steroidhormone zu produzieren, die in den Kern verschiedener Zellen des Körpers eindringen können, um die Ausbildung der Gene zu beeinflussen. Diese Gene veranlassen dann ihrerseits direkt die Zelle, die verschiedenen Moleküle zu produzieren, die den Stoffwechsel, das Wachstum, den Grad der Aktivität, die Sexualität und die Abwehrreaktionen bei Krankheit und Gesundheit regulieren. Es gibt also tatsächlich eine Verbindung zwischen der Seele und den Genen. Die Seele beeinflußt letztlich die Produktion und Ausformung der Moleküle des Lebens.« (Psychologie, S. 12).

Dies könnte meines Erachtens eine Beschreibung der Prozesse sein, durch die der ›Streß‹, dem der Lehrer den Schüler aussetzt, zu den physiologischen Veränderungen führt, die offensichtlich mit der Bewußtseinserweiterung einhergehen. Insofern wäre dies eine naturwissenschaftliche Darlegung desselben Vorgangs, der von Narayanananda in der Terminologie seiner spirituellen Tradition als das ›Erwachen der Kundalini-Shakti‹ bezeichnet wird.[°] Die ›tiefe Trauer‹, die hier als auslösender Faktor vestanden wird, entspräche dann dem psychischen Streß‹ in Rossis Ausführung.

Sowohl die spirituelle als auch die naturwissenschaftliche Sichtweise kommt also zu dem Schluß, daß der extreme psychische Streß traditioneller Schulungen (»Stirb, bevor du stirbst«) nicht nur zu psychischen, sondern zu konkreten physiologischen Veränderungen führt. Obwohl eine psychosomatische Betrachtungsweise von einem Zusammenwirken von Geist und Körper ausgeht, stehen empirische Forschungsergebnisse auf diesem Gebiet ebenso wie die entsprechenden Annahmen traditioneller östlicher Schulungen im krassen Widerspruch zu gängigen westlichen

---

[°] Siehe S. 179 f., »Die Funktionalität von Trauer und Verlust«.

Vorstellungen, die noch auf einer (kartesianischen) dualistischen Sichtweise des Gesamtorganismus beruhen: »Am meisten hat mich bei meinen Untersuchungen die Erkenntnis irritiert, daß keiner dieser Spezialisten [der Psychoneuroimmunologie, Neuro-endokrinologie, Molekulargenetik und Neurobiologie], der etwas zu wissen schien, bereit war, dieses Wissen mit anderen außerhalb seines engen Fachgebiets zu teilen. Als ich die Tatsachen und die sich aus ihnen ergebenden Folgerungen dieser verschiedenen Fachgebiete zusammentrug, gelangte ich zu überraschenden Gedanken und Vorstellungen, die ganz offensichtlich auf soliden Forschungsergebnissen beruhten. Trotzdem war niemand bereit, sie zu akzeptieren.« (Rossi, Psychobiologie, S. 12).

Obwohl es aus westlicher Sicht nicht weiter überrascht, daß der massive Streß, dem Schüler auf traditionellen Pfaden gezielt ausgesetzt werden, psychische Auswirkungen hat, stellt sich dennoch die Frage nach den zugrundeliegenden Mechanismen – ebenso wie die Frage, ob radikale Belastungen für die notwendige psychisch-physiologische Neuorganisation überhaupt erforderlich sind.

Die in der spirituellen Schulung angestrebte Selbsttranszendenz macht »Quantensprünge« im Weltbild – d. h. in den mentalen Prozessen – des Schülers erforderlich. Nicht nur die alte spirituelle Literatur, sondern auch die jüngere Geschichte westlicher Wissenschaften weist darauf hin, wieviel Resistenz diesen grundlegenden Veränderungsanforderungen entgegengebracht wird: »Wer nun ernsthaft am wissenschaftlichen Leben (zunächst nur im Bereich der Physik) teilhaben wollte, der mußte sich um ein Verständnis der neuen Sichtweisen bemühen. Und wer sie verstehen und nutzen wollte, der mußte die Struktur seines Denkens ändern: Er mußte andere Fragen stellen und andere Metaphern verwenden als früher. Wer wissenschaftlich arbeitet, ist zwar darauf vorbereitet, sein Denken immer wieder mit neuen *Inhalten* zu füllen; aber anders verhält es sich, wenn neue Phänomene Änderungen in der *Struktur* des Denkens verlangen. Hier haben selbst sehr bedeutende Wissenschaftler die größten Schwierigkeiten und setzen diesem Erfordernis starken, mitunter erbitterten Widerstand entgegen. ›Denn die Forderung nach Änderung der Denkstruktur kann das Gefühl erwecken, es solle

einem der Boden unter den Füßen weggezogen werden.‹ (…) Die
Änderung in der Struktur des Denkens, die hier gefordert wurde,
ist von einer ganzen Reihe von Wissenschaftlern einfach als
unzumutbar empfunden und abgelehnt worden. Sie ist aber
trotzdem die Voraussetzung für das Verständnis der heutigen
Physik.«[*]

Die schlüssigsten Modelle der Mechanismen, die einer solch
radikalen mentalen Neuorganisation zugrundeliegen, sind meines
Erachtens durch systemtheoretische Überlegungen und den erkenntnistheoretischen Standpunkt des Konstruktivismus erarbei-
tet worden: »Wie eine solche Neuorganisation zustande kommt,
darüber ist in Einzelfällen aus der Physik, Chemie oder Biologie
einiges bekannt. Für [die psychische Neuorganisation] können
diese Beispiele nur als Metaphern gelten. Gemeinsam scheint
ihnen zu sein, daß es einerseits ein Moment der Fluktuation gibt
(z. B. sprunghafte Umweltveränderung) (…), aus der sich dann
andererseits eine neue Ordnung organisiert.« (Revenstorf, Hypnose, S. 96).

Prigogine zeigt, wie Systeme evolvieren, »…und zwar über
Quantensprünge, also in diskontinuierlicher und selbsttranszen-
denter Art. Die Energie dazu beziehen die Systeme von außerhalb; die ausreichenden Bedingungen für solch einen qualitativen
Wandel aber kommen von Fluktuationen innerhalb ihrer Struktur. In diesem Prozeß evolutionärer Rückkoppelung gelangen die
Systeme zu ihrer neuen Organisation.« (zit. nach Gerl, S. 178). Das
bedeutet, daß für physikalische Systeme eine starke Tendenz
besteht, sich *auf höherer Ebene* neu zu organisieren, wenn sie aus
ihrer ursprünglichen Stabilität hinausgedrängt werden.

Neisser geht in seinem ›Modell mentaler Prozesse‹ davon aus,
daß Wahrnehmungen, Vorstellungen, Erinnerungen und Gedanken innerhalb bereits erworbener Hintergrundschemata konstru-
iert werden; diese Schemata unterliegen der Assimilation und
Akkomodation und bilden das jeweils aktuelle ›Weltbild‹ der
betreffenden Person. Gewisse biophysikalische und psychosoziale
Ereignisse wie z. B. psychoaktive Drogen, Entwicklungsfort-

---

[*] W. Gerl, Hypnose als Therapie, in: D. Revenstorf (Hrsg.): Klinische Hypnose,
Berlin 1990, S. 179.

schritte oder einschneidende soziale Veränderungen können mehr oder weniger ausgeprägte Veränderungen dieser Schemata bewirken (zit. nach Peter/Revenstorf, S. 53).

Der ›gemeinsame Nenner‹, von dem alle erkenntnistheoretischen Modelle ausgehen, sind Extrem-Anforderungen oder Belastungen des Systems. Hier treffen sich jüngste westlich-wissenschaftliche Annahmen wieder mit denen traditioneller Lehrer: »Der Meister ist das Leben mit seinem Sterben, gefährlich, unbegreiflich und hart. Der Mensch strebt nach Frieden, Sicherheit, Harmonie; der Meister hebt auf, was sich soeben gesetzt hat, wirft um, was festzustehen scheint, löst auf, was sich band, zieht den Boden weg, auf dem man steht. (...) Der Meister wirft das Wohlgeordnete um. Doch kaum ist es vernichtet, vorhandenes Gefüge zerbrochen, die Unordnung scheinbar vollkommen und der Schüler wie am Boden zerstört, so spürt dieser, wie etwas Neues sich bildet, neue Ordnung sich fügt, neue Gestaltung hervorwächst. Und er erkennt in der Härte des Meisters seine Liebe und den Sinn der Nacht, in die der Meister ihn stürzte: Denn ein neues Licht zieht unvermutet herauf.« (Dürckheim, S. 46).

Die Funktionalität von Trauer und Verlust

Eine interessante Sichtweise der Funktionalität sowie der Konsequenzen intensiven Trauer- und Verlusterlebens wird von Narayananda (zit. nach White, S. 326/327) dargelegt: »Selbst wenn man in tiefer Trauer ist, erwacht Kundalini-Shakti [d. h., der physiologische Prozeß der Bewußtseinserweiterung setzt ein] und steigt auf. (...) In tiefer Trauer verharrt der Geist ständig bei einem Gegenstand, nämlich dem geliebten. Dieses ständige Denken an eine Sache und dieses ständige Verharren bei einem Gegenstand konzentriert den Geist automatisch. Diese Sammlung des Geistes [aktiviert] die Kundalini-Shakti. Denn jede [Form] tiefen, gesammelten Denkens ist nur eine unbewußte [Einwirkung] auf die Kundalini-Shakti. (...) Folglich versucht die Kundalini-Shakti aufzusteigen. Aber bei tiefer Trauer steigt die Shakti nicht vollständig auf, da der Mensch noch keine Reinheit des

Körpers, der Nadis [psycho-spirituelle ›Energiebahnen‹] und des Geistes erlangt hat.«

Tiefe Trauer führt nach dieser Darlegung sozusagen ›automatisch‹ dazu, daß die konzentrativen Praktiken, die aus der Sicht wohl aller spirituellen Traditionen zur Entwicklung eines höheren Bewußtsein unerläßlich sind, auch ausgeführt werden. Vielleicht ist dies ein weiterer Zweck der im Sufitum als unabdingbar gesehenen, äußerst schmerzlichen Erfahrung des ›Sterbens vor dem Sterben‹. Jedenfalls erscheint mir diese Darlegung auch als eine gültige Beschreibung des qualvollen, intensiven und dennoch notwendigen Prozesses, den ich als meine ›Besessenheit‹ erlebte.

Der ›Ruf zum Pfad‹ und seine Konsequenzen

»Nur auf dem Pfad der Nacht erreicht man die Morgenröte.«
KHALIL GIBRAN°

Die Suche nach Bewußtwerdung ist in den letzten Jahrzehnten besonders in den Industrienationen des Westens zu einer weitverbreiteten Bewegung angewachsen. Sie ist so allgegenwärtig, so über die nationalen Grenzen hinweg innerlich ›vernetzt‹, daß Ferguson°° von einer »sanften Verschwörung« spricht.

Aus der Sicht des Sufitums ist der Ruf zur Bewußtwerdung immer da. Er gilt als das innere Echo der Ur-Frage Gottes: *»Bin Ich nicht euer Herr?«* (Sura 7/172), die das Bündnis des Schöpfers mit seinen Geschöpfen für alle Ewigkeit besiegelt. »Wenn am Tag des Urvertrags ein Tröpfchen auf ihn gesprengt ward, dann wird dieser Tropfen ihn zum Meer ziehen und ihn aus aller Verwirrung und allem Elend befreien. Also komm!« (FmF, S. 158).

Den Nachhall dieses ersten Rufes zu vernehmen, wird als Gnade gesehen. »Aber zuerst kommt Gnade. Wenn jemandem Erwachen aus Irrtum und Nachlässigkeit zuteil ward, das ist Gnade Gottes und reine Gabe. Wenn nicht, warum geschah das

---

° Kh. Gibran, Worte wie die Morgenröte, Freiburg i. Br./Basel/Wien 1988.
°° M. Ferguson, Die sanfte Verschwörung, München 1982.

nicht jenen anderen Freunden, die ihm nahestanden? Gnade ist zuerst, dann Streben.« (FmF, S. 121).
»Warum geschah das nicht jenen anderen Freunden?« Die Transpersonale Psychologie hat sich weniger mit dem ›Warum‹ beschäftigt, dagegen ausgiebig mit den Konsequenzen, insbesondere auch denen, die »jene anderen Freunde« betreffen: »Die Isolation jener, die den transformativen Prozeß begonnen haben, wird durch ihre Unfähigkeit verstärkt, zu erklären, wie sie sich fühlen und warum sie weitermachen.« (...) »Wenn diese Reise einmal ernstlich begonnen hat, gibt es nichts, das einen wieder davon abbringen kann.« (...) »Die persönliche Transformation hat auf Beziehungen einen größeren Einfluß als auf jeden anderen Bereich des Lebens; sie verbessern oder verschlechtern sich, selten jedoch bleiben sie dieselben. [Wenn nur ein Partner den Ruf spürt], wird der andere möglicherweise verärgert sein und sich im Stich gelassen fühlen. Er fühlt sich bedroht, vermag einfach nicht einzusehen, warum der andere nicht wieder so werden kann, wie er früher war. ›Wenn du mich lieben würdest...‹« (Ferguson, Verschwörung, S. 39, 102, 450).

Der Weg beginnt ernsthaft, wenn »die heilige Akzeptanz für einen Suchenden im Herzen des Meisters erscheint. (...) Der so Auserwählte wird von einer unwiderstehlichen Anziehungskraft aus seiner gesamten Existenz und seinem bisherigen Wissen herausgezogen« (Güvenç, The Dervish Path, S. 31, 61). Dieser Ruf zum Pfad sowie seine Konsequenzen werden von Hz. Mevlâna metaphorisch erläutert:

Es muß ein Elefant sein, der in seinem Schlaf
den Traum erblicken kann vom Lande Hindustan.
Ein Esel träumt ja nie von diesem Hindustan,
da er von solchem Land sich nie entfremdet hat.
Die Seele sei ganz stark so wie ein Elefant
dann sieht im Traum sie es, erkennt es und läuft hin.
Der Elefant, er sucht und denkt an Hindustan,
und sein Gedenken wird zum Bilde in der Nacht.
»Gedenke Gottes!«* ist ja nicht des Pöbels Werk;

---

* Sura 22/11.

»Nun kehr' zurück!« * *ist nicht für jeden Schwachkopfs Fuß.*
Jedoch verzweifle nicht und sei ein Elefant,
und bist du's nicht, so streb', dich höher zu verwandeln!
(...) Sieh, Ibrahim Adham erblickte einst im Traum das weite
Hindustan des Herzens schleierlos;
so riß er ohne Wahl die Ketten gleich entzwei,
zerstört' sein Königreich und wurde unsichtbar.
Denn dies zeigt an, daß man sein Hindustan gesehen:
daß man dem Schlaf entspringt und ganz besessen wird.
Auf alles Planen streut man Staub und Asche dann;
die Kettenringe all zerreißt man und entflieht. **

Daß die ›Gnade des Gerufenseins‹ anfänglich keineswegs als
Gnade erlebt wird, ist schon aus der Zeit des prototypischen
Lehrers, Muhammads (s. a.), überliefert:»Wir haben in dich eine
Substanz, ein Suchen, ein Sehnen gelegt, und Wir wachen
darüber und lassen es nicht verloren gehen, sondern bringen es zu
einem bestimmten Ort. Sag nur einmal ›Gott‹, und dann steh fest,
wenn alle Heimsuchung auf dich regnet! Der Prophet sagte:
›Wohin immer unsere Religion geht – sie kommt nicht zurück,
ohne den Menschen zu entwurzeln und sein Haus reinzufegen
und zu reinigen. *Niemand berührt ihn als die Gereinigten* (Sura
56/79). Aus diesem Grunde hast du nicht Frieden, sondern
Schmerz, weil Bekümmertsein eine Leerung von diesen ersten
Freuden und der Unbekümmertheit der ersten Unwissenheit ist.
(...) Sei auch du geduldig und bekümmert. ›Kummer essen‹ ist
eine Entleerung. Nach der Entleerung erscheint Freude, eine
Freude, die keinen Kummer kennt, eine Rose, die keinen Dorn
hat, ein Wein, der keinen Kopfschmerz bringt« (FmF, S. 200).
   Leiden ist nie Selbstzweck, eher Katalysator. Deshalb liegt im
Sufitum die Betonung auf der Freudigkeit und Gnade des ›Geru-
fenwerdens‹, ohne dabei den Schmerz zu leugnen:»Suchst du
Uns, so such Uns mit Freude, denn Wir leben im Reich der
Freude« (Hz. Mevlâna, nach Vitray-Meyerovitch, Rumi, S. 57).

---

* Sura 89/27.
** Mathnavi, Bd. 4, 3068–74; 3078–81, zit. nach Güven, S. 79 (Übersetzung: A.
Schimmel).

Die Transpersonale Psychologie sieht den Schmerz jedoch nicht nur als Begleiterscheinung transformativer Prozesse, sondern als deren Voraussetzung: »Das Leiden durchbricht die Grenzen dessen, das du glaubtest, aushalten zu können. (...) Die Verwundung zwingt uns, einzuhalten, uns auf neue Richtungen hin zu bewegen, dem ins Gesicht zu sehen, das bisher vor unserem bewußten Wissen verborgen war. (...) Zu Zeiten des Leidens, wenn du dir verlassen, vielleicht sogar vernichtet vorkommst, geschieht – auf Ebenen, tiefer als dein Schmerz – der Einzug des Heiligen, die Möglichkeit der Erlösung.«[*]

Im Gegensatz zu vielen der ›New-Age‹-Schulen[**] weisen alte Traditionen und die Transpersonale Psychologie auf die Notwendigkeit großen, kontinuierlichen Eigeneinsatzes hin, soll die Entwicklung über den anfänglichen Schmerz hinausgehen. Transformative Erkenntnisse kann einem kein anderer geben, sie geschehen meist auch nicht durch einen ›einmaligen Akt der Erleuchtung‹; man muß sie erwerben. Ibn Arabi (FaH, S. 58) drückt dies so aus: »Diese Einsicht ist ein Wissen, das durch das Wandeln auf dem ›Pfad‹ zuteil wird; denn ein Pfad ist es nur dadurch, daß man darauf wandelt; dieses Wandeln erfolgt aber nur mit den Füßen.«

---

[*] J. Houston, The Search for the Beloved, Los Angeles 1987, S. 105 u. 107.
[**] Im Westen, besonders im englischsprachigen Raum, wird das Sufitum oft stark verzerrt dargestellt, als ob das Endziel der ekstatischen Liebeserfahrung, die Vereinigung des ›Liebenden mit dem Geliebten‹ (d. h. mit dem Schöpfer), durch einen entsprechenden Vorsatz allein zu erreichen sei. Von den großen Opfern, die der Pfad dem Suchenden abverlangt, ist selten die Rede: »In jüngster Zeit sind allerlei populäre Werke, vor allem im Englischen, erschienen, die in erster Linie den Aspekt des ›tanzenden Gottesknechtes‹ und der ekstatischen Erfahrung betonen, aber wenig von der eigentlichen Gewalt und oft fast erschreckenden Intensität Maulana Rumis spüren lassen« (Schimmel, S. 376, Literaturverzeichnis des »Fihi ma Fihi«). Die Auswahl der Verse Hz. Mevlânas, die von westlichen Übersetzern vorgenommen wird, sagt weit mehr über diese selbst aus als über den Sufi-Weg, den sie vorstellen wollen.

Spiritualität und Sexualität

»Freilich soll der Geschlechtstrieb nicht lediglich die Kindererzeugung erzwingen, sondern er ist auch in einer anderen Hinsicht eine weise Einrichtung. Die mit seiner Befriedigung verbundene Lust, mit der sich, wenn sie von Dauer wäre, keine andere vergleichen ließe, soll nämlich auf die im Paradies verheißenen Wonnen hindeuten. (...) Die irdischen Vergnügungen sind daher auch insofern von Bedeutung, als sie das Verlangen nach dem dauernden Genuß derselben im Paradies wecken und so einen Ansporn für den Dienst Gottes bilden.«

AL GHASALI (GEST. 1111)[°]

Der Islam ist prinzipiell eine ›sexualfreundliche‹ Religion. Dennoch wird die Verbindung von Spiritualität und Sexualität nicht so explizit ausgedrückt wie in anderen, meist fernöstlichen, Traditionen. Das Sufitum ist hier jedoch sehr viel offener als der orthodoxe Islam. Die Beziehung zu Gott (dem »Freund« oder dem »Geliebten«), insbesondere die tiefste mystische Erfahrung der Vereinigung mit dem Schöpfer, wird allegorisch oft als Liebesbeziehung dargestellt. Meist werden derartige Beschreibungen jedoch als Metaphern verstanden.

Bei der Durchsicht der Kundalini-Literatur zeigt sich ein deutlicheres Bild. Es wird davon ausgegangen, daß zwischen dem sexuellen und dem spirituellen Erleben ein direkter, aber subtiler psychophysiologischer Zusammenhang besteht, den Krishna (White, S. 196) beispielsweise als das tatsächliche ›fehlende Glied‹ in der menschlichen Evolution sieht. Dem westlichen Betrachter solcher Sichtweisen erscheint es, als würde sich Sexualenergie in höhere Bewußtseinszustände verwandeln. »Tatsächlich verhält es sich gerade umgekehrt: das höhere Bewußtsein wird von seinen chronischen Einengungen in ›niedrigere‹ – das heißt begrenzte und eingeschränkte – Bewußtseinsformen bzw. Energieformen befreit. Gottes-Bewußtsein ist keine sublimierte Sexualität; Sexualität ist unterdrücktes Gottesbewußtsein« (Wilber, Chakras, S. 117).

[°] Al Ghasali, Neubelebung der Religionswissenschaften, Bd. 2, Halle 1917.

McCleave, die, ausgelöst durch intensive christliche Gebete, ein Kundalini-Erwachen erlebte, geht davon aus, daß christliche Mystiker ebenfalls diese Erfahrung gemacht haben: »Vielleicht hätten die [christlichen] Mystiker aber auch ihre Erfahrungen genauer ausdrücken können, wenn sie in einem Zeitalter gelebt hätten, in dem eine freie Rede und Forschung und eine ehrliche Einschätzung ihrer heiligsten Geheimnisse möglich gewesen wären. Wäre dies der Fall gewesen, hätten sie zugeben können, daß ihre Gottesbeziehung manchmal entschieden sexuell war. Sie hätten Begriffe wie Verzückung, Seligkeit, Ekstase und göttliche Vereinigung mit Begriffen ergänzen können wie sinnlich, erotisch und orgasmisch. Herz und Sinn der Mystiker waren nicht verklemmt. Der Mystiker, der sich der heiligen Hochzeit hingab, erkannte zweifelsohne die Tatsache, daß es sich zum Teil um eine sexuelle Hochzeit handelte. Etwas geschah mit ihm während seiner Meditationsphasen, Gebete und seiner hingebungsvollen Bemühungen, Gott zu lieben und von Gott geliebt zu werden. Dieses Etwas war, so scheint es, das Erwachen der Kundalini.« (...) »Warum waren, abgesehen von dem begrenzten fachlichen Wortschatz, die Mystiker in ihrer Beschreibung des physischen Aspekts der Erleuchtung so eingeschränkt? Die Antwort heißt Schuld. (...) Die sexuelle Schuld, die sich in einer Person mit einem ›normaleren‹ Sexualleben verbirgt, würde diese mit Sicherheit daran hindern, diejenigen zu akzeptieren oder anzuerkennen, die behaupten, eine sexuelle Beziehung mit Gott zu haben. Ein Mystiker wußte, daß niemand anders als ein anderer Mystiker ihn verstehen konnte« (McCleave/White, S. 378, 381).

Die sich im Prozeß des Kundalini-Erwachens verändernden Wahrnehmungsschwerpunkte werden in der Literatur vielfach anhand eines Stufenmodells dargestellt: »Wenn zum Beispiel Geist und Energie durch das 2. Chakra ausgedrückt werden, kann man von Sinnenfreude beherrscht sein, während man durch ein anderes Chakra, das 4. Chakra, von Liebe und Mitgefühl erfüllt wird und interessiert ist, sich um andere zu kümmern.« (Rama/White, S. 26).

Die Sinnenfreude kann, wenn diese Erfahrung unvorbereitet gemacht oder durch Schuldgefühle belastet wird, jedoch als Sinnenqual erlebt werden:

»Als ich in Meditation auf den Guru vertieft war, füllte sich mein Geist mit lüsternen Gedanken an. (...) Ein heftiges, geiles Verlangen quälte mich. (...) Ich konnte an nichts anderes als an Sex denken. (...) Mein ganzer Körper empfand die erregende Lust. Die Pein meines Organs ist schwer zu beschreiben. (...) Meinen Geist pflegte heftiger Selbsthaß zu befallen, sobald ich mich an meine sexuelle Erregung erinnerte und nicht mehr weitermeditieren konnte. (...) Ich konnte aus Selbsthaß bis spät in die Nacht nicht schlafen. (...) Ich möchte an dieser Stelle anfügen, daß alle diese Gefühlszustände in Wirklichkeit auf die erhabene Gnadenwirkung eines Siddhas zurückzuführen waren. Aber indem ich unwissend war, geriet ich in Verwirrung, anstatt Freude zu empfinden.« (Muktananda/White, S. 145, 146, 149).

Auch aus naturwissenschaftlicher Sicht werden zunehmend Erklärungsansätze für den Zusammenhang von Spiritualität und erotischem Erleben erforscht.

Arya weist auf physiologische Zusammenhänge mit dem nasalen Atemzyklus* hin:»Der klassischen Yogaliteratur zufolge sind sowohl während des Orgasmus als auch im tiefsten Meditationszustand des Samadhi beide Nasenlöcher geöffnet. Die Ekstase dieser Art der Meditation ist eine Folge der nach oben gerichteten Implosion (...) der Kundalini (...), durch die das Zölibat leichter wird und ein größerer Genuß ist als Sex.« (zit. nach Rossi, Psychobiologie, S. 166).

Weitere Hinweise auf mögliche physiologische Grundlagen des erotischen Erlebens in der durch spirituelle Praktiken induzierten Trance stammen aus den Untersuchungen der veränderten Bewußtseinszustände während des Schlafs. Es gibt inzwischen eine immer umfangreicher werdende Forschungsliteratur zum Thema der Geist-Körper-Verbindung zwischen dem limbisch-hypothala-

---

* Psychobiologische Untersuchungen der klinischen Hypnose zeigen eine Korrelation des Nasalzyklus mit der Hirnhälftenaktivität. Werntz wies beispielsweise experimentell nach, daß die ultradianen Rhythmen der Hirnhälftendominanz kontralateral mit ähnlichen Veränderungen im nasalen Atemzyklus zusammenhängen (zit. nach Rossi, Psychobiologie, S. 164).

mischen System, den Traumprozessen und der sexuellen Aktivierung:

»Unter bestimmten Umständen scheint das Hirn-ACTH-Endorphin-System in der Lage zu sein, ein Abschalten oder Abkoppeln der höheren Hirnzentren zu veranlassen, so daß der Organismus unter der Kontrolle der evolutiv älteren Mittelhirnzentren operiert. (...) Dieses ›Abschalten‹ scheint während akuter Streßsituationen und das ›Abkoppeln‹ im REM-Schlaf [d. h. in der Traumphase] zu geschehen. Der REM-Schlaf ist durch sexuelle Erregung gekennzeichnet.« (Stewart, zit. nach Rossi, S. 254).

Die Trancezustände der klinischen Hypnose werden dazu benutzt, Zugang zu dem gleichen Komplex aus Streß, Träumen und sexuellen Funktionen zu finden und ihn zu modulieren. Interessant ist in diesem Zusammenhang einer von Ericksons spektakulärsten Fällen einer psychosexuellen Rehabilitation. Durch Hypnotherapie erlernte eine Frau, die durch Rückenmarksverletzungen seit über zehn Jahren an Querschnittmyelitis litt, ihre genitale orgasmische Reaktion auf die Brüste, den Hals und die Lippen zu verlagern°. Dieser Fall wird oft zitiert, um zu zeigen, welche psychoneurophysiologischen Veränderungen mit Hilfe der hypnotischen Trance möglich sind. Es wäre denkbar, daß Erickson hier ähnliche physiologische Mechanismen aktiviert hat, wie sie den nicht genital-zentrierten orgasmischen Empfindungen einer durch spirituelle Praktiken induzierten Trance zugrundeliegen.

Systematische interdisziplinär konzipierte Forschungen zu diesen physio-psycho-spirituellen Phänomenen sind dringend erforderlich, um die diversen interessanten Einzelergebnisse zu integrierten Thesen oder Modellen zusammenzufassen.

° M. Erickson u. E. Rossi, Hypnotherapy, New York 1979.

Die Authentizität mystischer Erfahrungen

In den Anfangsstadien der Biofeedback-Forschung wurde u. a. davon ausgegangen, daß die hiermit erreichbaren Zustände denen der Mystiker gleichkämen: »Da die Technologie zur Messung und zum Training der Gehirnströme voranschreitet, werden auch ungeübte Meditierende die Möglichkeit haben, die physiologischen Zustände von Zen und Yoga zu duplizieren.«[*]

Krishna, der sich sein Leben lang für die wissenschaftliche Erforschung der »Symptomatologie des spirituellen Erwachens« einsetzte, bezeichnet diese Annahme als ein »schwerwiegendes Mißverständnis, einen Fehler großen Ausmaßes« (S. 59). »Der Unterschied zwischen den uns historisch bekannten Mystikern und den Exemplaren, die durch diese Methoden [Biofeedback, Drogen, Selbsthypnose] produziert werden, ist so überwältigend, daß es keiner besonderen Bemühungen bedarf, zwischen beiden zu unterscheiden« (S. 99).

Hier ein exemplarisches Beispiel aus einem Erfahrungsbericht: »Im Laufe von 7 Jahren gelang es mir, die völlig autonomen [Kundalini-]Vibrationen der Kontrolle meines Ichs zu unterwerfen. (...) Dieser lange Prozeß hat viele positive Folgen für mich gehabt. Ich bin heute in der Lage, totale körperliche Lust zu erfahren. (...) Ich kann mich fast augenblicklich von Streß befreien, physischen Schmerz überwinden und meinen Energievorrat erneuern, wenn er erschöpft ist« (zit. nach Sannella, Kundalini-Erfahrung, S. 82).

Aus dieser Beschreibung spricht offensichtliche keine Selbsttranszendenz im spirituellen Sinne, höchstens eine Selbstverwirklichung im Sinne der humanistischen Psychologien.

Verschiedenste spirituelle Traditionen warnen vor dieser Fehleinschätzung. In einer Anweisung der Shinto-Tradition beispielsweise heißt es: »Es ist wichtig, daß derjenige, der die Astraldimension betritt und die [übersinnlichen] Phänomene erfährt, die mit diesem Stadium einhergehen, sich nicht zu viel auf seine Leistung zugute hält. Denn die Astraldimension ist nicht sein Ziel, sie ist

---

[*] Stoyva, zit. nach G. Krishna, Kundalini for the New Age, New York 1988, S. 59.

nichts als eine frühe Rast auf seiner langen Reise zum Satori.« (Motoyama, Superconsciousness, S. 69).

Im Sufitum wird die gleiche Warnung durch die bekannte Metapher von der Rose ausgedrückt: Der dornige Stiel symbolisiert die Schwierigkeiten des Weges, die Blüte erreichbare, subjektiv äußerst beglückende Zwischenzustände. Die Versuchung ist groß, ›geblendet von der Schönheit der Blüte‹, auf dieser Ebene halt zu machen. Das eigentliche Ziel ist jedoch die Essenz der Rose, der Duft, welcher die transzendente Dimension der Wirklichkeit symbolisiert. In seiner Abhandlung zum Halvet »Risalat al-anwar fima yumnah sahib al-khalwa minal asrar« gibt Ibn Arabi eine Anleitung, diese Gefahr zu erkennen und ihr zu begegnen: »(...) daß du in der Einsamkeit [des Halvets] von Ihm nichts anderes zu erlangen suchst als Ihn selbst und daß du deine *Himma*, die Willenskraft deines Herzens, an nichts anderes hängen wirst als an Ihn. Wenn alles im Universum vor dir ausgebreitet wird [›die Rosenblüte‹], nimm es gnädig entgegen, aber mache dort nicht halt. Sei hartnäckig in deiner Suche, denn Er prüft dich. Wenn du dich mit dem zufrieden gibst, was dir angeboten wird, dann wird Er dir entkommen. Aber wenn du Ihn Selbst erlangst [›die Essenz, den Duft der Rose‹], dann wird dir nichts entgehen. Wenn du das weißt, dann wisse auch, daß Gott dich durch jene Dinge prüft, die Er dir anbietet.«[°] Der oben zitierte Erfahrungsbericht (nach Sannella) ist ein klassisches Beispiel für einen Suchenden, der – nach Sufi-Terminologie – in der ›Schönheit der Blüte‹ hängengeblieben ist.

Auch westliche Wissenschaftler, die dieses Phänomen untersuchen, kommen zu Schlußfolgerungen, die den ›machbaren Mystiker‹, das ›instant enlightenment‹, als Illusion darstellen. Sannella beispielsweise, der aus westlich-wissenschaftlicher Sicht das Kundalini-Syndrom untersucht, unterscheidet in diesem Sinne zwischen den physiologischen Aspekten der Kundalini und dem Gesamtvorgang des spirituellen (Kundalini-)Erwachens: »Es gibt ziemlich ›normale‹ Menschen, die den Physio-Kundalini-Zyklus innerhalb weniger Monate durchlaufen [alle charakteristischen Merkmale des Physio-Kundalini-Komplexes sind in den klini-

---

[°] Ibn Arabī, Reise zum Herrn der Macht, Freiburg i. Br. 1984, S. 44.

schen Beschreibungen enthalten], wogegen die Schriften des Yoga zur Vollendung des Kundalini-Prozesses selbst bei fortgeschrittensten Eingeweihten eine wesentlich längere Zeit veranschlagen – im allgemeinen mehrere Jahre. Dies legt die Vermutung nahe, daß das vollständige Erwachen der Kundalini ein wesentlich umfassenderer Prozeß und der Physio-Kundalini-Zyklus nur ein Teil desselben ist. Möglich ist auch, daß die Physio-Kundalini ein eigenständiger Vorgang ist, der im Gesamtzusammenhang des vollständigen Erwachens der Kundalini aktiviert wird. Es wäre verfrüht, hierzu endgültige Hypothesen aufzustellen.« (Sannella, Kundalini-Erfahrung, S. 100 ff.).

Vielleicht lassen sich östliche und westliche Beobachtungen wie folgt zusammenfassen: Eine transformative Bewußtwerdung ist ohne entsprechende physiobiologische Transformation nicht möglich; eine solche für sich allein genommen reicht jedoch nicht aus, spirituelles Erwachen zu verursachen.

Die Frage nach der Authentizität mystischer Erfahrungen ist nicht neu. Sie wird schon in den klassischen Schriften spiritueller Traditionen aufgeworfen und zieht sich wie ein roter Faden durch die Schriften Shahs, des wohl im Westen bekanntesten zeitgenössischen Sufi-Autors. Immer wieder weist er darauf hin, daß Menschen dazu neigen, Enthusiasmus und Emotionalität mit mystischem Erleben zu verwechseln. Wieder wird die Notwendigkeit eines Lehrers betont, der als einziger mit Sicherheit Pseudoerfahrungen von echten zu unterscheiden vermag.

Ibn Arabi beschreibt in seiner Abhandlung zum Halvet jedoch zahlreiche Faktoren, die dem Schüler helfen könnten, Pseudoerfahrungen von authentischen zu unterscheiden, wenn er zeitweise auf sein eigenes Urteil angewiesen ist (beispielsweise im Halvet): »Suche um Gottes willen nicht die Einsamkeit [des Halvets], bevor du weißt, in welchem Zustand du bist und einschätzen kannst, wie groß deine Kraft ist, deinen bloßen gedanklichen Vorstellungen Widerstand zu leisten. Wenn du von deinen Vorstellungen beherrscht wirst, dann darfst du nicht die Einsamkeit suchen, außer auf Empfehlung eines Sheykhs, der Unterscheidungskraft hat und weiß, was er tut. (...) Um Gottes willen, um Gottes willen, schütze dich vor der Täuschung des Ego in diesem Zustand, denn das Ego ist der größte Zerstörer. (...) Schütze dich vor der Heimsuchung durch irregeleitete Vorstellungen, die dich bei deiner Übung stören. (...) Ich werde jetzt erklären, wie man den Unterschied zwischen wirklicher und eingebildeter übersinnlicher Wahrnehmung erkennen kann. Das geht so: Wenn du einen Menschen siehst oder einen materiellen Vorgang, und wenn diese Wahrnehmung auch dann noch vorhanden ist, wenn du deine Augen schließt, dann ist sie eine Einbildung. Aber wenn sie in diesem Augenblick verschwindet, dann ist dein Bewußtsein wirklich in Verbindung mit dem Ort, den du in der Wahrnehmung gesehen hast. (...) Wenn du diese [anderen] Welten so erlebst, daß alle darin mit demselben Dhikr beschäftigt sind wie du, dann ist deine Wahrnehmung nicht wirklich, sondern eingebildet. Es ist dann dein eigener Zustand, der dir in allen Dingen widergespiegelt vorgestellt wird. Aber wenn du diese Welten so wahrnimmst, daß jede Gattung darin mit ihrem eigenen Dhikr beschäftigt ist, dann handelt es sich um richtige Wahrnehmung.« (Reise zum Herrn, S. 41, 42, 47, 51).

Mit Ibn Arabis Unterscheidung zwischen »wirklicher und eingebildeter übersinnlicher Wahrnehmung« beschäftigt sich auch der zeitgenössische Wissenschaftler und Shinto-Priester H. Motoyama: »Es gibt einen grundlegenden Unterschied zwischen einer philosophischen Position, die sowohl ihren Anfang in persönlicher Erfahrung nimmt als auch durch diese bestätigt wird, und einer, die auf purer, wenn auch logischer Spekulation beruht. (...) Ich möchte im folgenden eine Reihe von Unterschieden zwischen rein kognitiven Konstrukten und tatsächlicher Erfahrung aufführen, um dem Leser ein klares Verständnis davon zu vermitteln, inwiefern diese philosophischen Angensweisen sich unterscheiden.« (...)

»Bei der [intuitiven] Erfahrung der Einheit allen Seins und den weiteren bemerkenswerten Zuständen der frühen Stadien der Meditation handelt es sich weder um Halluzinationen noch entsprechen sie einer hypnotischen Trance, in der lediglich das Unbewußte ins Bewußtsein aufsteigt. Die Erfahrungen, die jemand in einer hypnotischen Trance zu haben glaubt, sind nicht real, sondern sind mentale Eindrücke vergangenen Erlebens. Der hypnotische Zustand ist nur eine Gelegenheit für das Unbewußte, diese früheren Erfahrungen freizugeben. Ungeachtet dessen, wie überzeugend und detailliert jemand diese Ereignisse beschreiben mag, ist ihre Quelle doch das Unbewußte und kann daher aus nichts bestehen außer dem, was er/sie schon weiß.« (...)

»In der hypnotischen Trance besteht kein Zusammenhang zwischen hypnotischen Phänomenen und Geschehnissen in der Außenwelt. Hier liegt der grundlegende Unterschied zwischen hypnotisch induzierten Zuständen und den durch Meditation hervorgerufenen. Hypnotische Phänomene sind subjektiv, da sowohl ihre physischen als auch ihre psychologischen Manifestationen auf unbewußte Prozesse zurückgehen. Phänomene der Meditation dagegen, selbst im Anfangsstadium, finden tatsächlich statt – in der Astraldimension,welche die psycho-physiologische Verbindung transzendiert [*]. In der Meditation wird der Praktizierende transformiert, und sein Sein wächst. In der hypnotischen Trance bleibt er weitgehend unverändert und muß auf das Wissen zurückgreifen, das aufgrund früherer Erfahrungen in seinem Unbewußten ruht. Wenn also jemand nicht feststellen kann, daß er über das bisherige Wissen hinausgewachsen ist, hat er sich noch nicht über hypnotische Stadien hinausbewegt und hat sich noch nicht aus seiner eigenen Hülle [des individuellen Egos] herausgelöst.« (...)

»Da das Unbewußte das Reservoir der Erinnerungen ist, kann es dem Bewußten nichts vermitteln, das diesem nicht bekannt wäre. Wenn andererseits in der Meditation die Einheitserfahrung von Subjekt und Objekt gemacht wird, dann ist das Erleben, das in das Bewußtsein dringt, ganz und gar neuartig und liegt jenseits der Reichweite der Erfahrungen der Vergangenheit. Jung beschreibt die Quelle dieses neuartigen Erlebens als das ›kollektive Unbewußte‹. (...) Aber dieses Konzept ist nur eine rohe Theorie, die nur unvollkommen die Erfahrungen zu erklären vermag, die in der Astraldimension stattfinden, wenn sich in der Meditation der Zustand existentieller Einheit einstellt. Nur diejenigen, die auf der Astralebene agieren können, verfügen über die Fähigkeit, zwischen echten und falschen psychischen Phänomenen zu unterscheiden.« (Motoyama, Superconsciousness, S. 52, 56, 57, 58).

---

* Vgl. auch das Konzept des »Imaginalen« Bereichs bei H. Corbin, Mundus Imaginalis, Ipswich 1972, S. 203.

Selbsttäuschung bei spirituellen Praktiken wird meist auf eine unangebrachte innere Einstellung der Suchenden zurückgeführt°. Hierzu gehören diejenigen, die – im Sinne Hz. Mevlânas – »ihren Fuß aus Leichtfertigkeit oder Lüsternheit auf den Pfad setzen« oder, laut Shah, auf Sensationen, Aufmerksamkeit, emotionale oder intellektuelle Stimulierung, gesellschaftliches Ansehen, Geborgenheit, exotischen Zeitvertreib und ähnliches aus sind. Da sie aus unangebrachten Gründen suchen, werden sie aus Sufi-Sicht mit einiger Wahrscheinlichkeit auf ›Pseudo-Pfade‹ stoßen. Die Erfahrungen, die sie dort machen, entsprechen spiegelbildlich der Motivation, die sie dorthin geführt hat. Die innere Haltung dieser »Möchtegern-Schüler«, wie Shah sie nennt, führt dazu, daß sie allzu leicht zu potentiellen Opfern von Ausbeutern (›falschen Lehrern‹) werden, die ihnen automatischen Fortschritt ohne mühevollen Eigeneinsatz oder längere Vorbereitungszeit versprechen.

Dieses Phänomen zeigt sich auch im transkulturellen Vergleich mit anderen spirituellen Traditionen: »Daß Lehre und Praktik der Kundalini-Shakti so mißbraucht werden, sollte nicht verwundern. Wann und in welcher Form auch immer die Erweckung von Kraft angeboten wird, strömen diejenigen, die sich selbst vergrößern möchten, denjenigen zu, die ein schnelles und leichtes Erreichen dieser Kraft versprechen. Sie werden letztlich von ihrer eigenen Machtsucht betrogen. Alles, was sie erreichen, ist die Illusion von Kraft, niemals die Kraft selbst. Ich erinnere mich, wie ich einmal meinen Meister gefragt habe, warum es so viele falsche Lehrer auf der Welt gebe. Er antwortete: ›Sie bilden eine Schutzvorrichtung für die echten Schüler. Indem sie diejenigen anlocken, die für nichts etwas wollen, entlasten sie die wirklichen Lehrer, die dadurch mit einer kleineren Gruppe ernsthafter Anwärter arbeiten können.‹« (Rama/White, S. 30).

Laut Shah ist die Initiation eines der wirksamsten Mittel, ›Möchtegern-Schüler‹, die nur die vagesten Vorstellungen von einer authentischen Schule haben, anzulocken: »Überall in der

---

° Diese ›Täuschungen‹ können jedoch auch Gründe haben, die über die Verantwortlichkeit des Suchenden hinausgehen, so z. B. die erwähnten ›Prüfungen‹: »Sei hartnäckig in deiner Suche, denn Er prüft dich« (Ibn Arabi).

Welt findet man Menschen, die versessen darauf sind, sich in spirituelle Schulen initiieren zu lassen. Aber – und diese Prozedere existiert bei den Sufis immer noch – das initiatorische Abkommen mit dem Lehrer findet erst Jahre nach dem Eintritt in den Derwisch-Orden statt. Das liegt daran, daß, bis der Schüler genug Wissen erworben und etwas gelernt hat, er sich gar nicht wahrhaftig tieferen Studien verpflichten kann. Ihn dazu zu verleiten, sich einem Pfad zu verschreiben, bevor er wirklich hierzu in der Lage ist, ist ein echtes Zeichen von Ignoranz und Betrug.« (Learning, S. 272).

Es geht jedoch nicht nur darum, potentielle Schüler vor Pseudo-Pfaden zu schützen. Alte Traditionen haben auch ihrerseits ein Interesse daran, ihr überliefertes Wissen vor ›unwürdigen Objekten‹ oder anderen Arten des Mißbrauchs zu bewahren. Eine Methode, ungeeignete Schüler auszuschließen, liegt in der schon erwähnten langen Probezeit, die einer Initiation im allgemeinen vorausgeht. Eine weitere sehr effektive Methode des Sufitums ist, die ›Oberflächlichen‹ durch den ›Anschein der Oberflächlichkeit‹ fernzuhalten, denn »man kann sich vor einem Ding nur durch dieses selber schützen. Dementsprechend befiehlt die Vorschrift Muhammads, also so zu beten: ›Ich nehme bei Dir meine Zuflucht vor Dir!‹« (Ibn Arabi, FaH, S. 116).

Folgende alte Lehrgeschichte veranschaulicht dieses zeitbewährte Vorgehen:

Eine Gruppe von Schülern hatte einen Sheykh, den sie sehr verehrten. Nur eines gab ihnen immer wieder Anlaß zu Scham und Peinlichkeiten: In der Öffentlichkeit war sein Benehmen einfach unakzeptabel. Er stieß andere vor den Kopf, zeigte die ungebührlichsten Tischmanieren, kurz: Er verhielt sich ganz unmöglich. Und seine Jünger schämten sich sehr. So faßte sich eines Tages einer von ihnen ein Herz und befragte den Meister. Eine Antwort erhielt er nicht. Viele, viele Jahre vergingen auf diese Art und Weise. Es kam der Zeitpunkt, an dem der Sheykh sich aufmachte, diesen Ort zu verlassen. Als er sich von seinen Jüngern verabschiedete, sagte er zu einem von ihnen: »Es ist an der Zeit, dir zu antworten. Hast du nicht bemerkt, daß all die anderen Meister unserer Stadt ständig von Scharen von potentiellen Schülern

belagert werden? Und daß in ihren Kreisen kaum noch Zeit bliebt,
das eigentliche Werk zu tun, da man ständig beschäftigt ist, die
ungeeignetsten dieser selbsternannten Jünger davon zu überzeu-
gen, daß sie ungeeignet sind?« Ja, das war den Schülern wohl
aufgefallen. »Und habt ihr euch je Gedanken darüber gemacht,
wieso wir von Störungen dieser Art verschont geblieben sind?
Wenn ein Lehrer bei oberflächlicher Betrachtung nicht dem
entspricht, was das gewöhnliche Volk sich unter einem Sheykh
vorstellt, so ist dies schon ausreichend, um die oberflächlich
Urteilenden von ihm fernzuhalten.« (Mündliche Überlieferung.)

Das Halvet im transkulturellen Vergleich

»Dem Mond, der Sonne, schadet ihnen ihr Untergehen? Dir kommt's
vor wie ein Sonnenuntergang, tatsächlich ist's die Morgenröte.«
                                                    HZ. MEVLÂNA°

Die Derwisch-Übung des Halvets°° wird direkt auf Muhammad
(s. a.) zurückgeführt, der sich zur Meditation in eine Höhle im
Berge Hira zurückzuziehen pflegte. Die Sufis aller Jahrhunderte
haben sich – teils wiederholt – dieser 40- bzw. 1001tägigen Übung
unterzogen. Der Einzug des großen Sufi-Heiligen des 13. Jahrhunderts, Hajji Bektaş Veli, ins ›Land Rum‹ (Anatolien) wird
beispielsweise wie folgt beschrieben:

° Mystic Odes, 911, zit. nach Vitray-Meyerovitch, Rumi, S. 55.
°° Etymologisch wird der Ausdruck ›Halvet‹, d. h. *al khalva*, von *khala* = »die
Leere« (in der die Welt vor ihrer Erschaffung existiert hat) abgeleitet.

»Vom Lande Kurdistan kommend, erreichte Bektaş Nadschef. Er besuchte den Shah* und verbrachte einige Zeit bei ihm. Dann absolvierte er ein 40tägiges Halvet und begab sich von diesem Ort nach Mekka. Er verblieb dort drei Jahre. Sodann begab er sich nach Medina und absolvierte ein weiteres Halvet von 40 Tagen. Dann ging er nach Jerusalem, wo er sich wiederum einem 40tägigen Halvet unterzog. Anschließend begab er sich nach Aleppo, wo er 40 Tage in der Großen Moschee verblieb. Von Aleppo aus besuchte er das Grab Davids, wo er ein 40tägiges Halvet absolvierte. (...) Dann, diese Region verlassend, begab er sich auf den Weg nach Rum. In Elbistan angekommen, unterzog er sich einem 40tägigen Halvet, bevor er sich nach Kayseri begab« (Vilayetname, 14 Jhdt.)**.

Struktur und Methodik

Kulturanthropologische Untersuchungen zeigen, daß das islamische Halvet in Aufbau und Methodik einem »universellen Initiationsschema in die mystische Dimension des Seins« entspricht.***
Der ein- oder mehrmalige rituelle Rückzug in die Einsamkeit symbolisiert die zentralen Elemente spiritueller Schulungen: Leid, Tod und Neugeburt. Eliades weltweit in indigenen Kulturen durchgeführten Untersuchungen zufolge beinhalten diese ersten ekstatischen Erfahrungen fast immer eine oder mehrere der folgenden initiatorischen Themen:
– Auflösung der Körperlichkeit bzw. Entgliederung oder Entfleischung zum Skelett als Zeichen des Überwindens des profanen menschlichen Zustands und somit die Erlösung hiervon (Eliade, S. 63);
– Aufstieg zum Himmel und Abstieg in die Unterwelt als universelles kosmologisches Konzept, welches die Möglichkeit der Kommunikation mit anderen Ebenen symbolisiert (Eliade, S. 264). In verschiedensten Kulturen trifft der Initiant beim ›Aufstieg in den Himmel‹ seine ›himmlische Gefährtin‹ bzw. den ›himmli-

---

* Gemeint ist Hz. Ali, der in Nadschef begraben ist (Anmerkung von A. Schimmel).
** Vilayetname, Le Livre des Amis de Dieu, Paris 1984, S. 37.
*** Vgl. M. Eliade, Shamanism. Archaic Techniques of Ecstasy, Princeton 1972, und A. van Gennep, Les Rites de Passage, Paris 1909.

schen Gefährten‹. Laut Eliade (S. 79) gehen diese Begegnungen, »wie jede ekstatische Erfahrung«, naturgemäß mit erotischem Erleben einher. Jedoch sei die enge Beziehung zwischen mystischer und fleischlicher Liebe zu bekannt, als daß dieser ›Wechsel der Ebenen‹ mißverstanden werden könne.

– Kommunikation mit Geistwesen oder den Seelen verstorbener Lehrer, während der verschiedenste Instruktionen spiritueller und schamanischer Art vermittelt werden. Werden diese Instruktionen (z. B. Visionen, Träume) nicht befolgt, hat es ernste Konsequenzen: Krankheit oder Tod (Eliade, S. 102, 109).

– Die Verwendung von Höhlen oder Labyrinthen als Ort der Initiation. Dieser Brauch geht schon auf paläolithische Religionen zurück (Eliade, S. 51, 84). Auch heute noch sind sie von herausragender Bedeutung in den Riten archaischer Völker, da sie konkrete Symbole des Übergangs in die ›anderen Welten‹ sind. Oft wird auch die Nähe von Gräbern gesucht. Der Kontakt mit den Seelen der Verstorbenen symbolisiert den erforderlichen eigenen ›Tod‹, das »Sterben vor dem Sterben«.

Allen untersuchten archaischen Kulturen ist auch gemein, daß die Initiationsrituale zumindest äußerst anstrengend, meist jedoch qualvoll sind – in physischer, psychischer oder beiderlei Hinsicht. Laut Eliade (S. 65) wird bezweckt, daß der Initiant sein vergangenes Leben ›vergißt‹. Auf indianischen Einweihungswegen wird dieses Konzept als »Verändern der persönlichen Geschichte« bezeichnet und gehört zu den ersten Schritten auf dem vom Lehrer vorgezeichneten Weg*. Die erfolgreiche Bewältigung einer schweren physischen und/oder psychischen Krise – sei diese vom Lehrer bewußt induziert oder sei es, daß Unfälle, Erkrankungen oder Schicksalsschläge in dieser Hinsicht utilisiert werden – gilt in vielen Traditionen auch als Vorbedingung für den Beruf des Heilers (Eliade, S. 27). Diese Transformation wird oft durch die Verleihung eines neuen Namens oder das Erlernen einer geheimen Sprache bestätigt. Weltweit bedeutet das Erlernen der ›Sprache der Tiere‹, besonders der Vögel, daß man das Wissen um die Geheimnisse der Natur, d. h. um die tieferen Zusammenhänge des Seins, erlangt hat (Eliade, S. 98).

---

* Vgl. auch Kommentar »Die Funktionalität von Trauer und Verlust«, S. 179 f.

Nicht nur die Struktur, sondern auch die Methoden zur Bewußtwerdung, die in einem islamischen Halvet eingesetzt werden, haben Analoga in anderen archaischen Traditionen. Achterberg° hat hierzu Untersuchungen unter den indianischen Völkern Nordamerikas angestellt. Es ist unschwer zu erkennen, daß die von ihr beschriebenen Techniken im weitesten Sinn mit den in einem Halvet zur Anwendung kommenden identisch sind: »Die Schamanen unterziehen sich einer ganzen Reihe von kulturell akzeptierten Entbehrungen, um veränderte Bewußtseinszustände zu erreichen: Fasten, sexuelle Abstinenz, sensorische Deprivation und/oder Überladung, rhythmisch-monotone auditive Stimulierung, rhythmische Bewegungsabläufe, eingeschränkte Bewegung bis hin zur Bewegungslosigkeit, Temperaturextreme, konzentrative Meditation, Hyper- oder Hypoventilation, Schlafentzug.«

»Die durch diese Methoden induzierte elektrolytische Imbalance, Hypoglykämie, Dehydration etc. haben das Potential, signifikante physische und geistige Veränderungen zu bewirken. Kurz gesagt, [die Initianten] scheinen willens, ihre Körper über die Grenzen des physisch Erträglichen hinaus zu belasten, um den Geist zu erwecken. Was die moderne Welt als gefährliche Bedrohung der Gesundheit, ja des Lebens an sich betrachtet, wird von den Schamanen als Weg zum Wissen erachtet.«

»Durch verschiedenartigste, komplexe Prozesse können dann Filter, die normalerweise den direkten mentalen Zugang zum physischen Körper blockieren, aufgehoben werden. Gemeinsamer Nenner dieser Methoden ist, daß sie die Anforderungen, die die äußere Welt an das Gehirn stellt, entweder aufheben, signifikant verändern oder diesen sogar entgegenwirken°°. Die

---

° J. Achterberg, Imagery in Healing, Boston 1985, S. 36 u. 136.
°° Motoyama (Superconsciousness, S. 110) beschreibt diesen Prozeß aus neurophysiologischer Sicht: »[In der Meditation] sinkt das Erregungsniveau des Neoenzephalus, während zugleich die Aktivität des Paläenzephalus (d. h. das Limbische System, der Hypothalamus etc.) zunimmt. Dies führt zu einer Synchronisierung [der Hirnaktivität]. Hierdurch werden bewußte Prozesse eingeengt und abgeschwächt. Verdrängte, unbewußte Inhalte gelangen so ins Bewußtsein.«

Vielfältigkeit der biochemischen Veränderungen, die durch die [weiter oben beschriebenen] Methoden ausgelöst werden, deutet darauf hin, daß es zahlreicheWege zu den [veränderten Bewußtseinszuständen] gibt, und daß es weniger wichtig ist, welche spezifische biologische Veränderung hiermit einhergeht, als daß sie überhaupt eintritt.«

Obwohl die physiologischen Auswirkungen unterschiedlichster Deprivationsbedingungen zunehmend untersucht werden, ist in der Literatur so gut wie nichts über die Folgeerscheinungen sexueller Abstinenz erwähnt. Das ist um so erstaunlicher, da es sich hierbei offensichtlich um eine transkulturell praktizierte Methode zur Bewußtwerdung handelt. Winkelman (S. 94 ff.) stellt eine interessante Hypothese vor: Normalerweise befindet sich das Autonome Nervensystem im Balancezustand; erhöhte Aktivität eines Teilbereichs wird ausgeglichen durch entsprechende Reaktionen des anderen Teilbereichs. Bei intensiver Stimulierung des sympathischen Systems erfolgt jedoch ein Zusammenbruch der Wechselwirkung, und es resultiert ein Kollaps in die parasympathische Dominanz. Das parasympathische Kollapsmuster kann zu erhöhter Suggestibilität, Gedächtnisverlust und Löschung früher Konditionierungen führen. Dies sind günstige Bedingungen für die zu einer Bewußtseinserweiterung zunächst erforderlichen Entkonditionierung früherer Muster, Annahmen und Verhaltensweisen. Obwohl dieser Zustand durch Entladungsmuster der evolutionsmäßig frühen Teile des Hirns charakterisiert ist, ist er weder intellektuell noch kognitiv primitiv. Es scheint sich sogar um einen Optimalzustand der Orientierungs-, Lern- und Aufmerksamkeitsleistung zu handeln. Aus der Sicht fernöstlicher Traditionen gilt dieser psychophysiologische Zustand interessanterweise als Basis einer objektiveren Realitätswahrnehmung. Sexuelle Aktivität, die zu Ejakulation oder Orgasmus führt, resuliert in einem allgemeinen Kollaps der Skelettmuskulatur, der durch extreme parasympathische Dominanz charakterisiert ist. Demnach könnten sexuelle Einschränkungen dazu dienen, daß, erstens, ausreichende Spannung im sympathischen System aufgebaut wird und, zweitens, verhindern, daß ein solcher – für die spirituelle Schulung bedeutungsvoller – Kollaps außerhalb der rituell hierzu designierten Phase auftritt.

Veränderte Bewußtseinszustände und emotionales Geschehen

Auch die Inhalte der veränderten Bewußtseinszustände, ebenso wie die hiermit einhergehenden emotionalen Zustände, scheinen einem universellen Grundschema zu entsprechen. Beispielsweise erfolgt laut Motoyama (Superconsciousness, S. 60) im Lauf der Meditation zunächst ein spontanes Wiedererleben stark emotional besetzter Ereignisse der persönlichen Vergangenheit, bevor die nächste, von innerem Frieden und Gelassenheit geprägte Stufe erreicht wird. Dies entspricht auch dem Verlauf im Halvet*.

Die allmähliche Erweiterung der Bewußtheit, die ›Reise der Seele‹, wird transkulturell als in Etappen erfolgend beschrieben. Die für diese Stufenabfolge verwendete Symbolik variiert, jedoch nicht der essentielle, offensichtlich universelle Inhalt**. In der

---

* Die Parallelen der Halveterfahrung zu den charakteristischen emotionalen Zuständen auf dem Schulungsweg der Shinto-Tradition sind äußerst auffallend – hier beispielsweise bis hin zu fast gleichem Wortlaut mit meiner Schilderung: Motoyama (Superconsciousness, S. 87): »Wenn jemand die Astralebene transzendieren und Vereinigung in der Karana-Dimension erfahren kann, wird er einen sublimen Gefühlszustand erreichen, der über eine einfache Emotion hinausgeht. Nachdem *eine schwierige Aufgabe gut erledigt ist* oder ein seit langem angestrebtes Ziel erreicht ist, haben die meisten Menschen ein gutes Gefühl, etwas geleistet zu haben, einhergehend zwar mit Genuß, aber wenig Emotion per se. Wenn Eltern andererseits ihr Kind nach längerer Abwesenheit wieder begrüßen, ist die Freude, die die Eltern empfinden, hauptsächlich emotional. Das Gefühl der Freude bei dem Wiedersehen mit einem geliebten Menschen ist analog zum Wohlgefühl der Astralebene, während *das Gefühl, eine schwierige Aufgabe gut vollbracht zu haben,* dem Wohlgefühl der Karana-Dimension entspricht.« – 36. Halvet-Tag: »Trotz meiner körperlichen Schwäche fühle ich mich unsagbar wohl. (...) Auch *ein Gefühl, als sei irgendeine wichtige, schwierige Aufgabe gut vollbracht.* Erlösung, Erleichterung.«
** Aufschlußreich ist, daß die oben genannten Erfahrungsstufen der Yogatradition sich in gleicher Abfolge auch im islamischen Halvet zeigten: Die zwei untersten Chakras stellen – laut Rama/White – die einfachste Ausdrucksform der Energie dar, sie gelten als die am stärksten mit der Körperwelt und der materiellen Existenzebene verstrickten Bewußtseinszustände. Entsprechende Erfahrungen traten bei mir auch vornehmlich am Anfang des Halvets auf (6. und 7. Tag). Die nächsten beiden Chakras verkörpern Liebe und Mitgefühl auf *aktiver* Ebene, d. h. einhergehend mit dem tiefen Wunsch des Einsatzes für

200

Yoga-Tradition beispielsweise spricht man auch in diesem Zusammenhang von Chakras: »Sie bestimmen ferner die Bewußtseinsqualität. Sobald das universale Bewußtsein in Gestalt eines Chakras manifest ist, ergibt sich daraus ein besonderer Bezugsrahmen, durch den das Individuum die Welt erfährt. (...) Die von Person zu Person und von Zeit zu Zeit variierenden Energiekonzentrationen sind für die unterschiedlichen Welterfahrungen der Individuen und für deren unterschiedliche Erfahrungen zu verschiedenen Zeiten mitverantwortlich.« (Rama/White, S. 25).

In der Sufi-Terminologie spricht man von einer sich gegenseitig durchdringenden Abfolge von »Zuständen« *(ahwal)* und »Stufen« *(maqamat)* oder aber von »Schleiern«, die sich nach und nach lüften. Auch die Begriffe »Täler« oder »Ozeane«, die überquert werden müssen, werden verwendet. Die Anzahl der Stufen liegt in der Regel bei sieben, kann aber bis zu 45 (Al Qushairi, gest. 1074) oder sogar 100 (Ansari, gest. 1089) betragen.

Ahwal (Plural von *hal*)°, d. h. »Zustände«, können weder willentlich hervorgerufen noch vermieden werden. Sie gelten als Geschenke Gottes und können mit den »peak experiences« der

---

andere. Diese Erlebensdimension war gegen Mitte des Halvets vorherrschend (24. und 32. Tag). Die Chakras 5 und 6 verkörpern die Hinwendung zur Welt der ›reinen Formen‹, ausgedrückt durch Kreativität, Intuition und Weisheit (36. Tag). Zuletzt bestimmen die Chakras ›puren Bewußtseins‹ das Erleben. Die entsprechende – in Worten nicht faßbare – Erfahrung der Selbsttranszendenz erfolgte, wie diesem Schema nach zu erwarten, erst gegen Ende des Halvets (39. und 40. Tag).

° Ein so unerwartet erfahrener *hal* kann auch das Ereignis sein, das jemanden auf den Pfad bringt. Dennoch werden diese überwältigenden »Zustände« – und das scheint überraschend – sehr oft ohne jegliche weitere Auswirkung bleiben. Eine Erklärung hierfür liegt gerade in der Unbeschreiblichkeit und Außergewöhnlichkeit solcher Erfahrungen. Es ist den Betroffenen genausowenig möglich, ihr Erleben einem nicht Betroffenen verständlich zu machen, wie es möglich wäre, jemandem, der nie eine Drogenerfahrung gemacht hat, eine solche zu beschreiben. Auch gibt es im westlich-rationalen Denken keine Erklärungsstruktur – außer der einer psychotischen Episode –, in die ein solches Erleben integriert werden könnte. Wenn einem derart Betroffenen somit kein plausibles Erklärungsmodell zur Verfügung steht, wird er nach einigen – meist frustrierenden – Versuchen, sich mitzuteilen, in der Regel davon absehen. Im Laufe der Zeit kann ihm selbst rückblickend alles sehr unwahrscheinlich vorkommen und irgendwann in Vergessenheit geraten.

Humanistischen Psychologie* verglichen, jedoch nicht gleichgesetzt werden. Diese unbeschreiblichen transzendenten »Zustände der Glückseligkeit«, seien sie ekstatisch oder geprägt von innerem Frieden ungekannten Ausmaßes, sind oft die Vorboten der folgenden *maqamat* (Stufen). Die Stufen werden – im Gegensatz zu den Zuständen – durch eigene disziplinierte »Anstrengungen« erreicht und sind dann auch permanent, d. h., man kann nicht auf eine niedere Stufe zurückfallen.

Obwohl *ahwal* und *maqamat* theoretisch klar abgegrenzte Erfahrungsbereiche sind, besteht in der Praxis eine komplementäre Beziehung zwischen beiden: »Ein ›hal‹ muß seinem ganzen Wesen nach – entsprechend seinem zwiefachen Charakter als Geschenk und als flüchtige Phase – als mystische Erfahrung gesehen werden: ein Funke von Licht, der eine Weile lang das Herz des Menschen erleuchtet und dann wieder verschwindet. Er kann den Anfänger ebensogut wie den vollendetsten Sufi treffen, er kann an jeder beliebigen Stelle des Weges auftauchen. Dieser Funke kann den Teil der Seele beleuchten, der von den Schleiern verborgen wird; er kann den Menschen dazu anspornen, die nächste dauerhafte Stufe zu erreichen. (...) Der dauerhafte Charakter der maqamat legt nahe, daß sie untereinander durch eine hierarchische Ordnung verknüpft sind. Wie schon Hujwiri [gest. 1071] sagte, kann man nicht von einem Zustand zum nächsten weitergehen, solange der erstere noch nicht völlig assimiliert worden ist**, solange er noch nicht völlig zum eigenen Besitz gemacht worden ist und solange nicht alle Verpflichtungen, die mit ihm einhergehen, erfüllt worden sind. Tatsächlich bleibt jeder maqam, selbst wenn er transzendiert wurde, im vollen Besitz des Suchers, der im übrigen durch jede dieser Erfahrungen radikal verändert wird. (...) Jeder *maqam* muß demjenigen, dem

---

* A. Maslow, Farther Reaches of Human Nature, New York 1971.
** Dies entspricht der zeitgenössischen Betrachtungsweise entwicklungspsychologischer Prozesse. Vgl. Piagets Konzept der gegenseitig bedingten Abfolge von Assimilation und Akkomodation in der kognitiven Entwicklung (J. Piaget, Piaget's Theory, in. Mussen, Hrsg., Carmichael's Manual of Childpsychology, New York 1970).

er widerfährt, in Fleisch und Blut übergehen, muß ihn radikal verändern.« (Kielce, Sufismus, S. 65, 66).

Veränderte Bewußtseinszustände werden in archaischen Traditionen nicht als Selbstzweck angestrebt, sondern sind Hilfsmittel im Prozeß der spirituellen Entwicklung.

Sensorische und außersensorische Wahrnehmungen

Auch die Beschreibungen der sensorischen und außersinnlichen Wahrnehmungen, die typischerweise während der Initiationsriten auftreten, ähneln sich in unterschiedlichsten indigenen Kulturen:

Subjektive Erfahrungen von Licht, Hitze, Feuer und Verbrennen im Verlauf der Bewußtwerdung beispielsweise sind so verbreitet, daß Eliade diese Licht-(»Erleuchtungs«-)Wahrnehmungen als integralen Bestandteil des spirituellen Erlebens der »archaischen Menschheit bis in die Ursprünge zurück« bezeichnet (Ecstasy, S. 62). Ein Dialog, den ein mittelalterlicher Sufi (gest. ca. 1300) über seine Lichterfahrung mit seinem Lehrer hatte, weist zugleich auf den bekannten Doppelaspekt mystischer Erfahrungen – Flüchtigkeit, verbunden mit einer durchdringenden, transformativen Wirkung – hin: »Nasafi sagte: ›Oh Scheich, jeder, der dieses Meer von Licht erreicht hat, wird darin untergehen und sich selbst niemals wiedersehen. Alles, was er sehen wird, ist dieser Ozean des Lichts.‹ Der Scheich sagte: ›Diese Vision ist nicht von Dauer.‹ Nasafi fragte: ›O Scheich, was ist es denn, das bleibt? Die Vision oder das Behalten der Vision?‹ Der Scheich antwortete: ›Die Vision ist nicht von Dauer, das Behalten aber wohl.‹« (zit. nach Shafii, Freedom, S. 153). Das koranische »Licht über Licht« (Sura 24/35) beschreibt Eliade für schamanische Traditionen als »ein mysteriöses Licht, das der Schamane plötzlich in seinem Körper spürt, in seinem Kopf, in seinem Gehirn, ein unerklärliches, suchendes Licht, ein luminöses Feuer« (Ecstasy, S. 60).

Achterberg zitiert einen Eskimo-Heiler: »Jeder wahrhaftige Schamane muß eine Erleuchtung in seinem Körper spüren, in seinem Kopf oder in seinem Gehirn, etwas, das wie das Feuer leuchtet.« (Imagery, S. 34). Aufgrund ihrer Untersuchungen kommt sie zu der Schlußfolgerung, daß der auch objektiv meßbare willentlich erzeugte Anstieg der Körpertemperatur (»Feuer«, »Verbrennen«) *nicht* auf eine Umverteilung des Blutvolumens vom Körperzentrum zur Peripherie zurückzuführen ist: »Yogis und Schamanen haben offensichtlich Mechanismen entdeckt, die einen unbegrenzten Wärmeaustausch gestatten. Das bedeutet, daß sie die Fähigkeit haben, die hieran beteiligten Chemikalien über große Zeiträume hinweg regenerieren zu können. Wir können daraus nur schließen, daß es sich hier um eine außerordentliche Selbstregulationsleistung der körperlichen Thermalreaktion handelt und daß diejenigen, die dies praktizieren, die körpereigene Erhitzung als einen Weg zum [spirituellen] Wissenserwerb ansehen.« (S. 35).

Auch die Erfahrung des Vibrierens oder Zitterns, das konvulsive Ausmaße annehmen kann, wird nicht nur in der fernöstlichen (Kundalini-)Literatur und der Sufi-Literatur (FmF, S. 364) erwähnt. Achterberg beschreibt dieses Phänomen als spirituell-diagnostische Technik der Navajo-Heiler: »Zittern oder Bewegung-in-der-Hand wird in entsprechenden Ritualen induziert. Das Zittern führt schließlich zu konvulsiven Körperzuckungen, und der Heiler erreicht einen veränderten Bewußtseinszustand. Dies ist ein Zustand der Macht/Kraft [power], in denen der Zitternde Symbole der Heilung visualisiert.« (Imagery, S. 49).

In diesem Zusammenhang sind transkulturell durchgeführte Untersuchungen interessant, denen zufolge ein enger Zusammenhang zwischen dem sog. Schläfenlappen Syndrom (epilepsie-ähnliche Anfälle, krampfartige Zuckungen, Muskelzittern etc.) und psycho-spirituell veränderten Bewußtseinszuständen besteht (Winkelman, S. 11). In vielen der untersuchten Kulturen wird dieses Syndrom bewußt induziert, beispielsweise durch Temperaturextreme. Diese epilepsie-ähnlichen Episoden führen zu langanhaltenden oder permanenten Veränderungen des Zentralnervensystems, die die betroffenen Individuen anfälliger für weitere Anfälle dieser Art machen und, hiermit einhergehend, den Zugang zu veränderten Bewußtseinszuständen erleichtern (S. 98). Pathologische Interpretationen werden ausgeschlossen, da die so geschulten Individuen – beispielsweise indigene Heiler – zumeist die aus psychischer Sicht gesündesten Mitglieder ihrer Gemeinden sind (S. 97). Untersuchungen zeigen ferner, daß gewisse als positiv bewertete Persönlichkeitsveränderungen mit dem Schläfenlappen Syndrom einhergehen; vertieftes emotionales Erleben, zunehmendes Interesse an philosophischen und religiösen Fragen, Hyposexualität, automatisches Schreiben und ausgeprägter Gemeinschaftssinn (S. 98). Offensichtlich führen diese Methoden zu den dauerhaften psycho-sozialen und physiologischen Veränderungen, die mit einer spirituellen Transformation einhergehen.

Ein weiteres verbreitetes Phänomen spiritueller Schulungen unterschiedlichster Traditionen ist die subjektive Erfahrung, den physischen Körper zu verlassen. Laut Achterberg (S. 28) wird dieses Erleben durch die transkulturellen Techniken der sensorischen Deprivation und/oder Überladung oder durch sich wiederholende monotone Stimulierung verursacht. Schamanen bedienen sich dieses ›mystischen Fluges‹, d. h. des ›Entsendens eines Körpers‹, um ›verirrte Seelen‹ zu bergen (Eliade, Ecstasy, S. 288). Auch Priester fernöstlicher Religionen agieren auf unterschiedlichsten ›Seinsebenen‹ (Motoyama, persönliche Mitteilung 1992),

---

* Motoyama beschreibt diesen ›physiologischen Sonderzustand‹ in der Terminologie des Shintoismus: »Wenn jemand in das Meditationsstadium oder Samadhi eintritt, wird seine Kundalini auf der Astralebene erweckt, und er macht die Erfahrung der ›Astral-Projektion‹, während der er tatsächlich aus seinem physischen Körper heraustritt. Sobald er seinen materiellen Körper zurückgelassen hat, weitet sein Sein sich aus und durchdringt seine direkte Umgebung. Manchmal dehnt es sich aus und umarmt die Berge und die Täler, und ab und zu integriert es sich mit der gesamten Schöpfung. Aber kann diese Meditationserfahrung einfach als Halluzination abgetan werden? Und, wenn es sich nicht um eine Wahnvorstellung handelt, hat sich dann das Sein des Meditierenden tatsächlich in einer bestimmten Dimension ausgeweitet? (...) Die Astral-Projektion geht nicht mit einer Veränderung des physischen Zustands einher. Mit anderen Worten, es erfolgt (meist) keine Levitation des physischen Körpers, obwohl die Kundalini den Astralkörper belebt und in die Astraldimension geführt hat.« (Superconsciousness, S. 53, 91). Highwater führt die Schwierigkeiten westlicher Wissenschaftler mit ›physiologischen Sonderzuständen‹ auf ihre einschränkende Realitätsdefinition zurück: »[Im Westen] ist es immer noch außerordentlich schwierig, von irgendeinem außergewöhnlichen Ereignis, einer Erscheinung oder Handlung zu sprechen, ohne dies zugleich damit zu entschuldigen, dieses als Traum oder als Halluzination zu bezeichnen.« (J. Highwater, The Primal Mind, Vision and Reality in Indian America, New York 1982, S. 79).

während sie körperlich zugleich auf dieser materiellen Ebene verbleiben. EEG-Untersuchungen zeigen interessanterweise, daß die physiologischen Messungen, die mit ›außerkörperlichen‹ Erfahrungen (»Out-of-Body-Experiences«, OOB) einhergehen, einen physiologischen Sonderzustand* darstellen, da sie weder als eines der verschiedenen Schlafstadien noch als ›Stadium 1‹ (schläfrig) noch als Wachzustand klassifiziert werden können (Tart/ Achterberg, Imagery, S. 27).

Westlich-wissenschaftliche Untersuchungen sind jedoch nur sehr bedingt geeignet, die mit dem spirituellen Erleben einhergehenden Sonderzustände zu erforschen. Erstens sind die den westlichen Forschungslaboratorien zugänglichen Außer-Körper-Erfahrungen (OOB) gekennzeichnet durch eine gewisse Unkontrollierbarkeit*, während entsprechende schamanische Bewußtseinszustände willentlich hervorgerufen werden. Ferner konnte gezeigt werden, daß Reaktionen auf sensorische Deprivation kulturspezifisch sind (Suedfeld, zit. nach Achterberg, Imagery). Da die meisten westlichen Untersuchungen derartiger Bewußtseinsveränderungen jedoch nicht auf die Erforschung transzendenter Erfahrungen zielen und nicht innerhalb eines spirituellen Kontexts stattfinden, sind die Ergebnisse nur sehr bedingt zu verallgemeinern (Achterberg, S. 28).

NDE-Erfahrungen

Eine gänzlich andere Richtung der westlich-wissenschaftlichen empirischen Forschung zeigt jedoch vielfältigste Parallelen zur Halvet-Erfahrung: die NDE**, die Erforschung des Erlebens am »Rande des Todes«.*** Viele der klinisch Toten, die reanimiert wurden, schildern – weitgehend kulturunabhängig – Begegnungen mit Licht bzw. Lichtgestalten und den Ablauf eines ›Lebensfilms‹ im Anschluß an Erfahrungen des ›magnetischen Angezogenwerdens‹ oder Gleitens durch tunnelähnliche Strukturen. Diese Erfahrungen werden als »wirklicher als die alltägliche

---

* St. LaBerge, Lucid Dreaming, New York 1991.
** NDE = Near Death Experience.
*** Vgl. R. Moody, Life after Life, New York 1975; K. Ring, Heading toward Omega, New York 1985, und The Omega Project, New York 1992.

Realität« geschildert und haben zumeist eine transformierende Wirkung für das gesamte weitere Leben der Betroffenen. In einer umfangreichen Studie, dem »Omega Project«, untersuchte Ring° NDEers aus zwei Perspektiven: einmal deren anamnestische Daten, um Faktoren zu isolieren, die Menschen für derartige Erlebnisse prädisponieren, ferner die Langzeitfolgen der Erfahrung mit dem klinischen Tod. Hier eine kurze Zusammenfassung dieser faszinierenden Studie:

– Die Erlebnisse entsprechen strukturell dem oben beschriebenen »universellen Initiationsschema in die mystische Dimension des Seins« oder dem der »schamanischen Reisen« von »Separation, Transformation, Reintegration« oder »Leid, Tod, Neugeburt« (S. 92).

– Die meisten NDEers haben in der Kindheit schwerste Traumata überstanden, sie sind die »unverhofften Nutznießer des kompensierenden Geschenks [des transformierenden NDE-Erlebnisses], das sie für die ihnen in der Kindheit zugefügten Wunden erhalten« (S. 146). (Diese Beobachtung könnte ein Analogon zu den Strapazen sein, denen traditionelle Lehrer ihre Schüler aussetzen.)

– Die NDEers berichten über eine Vielzahl von psycho-physiologischen Veränderungen, die sich als Folgeerscheinung des Erlebens einstellen. Hierzu gehören in sich konsistente physiologische Veränderungen, neurologische und hirnzustandsspezifische Veränderungen, ungewöhnliche psychoenergetische, psychologische und parapsychologische Erfahrungen. Diese Veränderungen erreichen meist innerhalb von fünf Jahren nach dem Erlebnis ihren Höhepunkt und sind dann permanent (S. 156, 168). Die Behauptung östlicher spiritueller Traditionen, daß die Bewußtseinserweiterung mit einer biophysiologischen Transformation einhergehe, wird hier durch die Ergebnisse westlicher, empirischer Forschung gestützt.

Viele der NDE-Schilderungen entsprechen meines Erachtens Gopi Krishnas »Symptomatologie des Erwachens«, d. h. dem Kundalini-Phänomen. Ring kommt zur gleichen Schlußfolgerung:

° Ich danke Prof. Ken Ring für den Zugang zu seinen Forschungsunterlagen und den wiederholten ausführlichen Erfahrungsaustausch bzgl. unserer Forschungsgebiete.

»Mein Kandidat für die diesen psycho-physiologischen Transformationen zugrundeliegende Kraft wäre Kundalini. Mit dieser Ansicht stehe ich natürlich kaum alleine da, denn die vorherrschende Annahme zur Natur der Kundalini ist, um beispielsweise Gopi Krishna, die heute führende Autorität des Kundalini-Phänomens zu zitieren, daß sie die ›der Evolution des Menschen zugrundeliegende Energie‹ ist. D. h., daß sie den Kundalini-Theoretikern zufolge die latente Energie ist, die, wenn erst einmal ausgelöst, das Zentralnervensystem transformiert und die psychospirituelle Evolution der Menschheit vorantreibt.« (S. 169).

Ring selbst geht davon aus, daß »die ›psychobiologische Alchemie der NDE-Erfahrung‹, d. h. die permanenten biophysiologischen Veränderungen, durch Beeinflussung des Vegetativen Nervensystems erfolgt« (S. 170).

Die Ergebnisse seiner empirischen Untersuchungen veranlassen Ring zu weitreichenden Schlußfolgerungen: »Unsere Daten deuten darauf hin, daß diese Transformation tatsächlich *psychophysiologischer Natur* ist, d. h. daß die NDEers aufgrund ihrer Erfahrungen bestimmten Veränderungen unterworfen sind, die die physiologischen Prozesse, die gehirnspezifischen Prozesse, die Prozesse des Zentralnervensystems und die geistigen Prozesse derart beeinflussen, daß einer höheren Stufe der menschlichen Natur ermöglicht wird, sich zu manifestieren. (...) Meine Hypothese ist, daß die NDE-Erfahrungen eine Art experimenteller Katalysator der menschlichen Evolution sind, daß zumindest potentiell diese Erfahrungen, die über die Erde hinweg viele Millionen von Menschen gemacht haben, dem Zweck dienen, die menschliche Gattung auf ein höheres Niveau der spirituellen Bewußtwerdung und der psychophysiologischen Funktionen zu katapultieren.« (S. 11, S. 169).

Interessanterweise wird Rings Evolutionshypothese auch von zeitgenössischen Sufi-Autoren vertreten: »Je mehr Menschen den ›Zustand der Liebe° erreichen [d. h. die Seinsform, die dem transformierenden »Sterben vor dem Sterben« folgt], um so

---

° Im Sufitum ist »Liebe« – ebenso wie »Herz« – ein klar definierter technischer Begriff, der mit den im Westen gängigen Konnotationen von »romantischer« Liebe oder gar sentimentaler »Gefühlsduselei« nichts gemein hat. Güvenç

rascher wird die Evolution voranschreiten und die Menschheit an Toleranz zunehmen« (Güvenç, The Dervish Path, S. 36). Ring nennt den ›neuen Menschen‹, der das Ergebnis dieser transformativen Prozesse ist, in Anlehnung an Teilhard de Chardin und B. Greyson den »Omega Prototyp« oder an John White den »Homo Noeticus«. Unschwer ist das Sufi-Konzept des »Insān al-Kāmil« zu erkennen.

Ring bezeichnet – und hier schließt sich der Kreis – diese Entwicklung als die ›Schamanisierung der modernen Menschheit‹: »Laßt uns den allgemeinen Verlauf der menschlichen Evolution betrachten. Was als physiologische Evolution begann, ist offensichtlich, besonders seit Anfang der neolithischen Revolution, zu einer primär kulturellen Evolution geworden. Aber während die kulturelle Evolution über die letzten zehntausend Jahre hinweg das Geschick unseres Planeten geformt hat, trat eine dritte Art der Evolution in Erscheinung – die Evolution des Bewußtseins. Und es gibt keinen Grund anzunehmen, daß diese Evolution beendet ist, eher ist das Gegenteil der Fall: Es kann sein, daß es sich hier um den derzeitigen Grenzbereich der menschlichen Evolution handelt. Wenn dem so ist, würde ich aufgrund der Ergebnisse des ›Omega Projects‹ davon ausgehen, daß wir uns in den Anfangsstadien eines Wandels des menschlichen Bewußtseins befinden, welches schließlich dazu führen wird, daß die Menschheit in zwei Welten zugleich leben kann – der physischen und der imaginalen. Dies ist natürlich genau das, wofür Schamanen in traditionellen Kulturen ausgebildet werden.« (S. 239).

»Imaginal« darf nicht mit »imaginär« verwechselt werden. Ring verwendet diesen Ausdruck im Sinne H. Corbins, der über

---

beispielsweise beschreibt »Liebe« folgendermaßen: »In der islamischen Mystik ist ›Liebe‹ der ›hal‹ [Zustand] in dem die Realität direkt wahrgenommen wird. (...) In diesem Zustand erkennt man, was wahr ist und was tatsächlich zählt und steht mit jedem Aspekt des Universums in Verbindung. (...) Wenn ›Liebe‹ im ›Herzen‹ [im ›Organ des Erkennens‹] erscheint, beginnt ein bewußteres, sinnvolleres Leben und ein tiefes Wissen um die WIRKLICHKEIT. Alte Gefühle, Sichtweisen und Annahmen lösen sich auf. Die Gabe der intuitiven Wahrnehmung zeigt sich, (...) die [materielle] Welt verliert ihren Einfluß. Dennoch geht das Leben weiter – in einer anderen Dimension.« (The Dervish Path, S. 46, 37, 56).

mystische Erfahrungen schreibt: »...man muß verstehen, daß die Welt, in die diese Menschen vorgedrungen sind, *real* ist. Diese Realität ist unwiderlegbarer und kohärenter als die der empirischen Welt, in der die *Realität* durch die Sinne wahrgenommen wird. Bei der ›Rückkehr‹ sind diese Menschen sich absolut bewußt, ›anderswo‹ gewesen zu sein; es handelt sich hier nicht um Schizophrene. Diese [andere] Welt ist ausgerechnet durch die Sinneswahrnehmung verborgen und muß außerhalb der so erscheinenden objektiven Gewißheit gesucht werden. Deshalb können wir diese [Erfahrungen] nicht als ›imaginär‹ in der üblichen Bedeutung dieses Begriffes bezeichnen, d. h. als unwirklich oder nicht existent. [Die imaginale] Welt ist ontologisch so real wie die Welt der Sinne und die des Intellekts. (...) Wir müssen darauf achten, [diese Welt] nicht mit der Vorstellungskraft zu verwechseln, die der sog. moderne Mensch als ›Phantasie‹ bezeichnet.« (Mundus Imaginalis, S. 220).

Ring geht davon aus, daß das ›Imaginale‹ im Sinn Corbins eine Funktion eines veränderten Bewußtseinszustands ist. Er bezeichnet es als »eine Art ›Organ der Wahrnehmung‹, das die Alchemisten als *imaginatio vera* bezeichneten, also eine Wahrnehmung durch die ›psychospirituellen Sinne‹. (Unschwer ist das Sufi-Konzept des »*Qalb*«, d. h. des »Herzens als Organ des Erkennens«, zu erkennen.) »Die Wahrnehmung [des imaginalen Bereichs] geschieht weder durch Sinneswahrnehmungen, noch gehört es zum normalen Wachbewußtsein, inklusive der Phantasie. Da es vor der alltäglichen Wahrnehmung verborgen ist, kann es normalerweise nur durch das erkannt werden, das wir als *veränderte Bewußtseinszustände* bezeichnen, welche sowohl die übliche Art der Wahrnehmung als auch das konzeptionelle Denken aufheben. Wenn diese ausreichend aus der Bahn geworfen sind, kann der imaginale Bereich erkannt werden, so wie der nächtliche Sternenhimmel nur dann in Erscheinung tritt, wenn das Sonnenlicht verschwunden ist.« (The Omega Project, S. 221).

Die vielfältigen Parallelen zwischen den Folgeerscheinungen eines Halvets und denen der Nahe-Todeserfahrungen spiegeln sich im verbalen Ausdruck: Was ist ein NDE, wenn nicht, im wahrsten Sinne des Wortes, ein »Sterben, bevor du stirbst«?

Zweck und Ziel

»Wenn du wirklich lernen willst, so wundere dich nicht, wenn einer kommt, dich zu lehren.« SUFI-SPRICHWORT

Die spirituellen Schulungen verschiedenster Traditionen erfolgen keineswegs mit dem – selbstbezogenen – Ziel individueller Erleuchtung, sondern mit dem expliziten Zweck, der Gemeinschaft anschließend noch besser zu dienen. Während westlich-humanistische Vorstellungen psychischer Gesundheit die Selbstverwirklichung anstreben, geht es aus der Perspektive archaischer Traditionen statt dessen um die Selbsttranszendenz, die als eigentliche Gesundheit verstanden wird. Achterbergs Beschreibung indianischer Sichtweisen ist exemplarisch: »Für schamanische Kulturen ist der Lebenszweck die spirituelle Entwicklung. Gesundheit bedeutet die intuitive Wahrnehmung, daß das Universum und all seine Geschöpfe aus einem ›Stoff‹ gemacht sind. (...) Gesundheit bedeutet ein Hinausgehen über das individuelle Bewußtsein, um die Wellen und Strömungen des Universums zu spüren.« (Imagery, S. 19).

Die in indianischen Traditionen sowie im Sufitum praktizierte Isolation (»Vision Quest« bzw. Halvet) wird dementsprechend – im Gegenstz zu Traditionen, in denen Einsiedlertum oder Askese per se als wünschenswert gelten – im Sinn der Erkenntnis und des Dienstes an einer größeren Wirklichkeit als vorübergehend verstanden und zeitlich konkret begrenzt. Im Sufitum geht dies direkt auf den »prototypischen Lehrer«, auf Muhammad (s. a.) zurück. Während seiner berühmten »Himmelsreise« kam er Allah nahe auf *»zwei Bogen oder näher«* (Sura 53/9). Dennoch war er anschließend bereit, in die Begrenztheit der materiellen Ebene zurückzukehren, sich aus der »unmittelbaren Schau des göttlichen Wesens« wieder zu lösen, um – durchtränkt von diesem Wissen – der Menschheit erneut zu dienen.

Wie die Halvet-Absolventen aller Jahrhunderte befürchtete auch er, durch die unumgängliche Beschäftigung mit weltlichen Dingen vom Eigentlichen wieder entfernt zu werden. Von Hz. Mevlâna wird dieser Konflikt wie folgt geschildert: »Mustafa [d. h. Muhammad (s. a.)], den beschäftigte Er zuerst ganz und gar mit Sich; dann befahl Er ihm: ›Rufe die Menschen, gib ihnen Rat und reformiere sie!‹ Mustafa begann zu weinen und zu klagen: ›Ach Herr, welche Sünde habe ich begangen? Warum vertreibst Du mich aus Deiner Gegenwart? Ich will gar keine Menschen!‹ Gott der Erhabene sagte zu ihm: ›Gräme dich nicht, Muhammad! Ich werde dich nicht nur mit den Menschen beschäftigt sein lassen. Denn inmitten dieser Beschäftigung wirst du mit Mir sein. Wenn du mit den Menschen beschäftigt bist – nicht ein Haarbreit davon, wie du jetzt bei Mir bist, wird weniger werden. Mit welcher Angelegenheit du auch beschäftigt bist – du wirst völlig vereint mit Mir sein.‹« (FmF, S. 136).

Eine weitere Befürchtung vieler Halvet-Absolventen wurde – laut Hz. Mevlâna – ebenfalls von Muhammad (s. a.) geteilt, nämlich, daß die spätere Erfüllung von Wünschen, die im ›Zustand der Rohheit‹ bestanden hatten, zugleich ein Rückfall in das frühere Verhaftetsein bedeuten könnte: Vor seiner Einweihung, als er noch der materiellen Dimension verhaftet war, wünschte der Prophet (s. a.) laut Hz. Mevlâna: »›Hätte ich doch solche Eloquenz und Beredsamkeit!‹ Als ihm die unsichtbare Welt enthüllt ward und er gottestrunken wurde, interessierte er sich überhaupt nicht mehr für diesen Wunsch und dieses Sehnen. Gott der Erhabene sprach: ›Ich habe dir diese Eloquenz und Beredsamkeit gegeben, die du gewünscht hattest.‹ Der Prophet antwortete: ›Herr, was nützen sie mir? Sie sind mir gleichgültig, und ich will sie nicht.‹ Gott der Erhabene sprach: ›Mach dir keine Sorge. Das wird geschehen, und doch wird deine Loslösung weiter bestehen, und es wird dir nichts schaden.‹« (FmF, S. 246).

Ibn Arabi sieht in dem erneuten, freiwilligen Eintritt in die »Welt der Vielfältigkeit« anschließend an das »Erlangen der Einheit« das Merkmal des *Insān al-Kāmil,* des spirituell voll entwickelten Menschen: »Für den Insan al-Kamil aber wird dieser Rücktritt in die materielle Dimension als Fortschritt erachtet.« Er zitiert hierzu Hz. Ali: »Sich in Getrenntheit zu befinden, ohne den Zustand der Vereinigung erlangt zu haben, ist Vielgötterei *[shirk].* (...) Wenn jedoch der Zustand der Vereinigung und der Zustand der Getrenntheit ein und dasselbe geworden sind, so ist es ebenfalls Einheit *[tauhid].*«[°]

[°] Ibn Arabi, El Nucleo del Nucleo, Malaga 1986, S. 44.

Fazit

Die weltweiten Parallelen im Bereich spiritueller Schulungen – von denen hier nur einige aufgeführt wurden – sind so auffällig, daß sie zu weitreichenden Spekulationen über früheste Kontakte verschiedener Völker führten. Diese Hypothese gilt jedoch nicht als sehr wahrscheinlich, da nicht ersichtlich ist, wieso gerade diese Praktiken in unveränderter Form über zumindest 20 000 Jahre hinweg weitergereicht worden sein sollen, während andere Aspekte dieser verschiedenen sozialen Systeme so große Kontraste aufweisen.

Winkelman (1992, S. 52) geht statt dessen von einer psycho-physiologischen Basis für veränderte Bewußtseinszustände aus, die die Menschheit für magico-religiöse Erfahrungen prädisponiert. Diese bilden sich dann in der Interaktion der biologischen Struktur des menschlichen Geistes mit bestimmten sozial-ökologischen Bedingungen weltweit nach einem weitgehend gleichen Schema aus.

Achterberg stellt eine sehr pragmatische These vor: Die Erklärung liege ganz einfach darin, daß diese Methoden funktionierten. Lernprozesse von Trial and Error (Versuch und Irrtum) führten dazu, daß in unterschiedlichsten Kulturen dieselben wirksamen Techniken entwickelt worden seien. Dies würde auch implizieren, daß diese Methoden unabhängig von einer entsprechenden Weltsicht funktionieren, d. h., daß sie, von bestimmten äußeren Formen abgesehen, kulturunabhängig sind. Um die Wirkung zu erzielen, sei ein Daran-Glauben nicht mehr und nicht minder erforderlich, als der Glaube an die Schwerkraft erforderlich ist, um Objekte zu Boden fallen zu lassen: »Die alten Methoden sind machtvoll und berühren den menschlichen Geist auf so tiefen Ebenen, daß die üblichen kulturellen Glaubenssysteme und Annahmen über die Wirklichkeit tatsächlich irrelevant sind.« (Imagery, S. 16).

Universale Wahrheiten sollten sich in allen Traditionen und zu allen Zeiten zeigen. (Der Islam sagt, daß Propheten mit derselben Botschaft zu allen Zeiten zu allen Völkern gesandt worden sind.) So gesehen, sind die weiter oben beschriebenen zahlreichen Parallelen so unterschiedlicher Kulturen wie der des Sufitums, der indianisch-schamanischen Traditionen, der fernöstlichen Religionen und vieler anderer nicht weiter verwunderlich – unabhängig von den zur Erklärung herangezogenen Hypothesen.

Die außerordentliche transformative Kraft eines Halvets geht offensichtlich zurück auf seine direkte Verwurzelung in einem transkulturellen, transtemporalen Lehrsystem, das nicht auf Spekulation, sondern auf der tatsächlichen, gelebten Erfahrung der gesamten Menschheit beruht. Die Auswirkungen sind auf allen Ebenen so weitreichend, daß man während dieser Zeit des Rückzugs im wahrsten Sinne des Wortes über seinen derzeitig manifesten Seinszustand ›hinauskatapultiert‹ wird. Eine lange Zeit, vielleicht Jahre intensivsten Bemühens, werden anschließend benötigt, um die dort erkannte Wirklichkeit auch ›in dieser Welt‹ leben zu können. »Das eigentliche Halvet beginnt nach dem Halvet«, heißt es im Sufitum. Denn auf das konkrete *Leben*, auf die tatsächliche ›Verkörperung‹ dieses ›exakten Wissens‹ kommt es an. Vielleicht ist dies das endgültige Kriterium, das eine wirkliche Transformation von Illusion und Selbsttäuschung zu unterscheiden vermag.

Das Land der Wahrheit

Ein Mann glaubte, das normale Leben, wie die Leute es kennen, könne unmöglich alles sein. Er suchte den wahren Lehrer des Zeitalters. Er las viele Bücher und schloß sich vielen Gemeinschaften an, und er hörte die Worte und sah die Taten eines Meisters nach dem anderen. Er befolgte die Gebote und führte die geistigen Übungen durch, die ihm am meisten zusagten.

Manche seiner Erfahrungen versetzten ihn in gehobene Stimmung, ein andermal wieder war er verwirrt; und er hatte keine Ahnung, in welchem Stadium er sich befand oder wo und wann seine Suche enden könnte. Dieser Mann war eines Tages gerade ins Sinnen über sein Leben gekommen, als er sich auf einmal in der Nähe des Hauses eines gewissen Weisen von hohem Ansehen fand. Im Garten des Hauses begegnete er Khidr, dem geheimen Boten, der den Weg zur Wahrheit weist.

Khidr nahm ihn zu einem Ort mit, wo er Leute in Leid und Qual versunken sah. Er fragte, wer sie seien: »Wir sind jene, die nicht den wahren Lehren folgten, die bei ihren Verpflichtungen unauf-

richtig waren, die selbsternannten Lehrern huldigten«, antworte-
ten sie. Dann wurde der Mann von Khidr zu einem Ort mitgenom-
men, wo alle wohl aussahen und voller Freude waren. Er fragte,
wer die seien. »Wir sind jene, die nicht den Wahrzeichen des Wegs
gefolgt sind«, sagten sie.

»Aber wenn ihr die Zeichen nicht beachtet habt, wie könnt ihr
da glücklich sein?« fragte der Wanderer. »Weil wir die Glückselig-
keit statt der Wahrheit gewählt haben«, antworteten die Leute,
»wie jene, deren Wahl auf die Selbsternannten fiel, damit auch das
Elend wählten.«

»Aber ist Glückseligkeit nicht das Ideal des Menschen?« fragte
der Mann weiter.

»Das Ziel des Menschen ist die Wahrheit. Die Wahrheit ist mehr
als Glückseligkeit. Ein Mensch der Wahrheit kann sich in jede
gewünschte Stimmung versetzen, wie auch ganz ohne auskom-
men«, erwiderten sie. »Wir haben so getan, als sei Wahrheit
Glückseligkeit und Glückseligkeit Wahrheit, und die Leute haben
uns geglaubt; deshalb hast auch du dir bis jetzt eingebildet,
Glückseligkeit sei dasselbe wie Wahrheit. Aber die Glückseligkeit
macht dich ebenso zum Gefangenen wie das Leid.«

Mit einemmal befand sich der Mann wieder in dem Garten,
Khidr an seiner Seite.

»Ich will dir einen Wunsch erfüllen«, sagte Khidr.

»Dann möchte ich gerne wissen, warum ich bei meiner Suche
gefehlt habe und wie ich darin erfolgreich sein kann«, sagte der
Mann.

»Du hast einfach dein Leben verschwendet«, sagte Khidr, »weil
du ein Lügner gewesen bist. Deine Lüge war das Streben nach
persönlicher Befriedigung, obwohl du statt dessen nach Wahrheit
hättest streben können.«

»Und trotzdem bin ich an den Punkt gekommen, wo ich dich
gefunden habe«, sagte da der Mann, »und das ist etwas, das kaum
jemandem widerfährt.«

»Mir bist du begegnet«, erklärte Khidr, »weil du einen Augen-
blick lang genügend Aufrichtigkeit besessen hast, um ihrer selbst
willen nach Wahrheit zu trachten. Diese Aufrichtigkeit in dem
einen Augenblick hat mich veranlaßt, auf deinen Ruf zu antwor-
ten.«

Da überkam den Mann das sehnliche Verlangen, die Wahrheit zu finden, auch wenn er sich selbst dabei verlöre.

Khidr jedoch schickte sich eben an fortzugehen, und der Mann rannte hinter ihm her.

»Du solltest mir nicht folgen«, sagte Khidr, »denn ich kehre in die normale Welt zurück, in die Welt der Lügen, in der ich weilen muß, wenn ich meine Arbeit tun will.«

Und als der Mann um sich schaute, merkte er, daß er nicht mehr im Garten des Wissens, sondern im Land der Wahrheit stand.

Version von Idries Shah, in: Denker des Ostens, Reinbek b. Hamburg 1988, S. 58–60

ANHANG

Fragebogen zum Halvet

Halveterfahrungen sind äußerst subjektiv und somit immer einmalig und in ihrer Essenz unvergleichbar. Dennoch sollen hier die anhand eines Fragebogens standardisierten Kurzberichte weiterer Absolventen° zugänglich gemacht werden. Somit kann der Leser einen Eindruck von der Wirkungsweise dieser traditionellen Derwischübung gewinnen, der über die Beschreibung einer einzelnen Fallstudie hinausgeht. Alle Berichte stammen von Mitteleuropäern verschiedener Nationalitäten (Muslime und Nicht-Muslime), die – im Gegensatz zu mir – vor ihrem Zugang zu der Sufi-Tradition mit dem islamischen Kulturraum nicht in Berührung gekommen waren.

Alter: 30 Geschlecht: männlich Datum: 5. 3. 92

1. Wann warst Du im Halvet: 6. 1. 92–15. 2. 92

2. Aus welchen Gründen bist Du ins Halvet gegangen?
»Die Sehnsucht nach Klarheit und Ruhe. Der Wunsch, mich zu reinigen und tiefer ins Leben einzusteigen.«

3. Bitte beschreibe, was Dir an Deinen Erfahrungen am wichtigsten erscheint.
»Daß es, wie Yunus°° in seinen Gedichten schreibt, der Meisterschaft bedarf, um Wahrheit in der Welt der Werte zu finden, um die immerwährende Wahrheit und Liebe durch sie wirken zu lassen. Wenn ich alle meine Möglichkeiten ausschöpfe, mir Gott weitere schenkt und bei der Bewältigung von Hindernissen auf dem Weg zu ihm hilft. Daß alles, was ich sehe, wen ich sehe, ich selbst bin, und manche Facetten mir reichlich fremd sind und großes Erstaunen und mancherlei andere Emotionen auslösen.«

4. Was hat sich konkret für Dich/an Deinem Leben nach dem Halvet geändert?
»Eine wichtige Entscheidung ist mir zugefallen: der Entschluß, nach Wien zu ziehen, eine völlig andere Aufgabe anzunehmen. Die Verantwortung für meinen Sohn konkret anzunehmen, der in Wien wohnt, wird damit ebenso möglich, großen Frieden mit meinen nahen Verwandten zu finden nach dem Halvet und Klarheit zu ihnen. So ist dieser Entschluß wie ein Wunder für mich, daß mit einer Entscheidung so viele verschiedene Aspekte befreit und berührt werden und weiterem Wachstum zugeführt werden. Daß eine Umkehr zu den Wurzeln eine Notwendigkeit für mein Leben ist, ebenso wie das damit verbundene Eingestehen von Fehlern.«

° Mein herzlicher Dank an die Halvet-Absolventen, die bereit waren, ihr persönlichstes Erleben (mit-)zuteilen.
°° Yunus Emre, türkischer Mystiker, gest. um 1321.

5. Würdest Du noch einmal in ein Halvet gehen? Wenn ja/nein, warum?

»JA! Weil es eine heilige, heile, reinigende, schwere und wunderschöne Zeit mit Gott ist. Die Möglichkeit, dem Ego die Richtung zu Gott zu weisen, es inschallah erziehen und überwinden zu lernen und in der Schwäche Gottes ewige Präsenz und Hilfe zu spüren. Es erscheint mir als Möglichkeit für die Menschheit, die Ursachen der Fehler, Schwierigkeiten und Wirrnisse vom Außen nach dem Innen zu holen und somit die Beziehung zu *allen* Menschen zu befreien und zu reinigen! So auch der Bandbreite an Problemen – von Umwelt-Verantwortung, Krieg bis hin zu intimer Partnerschaft und eigener Entwicklung – im Sinne Gottes zu begegnen.«

6. Würdest Du anderen empfehlen/abraten, ein Halvet zu machen? Gründe?

»Raten, es zu tun, s. Frage 5. Wie viele Jahre Psychotherapie im Vergleich mit einer Anbindung an die Unendlichkeit in 40 Tagen!«

7. Gab es während und/oder anschließend an das Halvet physiologische Verän-derungen bei Dir? Wenn ja, welche?

»Extreme Bradykardie° – Puls oft nur 35 (ich habe aber Sportlerherz), nach ca. zwei Wochen stoppte mein Haarausfall den ich seit etwa fünf Jahren habe. Manchmal extreme Hitze, dann Kälte, dann kühle angenehme Schauer auf Haut und Rücken. Extreme Verstopfung in der Mitte des Halvets mit damit verbunde-ner Müdigkeit und Verwirrtheit (Rückvergiftung aus dem Darm?). Zum Ende hin war das kein Problem mehr, auch wenn es immer noch schwer ging. Auch der Umgang mit Problemen war ein anderer geworden. Rückenschmerzen LWS, BWS°°, starke innere Spaltung spürbar! 16 kg Gewichtsverlust. Danach großen Hunger auf Pikantes und Getreideprodukte (Polenta, Weizengrütze...) und Iskembe çorbasï°°°!

8. Gibt es noch etwas zu Deiner Erfahrung, das Dir wichtig ist, aber in den Fragen nicht angesprochen wurde?

Alter 43: Geschlecht: weiblich Datum: 10. 9. 92

1. Wann warst Du im Halvet? Juni–Juli 1992.

2. Aus welchen Gründen bist Du ins Halvet gegangen?

»2.1. Um mich selbst kennenzulernen und um mein Sein zu vertiefen.

2.2. Um mit einer neuen, unbekannten Methode die Grenzen meiner Persön-lichkeit/meines Egos zu erkunden.

2.3. Um mich auf dem Sufi-Pfad zu entwickeln, um in meiner spirituellen Entfaltung voranzukommen.«

° Verlangsamter Herzschlag.
°° Lendenwirbelsäule, Brustwirbelsäule.
°°° Türkische Kuttelsuppe.

3. Bitte beschreibe, was Dir an Deinen Erfahrungen am wichtigsten erscheint.
»Ich denke, daß es *mehrere wichtigste Erfahrungen* gab. So werde ich sie numerieren. Diese Reihenfolge stellt jedoch keine Rangfolge dar.
3.1. Die ›besonderen‹ Zustände, die während der Dhikrs entstehen.
3.2. Das Überwinden körperlicher Grenzen.
3.3. Die ›empfangenen‹ Informationen – in Bildern und luziden Sequenzen *in Träumen.*
3.4. Weiteres, über das ich nichts berichten kann, da die Sprache zurückbleibt.«

4. Was hat sich konkret für Dich/an Deinem Leben nach dem Halvet geändert?
»4.1. Physiologische und emotionale Veränderungen.
4.2. Kognitive Veränderungen bezüglich der Wahrnehmung der Welt und alltäglicher Ereignisse.
4.3. Neuartiges, vertieftes Gefühlserleben.«

5. Würdest Du noch einmal in ein Halvet gehen? Wenn ja/nein, warum?
»5.1. Ja, ohne den geringsten Zweifel. Für mich ist es eine wunderbare psychologische Methode, durch die ich auf bewußten und unbewußten Ebenen ›vertieft‹ wurde und gereift bin.
5.2. Es ist eine integrierende Erfahrung, die die EINHEIT fördert (mit sich selbst, mit anderen, mit der Natur und mit Gott).
5.3. Ferner, obgleich nur wenig Zeit vergangen ist, fühle ich tatsächlich den Wunsch, das Halvet zu wiederholen.«

6. Würdest Du anderen empfehlen/abraten, ein Halvet zu machen? Gründe?
»6.1. Ja, aber nur für Menschen ohne schwerwiegende psychische Probleme, ohne chronische physiologische Beeinträchtigungen wie beispielsweise Diabetes, Magengeschwüre, Herz-Kreislauf-Erkrankungen etc.
6.2. Ich denke, ein Halvet ist empfehlenswert, obgleich es wichtig ist, daß der betreffende Mensch selbst diese Erfahrung machen möchte ... daß er es zutiefst wünscht.

7. Gab es während und/oder anschließend an das Halvet physiologische Veränderungen bei Dir? Wenn ja, welche?
»7.1. Ja, während und anschließend. Einige waren reichlich unerwartet. (Ich weiß nicht, ob diese Frage eine Beschreibung oder Erklärung erfordert?)«[°]

[°] Nachtrag, 7. 2. 93
1. An einigen Tagen ein sehr starkes *Hunger*gefühl (hatte ich Kohldampf!), das dann aber verging.
2. Mein Darm verschloß sich an vielen Tagen im Halvet und auch anschließend. Zur gleichen Zeit starke Gasentwicklung (Aufstoßen und Blähungen).
3. Vermehrte Urinausscheidung während der ersten Tage, teils mit starkem Geruch.
4. Stundenlang kalte Füße und die Notwendigkeit, durch Shiatsu (eine Art Massage) die Durchblutung zu fördern und die Normalkörpertemperatur (36–37 Grad) aufrecht zu erhalten.

8. Gibt es noch etwas zu Deiner Erfahrung, das Dir wichtig ist, aber in den Fragen nicht angesprochen wurde?
»8.1. Für mich war dies eine einmalige und unvergeßliche Erfahrung der Entdeckung des Selbst.«

Hier noch einige allgemeine Betrachtungen, die ich für erwähnenswert halte:
Ich gehe davon aus, daß die zunehmende Verlangsamung der Aktivitätsrhythmen, die sich im Laufe des Halvets einstellte (der Verdauungs- und Ausscheidungsprozesse, der Schlaf- und Wachzustände, der Aktivitäten des Tagesablaufs), zu sehr klarer Bewußtheit führte: Bewußtheit der körperlich-seelischen Imbalance, mit der wir üblicherweise leben und die sich hieraus ergebende Disharmonie von Körper, Geist und Seele.
Ich persönlich bin zu der Überzeugung gelangt, daß diese Verlangsamung der Rhythmen – einschließlich der erwähnten physiologischen Dimension dieses Prozesses – das körperlich-seelische Gleichgewicht fördert, ebenso wie die meditativen und kontemplativen Zustände und die verschiedenen parapsychologischen Erfahrungen, die während des Halvets auftreten können.

Alter: 41 Geschlecht: weiblich Datum: April '92

1. Wann warst Du im Halvet? 1) Sept. '90; 2) Juni '91

2. Aus welchen Gründen bist Du ins Halvet gegangen?
»Erkannte, daß ich wieder in ein Musterverhalten gerutscht war, aus dem ich endgültig herausfinden wollte. War bereit, mich trotz meiner Angst vor dem Halvet wirklich auf mich und Gott einzulassen. Wollte den Grund meines Lebens finden, um meine Aufgaben zu verwirklichen.«

3. Bitte beschreibe, was Dir an Deinen Erfahrungen am wichtigsten erscheint.
»Göttliche Liebe und Barmherzigkeit zu erfahren. Mein Leben vorbeilaufen zu sehen und zu erkennen, was mir bis dahin verborgen geblieben war. Meine Lebensmatrix zu sehen und die Notwendigkeit und Möglichkeit, diese anzunehmen. Mein ganzes Leben als Vorbereitung zu sehen. Von der Familienstruktur über meine Rolle als Kind – bis heute. Durch die Einsicht all meines Fehlverhaltens zu einer tiefen Vergebung für die Fehler anderer zu gelangen. Im einfachen Sein tiefen Frieden, Einheit mit der Erde, den Menschen und Gott zu empfinden. Meine Beschränktheit und Vergänglichkeit und gleichzeitig alles in mir zu finden. Das Paradoxon des Lebens zu begreifen und lassen zu können. Eine neue Form von Offenheit und Verbindung zu allen Familienmitgliedern und Partnern zu erschließen. In den 40 Tagen nicht einsam zu sein und aus Dankbarkeit für diese Erfahrung mein ganzes Leben in den Dienst für die Menschen zu stellen. Himmel und Hölle sind hier zu gleicher Zeit.«

5. Der Zeitraum zwischen meinen Perioden reduzierte sich von 28 Tagen auf 20 Tage. In den 40 Halvettagen habe ich zweimal menstruiert, ansonsten jedoch ohne die geringsten Auffälligkeiten.

4. Was hat sich konkret für Dich/an Deinem Leben nach dem Halvet geändert?
»Bin den Menschen viel näher, großzügiger, gütiger, verzeihender. Viel engere
Beziehung zu meiner Mutter, Tochter, Wiederaufnahme eines engen Kontaktes
zu meinem Bruder, Klärung in der Beziehung zu meinem Vater, Aufbauen neuer
tiefer Freundschaft zu meinem geschiedenen Mann, Auflösung meiner Wohnung zugunsten meiner Tochter, Erwachen in die Mutterrolle, Erlernen des
Alleinseins, des Mit-Schmerzen-umgehen-Könnens und dadurch zu wachsen.
Völlige Umstrukturierung meines Selbstverständnisses. Erkennen völlig ver-
nachlässigter Teile in mir, die jetzt Raum zum Leben bekommen. Bedeutung
einer Partnerschaft in individueller und geistiger Hinsicht nimmt Konturen an,
und die Sehnsucht nach einem erfüllten Frauenleben, das sich nicht ausschließ-
lich oder hauptsächlich im Beruf abspielt, erwacht. Beginne, die Musik in mein
Leben zu integrieren. Kann Ordnungen in dieser Welt akzeptieren, ohne sie
brechen zu wollen und zu unterminieren.«

5. Würdest Du noch einmal in ein Halvet gehen? Wenn ja/nein, warum?
»Habe im Juni '91 ein zweites Halvet gemacht. Weil mir schien, die Aufräumar-
beit der Vergangenheit draußen als Aufgabe quasi umgesetzt zu haben und mir
ein Energiestoß in Richtung Zukunft wichtig schien. Würde wieder ein Halvet
machen, wenn die Aufgaben der ersten beiden umgesetzt scheinen bzw. die
äußeren Notwendigkeiten es zulassen.«

6. Würdest Du anderen empfehlen/abraten, ein Halvet zu machen? Gründe?
»Ja, wenn Du an einem Wendepunkt stehst in Deinem Leben, wenn Du verwirrt
bist, wenn Du bereit bist, wirklich in den Spiegel zu schauen. Es gibt für mich
keine Möglichkeit, wo Geist und Herz sich tiefer begegnen können, wo eine
Richtung so deutlich wird, die auch tatsächlich umgesetzt werden kann. Aber
draußen beginnt dann der zweite Teil der Aufgabe. Nämlich im Strudel des
Lebens umzusetzen, was im geschützten Raum des Halvet erkannt wird. Sonst
bleibt es eine wunderbare Erinnerung.«

7. Gab es während und/oder anschließend an das Halvet physiologische Veränderungen bei Dir? Wenn ja, welche?
»Was anders war, waren meine Empfindungen. Ich konnte anfangs körperlich
empfinden, welche Wirkung negative Gedanken und Worte, die ich aus
Fahrlässigkeit oder Müdigkeit ausspreche, in meinem eigenen Körper zeigen.
Leichte Magenübersäuerungserscheinung. Schwierigkeit, nicht in Freßsucht zu
fallen. Totales Aufgerichtetsein der Wirbelsäule. Weniger Empfindlichkeit
gegenüber Licht, Lärm, groben Menschen. Möglichkeit, mich sozusagen tiefer
in mich (im Sinne vom Körper) zurückzuziehen und dort sicher zu sein bzw. mich
durch Konzentration schützen zu können.«

8. Gibt es noch etwas zu Deiner Erfahrung, das Dir wichtig ist, aber in den
Fragen nicht angesprochen wurde?
»Das zweite Halvet war völlig anders als das erste. Was mir im ersten Halvet im
äußeren Rahmen klar wurde, wurde mir im zweiten innerlich klar. Viele
Erkenntnisse, die ich gehört hatte, wurden plötzlich begreifbar und waren

konkret. Im ersten Halvet verstand ich, warum ich Moslem bin, im zweiten, warum ich Sufi bin. Im ersten Halvet klärte sich die Beziehung zu meiner Mutter. Im zweiten Halvet klärte sich die Beziehung zu meinem Vater. Im ersten Halvet deuteten sich Dinge an in Träumen. Im zweiten Halvet konkretisierten sich Aufgaben, die in meinem Leben von Bedeutung sind. Fand Anschluß an mein Wesen im Sinne der Reinheit und Einzigartigkeit und des Kraftquells, der sich hieraus ergibt. Das Konzept der Schuld löste sich auf. Die Möglichkeit des Annehmens in Toleranz eröffnete sich. Die alte Beziehung zu meinem geschiedenen Mann löste sich völlig, und ich konnte ihm mit seiner neuen Frau offen und in Liebe begegnen. Etwas, was mir bis dahin unmöglich gewesen wäre. Finde eine Beziehung zu meinem künftigen Mann, die den ›gesehenen‹ Qualitäten entspricht und mir völlig neue Bereiche eröffnet. Mein Lebenstempo ist seit dem zweiten Halvet merklich heruntergesetzt. Was ich daraus schließe, ist, daß ich mich vorher einfach getreten habe. Erfahrungen auf anderen Ebenen lassen sich nicht standardisieren.«

Alter: 23   Geschlecht: männlich   Datum: 6. 8. '92

1. Wann warst Du im Halvet? 15. 1.–29. 2. '92.

2. Aus welchen Gründen bist Du ins Halvet gegangen?
»Ich hatte das Bedürfnis nach Rückzug und spürte, daß ich in meiner Entwicklung und meinem Leben an einem Punkt angelangt war, an dem ich ohne diese Erfahrung stehengeblieben wäre.«

3. Bitte beschreibe, was Dir an Deinen Erfahrungen am wichtigsten erscheint.
»Das Leben wird für einen Moment, den einzig wirklich existierenden allumfassenden Moment gelebt, der aus, für und durch die Liebe existiert. Aus einem Gedicht von Niyazi Misri[*]: ›Wenn Du nicht in allem Gottes Angesicht erkennen kannst, hast du gefehlt.‹«

4. Was hat sich konkret für Dich/an Deinem Leben nach dem Halvet geändert?
»Die Art, die Dinge zu sehen.«

5. Würdest Du noch einmal in ein Halvet gehen? Wenn ja/nein, warum?
»Wenn ich das Bedürfnis und die Möglichkeit habe. *Ja*.«

6. Würdest Du anderen empfehlen/abraten, ein Halvet zu machen? Gründe?
»Wenn ich gefragt werde, kann ich Halvet nur empfehlen.«

7. Gab es während und/oder anschließend an das Halvet physiologische Veränderungen bei Dir? Wenn ja, welche?
»Verschwinden meines Suchtverhaltens (ich war bis fünf Minuten vor dem Halvet starker Raucher, jetzt rauche ich nicht mehr). Ich hatte eine Lungenentzündung im Halvet. Mein Haarausfall wurde gestoppt, später setzte er wieder ein, aber in viel schwächerer Form als vor dem Halvet. Mein Körper verwertet

---

[*] Türkischer Mystiker des Khalvatiyya-Ordens, gest. 1697.

Nahrung viel besser als vorher (d. h. leider schlägt Essen sehr rasch an, war vorher nicht so).«

8. Gibt es noch etwas zu Deiner Erfahrung, das Dir wichtig ist, aber in den Fragen nicht angesprochen wurde?
»Das wirkliche Ergebnis und Erlebnis kann nicht mit Worten weitergegeben werden, es wäre auch vermutlich für mich nicht richtig, es zu versuchen. – Man sagt, daß im Halvet langsam das Herz geöffnet wird. Ich glaube, das körperlich gespürt zu haben. Im Halvet kann, glaube ich, Anschluß an göttliches Wissen erfolgen. Allerdings ist ein 40tägiges Halvet keine Garantie für irgend etwas. Die Aufgabe ist es, das Erlebte in der anderen Welt umzusetzen.«

Glossar muslimischer Personen

Die Umschrift islamischer Namen ist nicht einheitlich, sie wechselt je nach der Nationalität des Verfassers. Ein arabisches Wort wie *Halladsch* kann erscheinen als *Hallaj* oder, in türkischer Transliteration, als *Hallac*, usw. Auf Längezeichen und diakritische Punkte bei Namen haben wir bewußt verzichtet.

Ali ibn Abi Talib, Vetter und Schwiegersohn des Propheten Muhammad, vierter Kalif (Nachfolger) des Propheten (reg. 656–661). Den Schiiten gilt er als der einzige rechtmäßige Nachfolger des Propheten und erster Imam (Leiter im Gebet und im Kampf) der Schia.

Attar, Faridaddin, persischer mystischer Dichter, starb um 1220 in Nischapur, Nordost-Iran. Er ist vor allem durch seine allegorischen persischen Epen bekannt. Sein »Mantiq ut-tair«, »Vogelgespräche«, beschreibt die Reise der 30 Seelenvögel zum Gottesvogel Simurgh; das »Musībatnāma« (übersetzt von Isabelle de Gastines als »Le Livre de l'epreuve«) deutet die Erfahrungen des Mystikers in der vierzigtägigen Klausur an. Das »Ilāhīnama« (übersetzt von J. A. Boyle, Manchester 1976) schildert die Gespräche eines Königs mit seinen sechs Söhnen. Beste Einführung in sein Leben und Werk: H. Ritter, Das Meer der Seele.

Baha'eddin Walad, Mevlâna Rumis Vater, Prediger in der Provinz Balch, Afghanistan; von dort ausgewandert, 1229–31 Theologieprofessor in Konya. Beste Studie: Fritz Meier, Bahā-i Walad, Leiden 1991.

Bektasch (Bektash, Bektaş) siehe *Haci*

Beyazid (Bayezid Bistami), Mystiker aus Nord-Ost-Iran (gest. 871), berühmt für seine Askese und seine hochfliegenden Aussprüche, vor allem seine Bemerkung *subhāni, mā a ʿẓama schāni,* »Preis sei mir! Wie groß ist meine Majestät!«, das oft zusammen mit Halladschs anāʾl-ḥaqq als Ausdruck der »Vergottung« angesehen worden ist.

Ghazzali (Ghazali, Ghasali), Abu Hamid al-, (gest. 1111 in Tus, Ost-Iran), der große systematische Theologe der gemäßigten Mystik, in dessen Hauptwerk »Iḥyā' ʿulūm ad-diñ«, »Die Wiederbelebung der Wissenschaften von der Religion« in 40 Kapiteln die Pflichten des Muslims dargelegt werden, wobei die eigentlich »mystischen« Stufen in den letzten zehn Kapiteln erscheinen. Denn der Mensch bereitet sich in 40 Stufen auf den Tod vor. Ghazzalis Einfluß auf die gemäßigte mystische Lebenshaltung kann nicht überschätzt werden. Viele Teile aus dem *Iḥyā'* sind in europäischen Sprachen zugänglich; eine gute analytische Übersicht ist G.-H. Bousquet, Ih'ya 'ouloum ad-din, ou vivification des sciences de la foi, Paris 1955. Die »mystischen« Teile sind übersetzt von R. Gramlich, Die Lehre von den Stufen der Gottesliebe (Die Bücher 31–36), Wiesbaden 1958; seine Arbeit über die Gottesnamen, »al-maqṣad al-asnā…«, ist übersetzt von David B. Burrell und Nazih Daher, The Ninety-nine beautiful Names of God, Cambridge 1992.

Gurgani, Abu'l-Qasim, Lehrer Hujwiris, gest. 1076.

Haci (Hadschi) Bektasch, volkstümlicher türkischer Mystiker, der, aus Ost-Iran kommend, sich in Anatolien niederließ und 1338 dort starb. Er ist der Gründer des Bektaschi-Ordens, der durch seinen Einfluß auf die osmanische Elitetruppe, die Janitscharen, bekannt geworden ist. Der Orden hat viele schiitische Züge in sich aufgenommen; Frauen sind zugelassen, und die volkstümlichen Scherze der Bektaschis sind in der Türkei weltverbreitet. Siehe J. K. Birge, The Bektashi Order of Dervishes, 2. Aufl. London 1965.

Halladsch (Hallaj), Al-Husain ibn Mansur al-, Mystiker aus Süd-Iran, der im Irak lebte und sich durch strengste Askese auszeichnete. Sein Ausspruch *anā'l-ḥaqq,* »Ich bin die Absolute Wahrheit«, d. h. »Gott«, wird als Grund für seine grausame Hinrichtung in Bagdad 922 angegeben, doch waren es eher politische Gründe, die zu seinem Tode führten. Für die späteren Sufis ist er der »Märtyrer der Gottesliebe«, der für die »Enthüllung des Geheimnisses«, d. h. der Liebeseinigung von Gott und Mensch, mit dem Tode büßen mußte. Bis heute spielen muslimische Dichter und Denker auf ihn und seine Rolle als »Liebender« an. Die umfassende Biographie: L. Massignong, La Passion d'al-Hoseyn ibn Mansour al-Hallaj, martyre mystique de l'Islam, 2 Bde., Paris 1922; erweiterte Ausgabe Paris 1974; englische Übersetzung durch Herbert Mason, A Hallaj mystic and martyr of Islam, Princeton 1982. – Auswahl aus seinen Werken: A. Schimmel, O Leute, rettet mich vor Gott!, Freiburg i. Br. 1985.

Hujwiri, Ali ibn Othman al-Jullabi al-, Mystiker aus Ost-Iran, gest. in Lahore um 1071, wo er bis heute unter dem Namen Data Ganj Bakhsh verehrt wird. Verfasser des ersten mystischen Lehrwerkes in persischer Sprache; Übersetzung von R. A. Nicholson, The »Kashf al-mahjub«..., London/Leiden 1911, und oft.

Ibn Arabi, Muhy'ddin, geboren 1165 in Ceuta, Spanien, gest. 1240 in Damaskus. Der *magister magnus* des theosophischen Sufismus. Seine »Futūḥāt al-makkiyya«, »Die mekkanischen Eröffnungen«, stellen Erfahrungen und Erkenntnisse des Mystikers in 560 Kapiteln dar; seine »Fuṣūṣ al-ḥikam«, »Die Siegelsteine der Weisheitsworte«, handeln von mystischer Prophetologie; eine gute englische Übersetzung: R. W. J. Austin, The Bezels of Wisdom, New York 1980. (Die Koflersche Übersetzung ist nicht sehr gut.) Eine ausgezeichnete Biographie: Claude Addas, Ibn Arabi, La Qûete du Soufre Rouge, Paris 1988; die beste Analyse: W. Chittick, The Sufi Path of Knowledge.

Ibn Ata Allah, ägyptischer Mystiker das Schadhiliyya-Ordens, gest. 1309 in Alexandria. Verfasser der »Hikam«, »Weisheitssprüche« (deutsch von A. Schimmel, Bedrängnisse sind Teppiche voller Gnaden, Freiburg i. Br. 1987); umfangreiche Studie über ihn: P. Nwyia, Ibn Ata Allah et la naissance de la confrérie shadilite. Sein Werk über den *dhikr,* »Miftāḥ al-falaḥ wa miṣbāḥ al-arwāḥ«, ist eine klassische Darstellung der Gottesnamen und ihrer Wirkung; englische Übersetzung, The Key to Salvation, in Vorbereitung in Cambridge, Islamic Texts Society.

Ibrahim al-Khawass, gest. 904, arabischer Mystiker, berühmt durch sein absolutes Gottvertrauen.

Jili, Abdul Karim al-, baute die Ideen Ibn Arabis weiter aus und gab in seinem Buch »al-insan al-kamil«, »Der Vollkommene Mensch«, eine klassische Darlegung dieser Lehre. Er starb zwischen 1408 und 1417. Siehe auch R. A. Nicholson, Studies in Islamic Mysticism, Cambridge 1921, Kapitel 2.

Kalabadhi, Abu Bakr Muhammad, muslimischer Jurist aus Bukhara, gest. um 990. Verfaßte ein Werk über das Sufitum, »kitāb at-ta ʿarruf«, das knapp und nüchtern Stufen und Stationen der Mystiker darlegt. Übersetzt von A. J. Arberry, The Doctrine of the Sufis, Cambridge 1935, und Reprints.

Kubra, Nadschmaddin, zentralasiatischer Mystiker, gest. 1221, begraben in Urgenj. Verfasser hochinteressanter Werke über den Sufi-Pfad mit Beschreibung visionärer Farb- und Formerlebnisse. Das grundlegende Werk ist Fritz Meier, Die fawāʾiḥ al-jamāl (siehe Literatur, S. 236). Über seine Lichtlehre siehe auch H. Corbin, L'homme de Lumière.

Mevlâna (Maulana = »unser Herr«) Dschalaladdin (Celalettin) Rumi (1207–1273), verbrachte den größten Teil seines Lebens in Konya, Anatolien. Größter Sänger der mystischen Liebe in seinem ca. 36 000 Verse umfassenden lyrischen »Dīvān«; sein Lehrgedicht in Doppelversen, »Mathnawī«, wird gern als »Koran in persischer Zunge« gepriesen. Seine in »Fīhi mā fīhi« aufgezeichneten Gespräche nehmen die zentralen Themen seiner Dichtung auf, die großenteils beim Lauschen auf Musik entstanden. Sein Sohn Sultan Valad (gest. 1312) institutionalisierte den mystischen Reigen, *semāʿ*, so daß der auf Mevlâna zurückgehende Orden der Mevlevis oft »Orden der Tanzenden Derwische« genannt wird. Mathnawi-yi maʿnawī (hrsg. u. übers. v. R. A. Nicholson), 8 Bände, London/Leiden 1925–40; A. Schimmel, Rumi. Ich bin Wind und du bist Feuer; dies., The Triumphal Sun, London/Den Hague 1978, Reprint Albany 1993; dies., Sieh! Das ist Liebe! (Übersetzungen aus dem Divan), Basel 1992.

Nasafi, Aziz al-, persischer Mystiker, der sich vor allem mit dem vollkommenen Menschen beschäftigte (gest. um 1300). Übersetzung: Isabelle de Gastines, Le Livre de L'Homme Parfait, Paris 1984.

Niyazi Misri, türkischer mystischer Dichter, starb in Lemnos 1697.

Omar ibn al-Khattab, zweiter Nachfolger Muhammads, berühmt durch seine Strenge und Gerechtigkeit (reg. 634–44).

Quschairi, Abu'l-Qasim al-, Mystiker aus Ost-Iran (gest. 1072). Seine »Risāla, »Sendschreiben«, ist eines der meistgelesenen Werke über den »nüchternen« Sufismus; eine deutsche Übertragung von R. Gramlich liegt vor (Stuttgart 1989); eine auf die mystischen Aspekte der »Risāla« beschränkte gute Auswahl ist B. R. von Schlegell, Principles of Sufism, Berkeley 1990; über Quschairis Bericht über die Erfahrungen beim *dhikr* siehe Fritz Meier, »Al-Qušairis tartib as-sulūk«.

Ruzbihan-i Baqli, mystischer Schriftsteller in Schiras (gest. 1209), hat die ekstatischen Aussprüche der Sufis interpretiert (hrsg. v. H. Corbin, Sharḥ-i shaṭhiyāt. Les Paradoxes des Soufis, Teheran/Paris 1966) und die Aspekte der Liebe in seinem »'Abhar al-'Aschiqīn« (hrsg. v. H. Corbin, Le Jasmin des Fidelès d'amour, Teheran/Paris 1958) in subtilster Sprache dargelegt.

Schems, Schamsaddin von Tabriz, Wanderderwisch, dessen Erscheinen in Konya im Herbst 1244 einen mystischen Schock bei Mevlâna Rumi auslöste und ihn von einem Theologen und Juristen in einen ekstatischen Dichter verwandelte. Schems verschwand, wahrscheinlich ermordet, im Dezember 1248, und Mevlâna identifizierte sich völlig mit ihm, so daß viele seiner Gedichte den Namen Schamsaddins tragen.

Yesewi, Ahmed, türkischer Mystiker aus Yassi, Zentralasien, wo er 1166 starb. Erster Verfasser einer türkischen Sammlung von *ḥikam,* Weisheitsversen. Der auf ihn zurückgehende Orden ist durch den »Säge-*dhikr*« bekannt.

Yunus Emre, anatolischer mystischer Dichter, starb 1321. Seine schlichten mystischen Verse haben die türkische Lyrik bis heute beeinflußt. Siehe A. Schimmel, Yunus Emre. Ausgewählte Gedichte, Köln 1991; dies., Wanderungen mit Yunus Emre, Köln 1990.

Zubair, az-, schloß sich dem Propheten Muhammad als junger Mann an und stellte sich in den Nachfolgekämpfen in der sogenannten »Kamelschlacht« 656 auf die Seite A'ischas, der Witwe des Propheten, und gegen die Partei Alis. Berühmt als Überlieferer von *ḥadīth.*

Glossar medizinischer und psychologischer Fachausdrücke

Amygdala = Mandelkern, Teil des Limbischen Systems.

Archetypen° = Urbilder, Urvorstellungen, die seit Urzeiten genetisch überkommen und allen Menschen gemeinsam sind; Archetypische Bewegungen: Begriff, der in der alt-orientalischen Musiktherapie für Bewegungsabläufe verwendet wird, die sich – zunächst durch schriftliche Aufzeichnungen, weiter zurück durch Höhlenzeichnungen etc. – bis zu den Ursprüngen der Menschheit zurückführen lassen und offensichtlich zu heiligen/heilenden Zwecken ausgeführt wurden.

Bradykardie = langsame Herzschlagfolge (weniger als 60 pro Minute).

Autonomes Nervensystem = der ursprünglich nach funktionellen Gesichtspunkten abgetrennte Teil des peripheren und zentralen Nervensystems, der den vegetativen Funktionen dient, d. h. der Regelung der unbewußten – und vom Willen weitgehend unabhängigen – inneren Lebensvorgänge.

Dehydration = Mangel an Körperwasser.

Deprivation, sensorisch = das langzeitige Fernhalten aller Sinneseindrücke; es bewirkt beim Menschen (…) eine starke Suggestibilität, Denkstörungen, Konzentrationsschwäche, depressive Stimmung, evtl. auch Halluzinationen (wie bei extremer sozialer Isolierung); perzeptuell°: wahrnehmungsbezogen.

endokrin = in den Blutkreislauf Stoffe absondernd.

Gyrus cinguli = der gürtelförmige, zwischen der Balken- und Cingulum-Furche gelegene Gyrus.

Hippokampus = Ammonshorn, Sitz des Riechzentrums der Hirnrinde, hat eine zentrale Funktion innerhalb des limbischen Systems.

Hyperventilation = über den Bedarf hinaus gesteigerte Lungenbelüftung, (…) kann zu Muskelkrämpfen führen.

Hypoglykämie = Absinken des Blutzuckers unter Normalwerte.

Hypothalamus = der unterhalb des Thalamus gelegene Teil des Zwischenhirns; (…) Ist wirksam als zentrales Regulationsorgan der vegetativen Funktionen, so der Nahrungsaufnahme, der Wasseraufnahme, der Körpertemperatur, des Kreislaufs, der Sexualität und des Schlafs.

Ideomotorbewegungen° = emotional oder affektiv gesteuerte Vorstellung, die unbeabsichtigt und ohne Beteiligung des Willens zu motorischen Reaktionen führt.

° Die mit einem Sternchen – ° – gekennzeichneten Definitionen entstammen dem »Lexikon der Psychologie« (Verlag Herder, Freiburg – Basel – Wien), die nicht gekennzeichneten dem »Roche-Lexikon Medizin« (Urban & Schwarzenberg, München – Wien – Baltimore).

Katalepsie = anhaltendes Verharren in einer bestimmten – evtl. sogar unbeque-
men – Körperhaltung unter Erhöhung der Muskelspannung.

Kinästhetisch = der Bewegungs- und Lagesinn; Kinästhetische Halluzination°:
das Erleben einer in Wirklichkeit nicht stattfindenden Körperbewegung. Solche
Halluzinationen treten nach einer langen Bootsfahrt auf.

Kollektives Unbewußtes, Jungs° = das einflußreichste System der Psyche, ist dem
Individuum völlig unbewußt. Es ist die ererbte, rassische Grundlage der
Persönlichkeitsstruktur und enthält den Einfluß der kumulativen Erfahrungen
aller vorangegangenen Generationen und selbst der tierischen Vergangenheit
des Menschengeschlechts.

Kortex = die Großhirnrinde, die vor allem bedingt-reflektorische und analysato-
rische Funktionen ausübt und auf sämtliche Organfunktionen und auf die
tieferen ZNS-Zentren (auch die vegetativen) einwirkt.

Levitation° = paranormales Aufwärtsschweben eines Gegenstandes oder einer
Person, gewöhnlich in Verbindung mit einem physischen Medium.

Limbisches System = Es regelt das Affekt- und Triebverhalten und dessen
Verknüpfung mit vegetativen Organfunktionen; wahrscheinlich auch für das
Gedächtnis von Bedeutung.

Luzider Traum = ein Traum, in dem der Träumende soweit bewußt wird, daß er
das Traumgeschehen aktiv steuern kann.

Neuroendokrinologie = Lehre des Nervensystems und Endokrinium.

Parasympathisches System° = Teil des Autonomen Nervensystems, mit tropho-
troper Wirkung zur Erholung, Ernährung und Ausscheidung von Schlacken.

Perineum = der »Damm« als ca. 3 cm breite Weichteilbrücke zwischen Anus und
Skrotum.

Sympathisches System° = Teil des Autonomen Nervensystems, mit ergotroper
Funktion zur Steigerung der körperlichen Aktivität.

Synchronizitäten, Jungs° = Korrelation zwischen äußeren und inneren Tatsachen, welche nicht kausal erklärt werden können. Nach Jung hat diese
Korrelation ihre Grundlage in den Archetypen.

Transpersonale Psychologie° = jener Bereich der Psychologie, der das Innenle-
ben der Einzelperson und das Zusammensein sowie das Miteinander(geschehen)
im wesentlichen betrifft; er übersteigt deshalb den konstitutionellen Körperbe-
reich und umgreift insbesondere Seele und Geist.

Vestibulapparat = die dem Gleichgewichtssinn dienende Funktionseinheit; (...)
Adäquater Reiz sind Beschleunigungskräfte und Schwerkraft (...) bewirkt eine
Erregung der Sinneszellen.

ZNS = Gehirn und Rückenmark, ein Teil des Nervensystems.

Übersetzung fremdsprachlicher Zitate

Wie schon erwähnt, handelt es sich bei »Open Secret« nicht um eine Übersetzung der Schriften Hz. Mevlânas, sondern um von Moyne und Barks »nachempfundene Versionen«. Die folgenden Übertragungen ins Deutsche dürfen ebenfalls auf keinen Fall als Text dieses großen Sufi-Lehrers und Dichters mißverstanden werden; eher vermitteln sie ein Zerrbild. Sie sind dennoch in dieses Buch eingegangen, nicht als authentische Sufi-Schriften, sondern weil sie ein Bestandteil der im Halvet gelebten Erfahrung sind: diese »nachempfundenen« Texte jetzt auszulassen, würde ein Retuschieren der Original-Tagebucheintragungen erforderlich machen und somit eine Verfälschung des tatsächlichen Erlebens mit sich bringen.

S. 50, Bleib bei uns. Sink nicht zu Boden wie ein Fisch, der schlafen geht. Bleib beim Ozean, in steter Bewegung die Nacht hindurch, nicht zerstreut wie ein Regenschauer (OS, S. 53).

S. 51, Plane, wie du dich von deinem eigenen Planen erlösen kannst (OS, S. 78).

S. 53, Es gibt etwas in mir, das muß 50mal pro Tag hören: Schluß mit der Jagd, spring ins Netz (OS, S. 58).

S. 58, Laß mich in dieser lieblichen Jagd die Beute sein, laß mich ins Netz springen! (OS, S. 58).

S. 59, Bist du ein Freund Gottes, so ist Feuer dein Wasser. Du solltest dir 100 000 Falterflügel wünschen, damit du sie verbrennen kannst, ein Paar pro Nacht. (. . .) Ein Bruchteil eines Sekündchens, in dem du Gottes Umkehrung von Wohlgefühl und Schmerz bedenkst, ist besser als jegliche rituelle Handlung (OS, S. 76).

S. 59, Fasten schützt: Wenn Verstand und Bauch durchs Fasten reinbrennen, kommt jeden Augenblick ein neues Lied aus dem Feuer (OS, S. 42).

S. 62, Nur Einer ist es wert, Ihn mit deinem Leben zu erjagen. Er kann nicht eingefangen werden. Du mußt deine Liebesfallen fortwerfen und in Seine treten (OS, S. 75).

S. 65, Du hast keine ›guten‹ Tage oder ›schlechte‹ Tage . . . (OS, 674).

S. 67, Unter Schmerzen atme ich leichter. Wenn ich vernichtet bin, bin ich geheilt (OS, 1115, 1131).

S. 71, Bemüh dich, zu verlieren. Unternimm nichts, um Macht oder Einfluß zu erlangen. Lauf in des Geistes Feuer hinein. Flehe und weine und nähere dich auf deinen Knien (OS, S. 78).

S. 76, »Das Armenhaus der Wunschlosigkeit« (OS, S. 33).

S. 81, Warum ein Universum so gestalten? (OS, S. 79).

S. 82, Ich wünsche mir wieder diesen Moment, wo ich mich ausdehne wie Olivenöl in der Pfanne (OS, S. 44).

S. 90, Jetzt, wo ich weiß, wie es ist, mit dir in ständigem Gespräch zu weilen... (OS, S. 26).

S. 98, Meeres-Musik, nicht das traurige Brechen der Brandung, sondern der Klang von keiner Küste (OS, S. 65).

S. 98, Liebende begegnen sich nicht irgendwann, irgendwo; sie sind schon seit eh und je in-einander (OS, 1246).

S. 101, Laß dir keine guten Ratschläge für mich einfallen. Ich hab das Schlimmstmögliche gekostet... (OS, 670).

S. 117, Dies ist deine Gabe.

S. 118, Entzünde ein Licht für die Dunkelheit...

Literatur

Abraham, R., T. McKenna u. R. Sheldrake: Trialogues at the Edge of the West, Santa Fé 1992.

Achterberg, J.: Imagery in Healing, Shamanism and Modern Medicine, Boston 1985.

Al Ghasali: Neubelebung der Religionswissenschaften, Band 2: Von der Ehe (übersetzt von Hans Bauer), Halle 1917.

Al Ghasali: Die Nische der Lichter (übersetzt von Elschazli), Hamburg 1987.

Arasteh, R.: Toward Final Personality Integration, New York 1975.

Arya, U.: Meditation and the Art of Dying (Himalayan International Institute, Honesdale, PA., 1979), in: E. Rossi: Die Psychobiologie der Seele-Körper-Heilung, Essen 1991.

Asad, M.: Vom Geist des Islam (Islamische Wissenschaftliche Akademie), Köln 1984.

Attar: Mantiq ut-Tair, A Philosophical Religious Poem in Prose (The Conference of the Birds), London 1961.

Bailey, A.: Die Gefahr des Kundalini Erweckens, in: J. White (Hrsg.): Kundalini Energie, München 1990.

Barabasz, A.: EEG alpha, Skin Conductance and Hypnotiziability in Antarctica. Int J. Clin Hypn 28; 63–74, 1980, in: W. Larbig u. W. Miltner: Hirnelektrische Grundlagen der Hypnose, in: D. Revenstorf (Hrsg.): Klinische Hypnose, Berlin 1990.

Barabasz, A.: Restricted Environmental Stimulation and the Enhancement of Hypnotiziability: Pain, EEG alpha, Skin Conductance and Temperature Response. Int J Clin Hypn 30; 147–166, 1982, in: W. Larbig u. W. Miltner: Hirnelektrische Grundlagen der Hypnose, in: D. Revenstorf (Hrsg.): Klinische Hypnose, Berlin 1990.

Bentov, I.: Die Mikrobewegung des Körpers als ein Faktor in der Entwicklung des Nervensystems, in: J. White (Hrsg.): Kundalini Energie, München 1990.

Castaneda, C.: The Eagle's Gift, New York 1982.

Chaudhuri, H.: Die Psychophysiologie von Kundalini, in: J. White (Hrsg.): Kundalini Energie, München 1990.

Corbin H.: Mundus Imaginalis or the Imaginal and the Imaginary, Ipswich 1972.

Davis, J.: Endorphins, New York 1984.

Davis, R.: Kundalini am Werk, in: J. White (Hrsg.): Kundalini Energie, München 1990.

Desai, A.: Kundalini Yoga durch Shaktipat, in: J. White (Hrsg.): Kundalini Energie, München 1990.

Doore, G. (Hrsg.): Opfer und Ekstase, Freiburg i. Br. 1989.

Dornbach, A.: Die Lata'if Lehre, in: Al Sufi, 1. Jahrgang, Nr. 2, 1991.

Dürckheim, Graf K.: Der Ruf nach dem Meister, München 1986.

Eliade, M.: Shamanism, Archaic Techniques of Ecstasy, Princeton 1972.

Erickson, M. und E. Rossi: Hypnotherapy, New York 1979.

Ferguson, M.: Die sanfte Verschwörung, München 1982.

Ferguson, M.: ›Kindling‹ und Kundalini Effekte, in: J. White (Hrsg.): Kundalini Energie, München 1990.

Floor, E.: Die biologischen Grundlagen von Kundalini, in: J. White (Hrsg.): Kundalini Energie, München 1990.

Gennep, A. van: Les Rites de Passage, Paris 1909.

Gerl, W.: Hypnose als Therapie, in: D. Revenstorf (Hrsg.): Klinische Hypnose, Berlin 1990.

Gibran, Kh.: Der Prophet, Olten 1987.

Gibran, Kh.: Worte wie die Morgenröte, Freiburg i. Br./Basel/Wien 1988.

Goodman, F.: Ekstase, Besessenheit, Dämonen – Die geheimnisvolle Seite der Religion, Gütersloh 1991.

Goodman, F.: Schamanische Tranceeinstellungen, in: G. Doore (Hrsg.): Opfer und Ekstase, Freiburg i. Br. 1989.

Goyeche, J.: Kundalini zur Vorbeugung und Therapie gegen Drogenmißbrauch, in: J. White (Hrsg.): Kundalini Energie, München 1990.

Güvenç, O.: The Dervish Path and Mevlana, Vaduz 1981.

Hart, O. v. d.: Rituals in Psychotherapy, New York 1983.

Highwater, J.: The Primal Mind, Vision and Reality in Indian America, New York 1982.

Holler, J.: Das neue Gehirn, Südergellersen 1991.

Hopman, T.: Symbolische Ausdrucksweisen der Kundalini durch das Unbewußte, in: J. White (Hrsg.): Kundalini Energie, München 1990.

Houston, J.: The Search for the Beloved, Los Angeles 1987.

Ibn Arabi: Die Weisheit der Propheten (Fusus al Hikam; übersetzt von Hans Kofler), Graz 1986.

Ibn Arabi. Risalat al anwar fima yumnah sahib al khalwa minal asrar. Reise zum Herrn der Macht (übersetzt von Rabia T. Harris), Freiburg i. Br. 1984.

Ibn Arabi: El Nucleo del Nucleo, Malaga 1986.

Khalsa, S. et al.: Kundalini Energie, in: J. White (Hrsg.): Kundalini Energie, München 1990.

Kielce, A.: Sufismus, München 1985.

Koran. Der Heilige Qur-an (herausgegeben von der Ahmadiyya-Muslin-Bewegung in der Bundesrepublik Deutschland), Frankfurt 1985.

Koran. Al-Qur'an Al-Karim und seine ungefähre Bedeutung in deutscher Sprache (herausgegeben von Muhammed Ahmad Rassoul), Köln 1988.

Krishna, G.: Kundalini for the New Age, Selected Writings of Gopi Krishna, New York 1988.

Krishna, G.: Bedeutung und Implikation einer wissenschaftlichen Untersuchung des Kundalini-Phänomens, in: J. White (Hrsg.): Kundalini Energie, München 1990.

LaBerge, St.: Lucid Dreaming, New York 1991.

Larbig, W. u. W. Miltner: Hirnelektrische Grundlagen der Hypnose, in: D. Revenstorf (Hrsg.): Klinische Hypnose, Berlin 1990.

Lazarus et. al.: Stress-related Transactions between Person and Environment, in: Pervin u. Lewis: Perspectives in Interactional Psychology, New York 1978.

Leonard, G.: Der Pulsschlag des Universums, München 1992.

Lexikon der Psychologie (hg. v. Arnold, Eysenck u. Meili), Freiburg/Basel/Wien 8. Aufl. 1991.

Maslow, A.: Farther Reaches of Human Nature, New York 1971.

McCleave, M.: Christliche Mystik und Kundalini, in: J. White (Hrsg.): Kundalini Energie, München 1990.

Moinuddin, A.: Die Heilkunst der Sufis: Grundsätze und Praktiken, Freiburg i. Br. 1984.

Moody, R.: Life after Life, New York 1975.

Motoyama, H. u. R. Brown: Chakra Physiologie, Freiburg i. Br. 1980.

Motoyama, H.: Toward a Superconsciousness – Meditational Theory and Practice, Berkeley, Kalifornien, 1990.

Muktananda, Sinnliche Erregung, in: J. White (Hrsg.): Kundalini Energie, München 1990.

Nasafi, A.: Kitab al Insan al Kamil (13. Jhdt.), Teheran 1962 (franz. Übers. v. Isabelle de Gastines, hrsg. v. Tehran Département D'Iranologie de l'Institut Franco-Iranien, Paris 1989).

Pandit, M.: Kundalini ist nicht die einzige Wahrheit, in: J. White (Hrsg.): Kundalini Energie, München 1990.

Peck, R.: Eine Forschungsanmerkung über die Kundalini Energie, in: J. White (Hrsg.): Kundalini Energie, München 1990.

Pert, C. et. al.: Neuropeptides and their receptors: A psychosomatic network. Journal of Immunology, 135 (2), 1985, in: E. Rossi: Die Psychobiologie der Seele-Körper-Heilung, Essen 1991.

Peter, B.: Hypnotische Phänomene, in: D. Revenstorf (Hrsg.): Klinische Hypnose, Berlin 1990.

Piaget, J.: Piaget's Theory, in: Mussen (Hrsg.): Carmichael's Manual of Childpsychology, New York 1970.

Radha, S.: Kundalini: ein Überblick, in: J. White (Hrsg.): Kundalini Energie, München 1990.

Rama, S.: Das Erwachen der Kundalini, in: J. White (Hrsg.): Kundalini Energie, München 1990.

Revenstorf, D.: Zur Theorie der Hypnose, in: D. Revenstorf (Hrsg.): Klinische Hypnose, Berlin 1990.

Ring, K.: Heading toward Omega, In Search of the Meaning of the Near-Death Experience, New York 1985.

Ring, K.: The Omega Project, New York 1992.

Roche-Lexikon Medizin (hg. v. d. Hoffmann-La Roche AG u. Urban & Schwarzenberg), München/Wien/Baltimore 2., neubearb. Auflage 1987.

Rossi, E.: Die Psychobiologie der Seele-Körper-Heilung, Essen 1991.

Roth et. al.: Evolutionary Origins of Neuropeptides, Hormones and Receptors, in: The Journal of Immunity, 135 (2), 1985, in: E. Rossi: Die Psychobiologie der Seele-Körper-Heilung, Essen 1991.

Rumi: Open Secret – Versions of Rumi, Putney 1984.

Rumi: Von Allem und vom Einen (Fihi ma Fihi; deutsch von A. Schimmel), München 1988.

Sannella, L.: Kundalini Erfahrung und die neuen Wissenschaften, Essen 1989

Sannella, L.: Kundalini, klassisch und klinisch, in: J. White (Hrsg.): Kundalini Energie, München 1990.

Schahbenderzadeh Ahmed Hilmi Efendi, Erzählung nach dem Roman A'mak-i Hayal (übersetzt von Dornbach), Berlin 1985.

Schimmel, A.: Mystische Dimensionen des Islam. Die Geschichte des Sufismus, Köln 1985 (München 2. Aufl. 1992).

Schuon, F.: Den Islam verstehen, München 1988.

Shafii, M.: Freedom from the Self. Sufism, Meditation and Psychotherapy, New York 1985.

Shah, I.: Die Sufis. Botschaft der Derwische, Weisheit der Magier, München, 7. Aufl., 1990.

Shah, I.: Learning How To Learn, San Francisco 1981.

Shah, I.: Das Geheimnis der Derwische, Freiburg i. Br. 1982.

Shah, I.: Denker des Ostens, Reinbek b. Hbg. 1988.

Shah, O.: Sufism for Today, Paris 1991 (dt. Sufismus für den Alltag, München 1993).

Sheldrake, R.: The Rebirth of Nature, London 1990.

Selye, H.: Stress without Distress, New York 1974.

Stewart, J.: Brain ACTH-Endorphin Neurons as Regulators of Central Nervous System Activity, 1981, in: Brunfeld (Hrsg.): Peptides, Kopenhagen 1980.

Stoyva, J.: o. T., in: Krishna, G.: Kundalini for the New Age, Selected Writings of Gopi Krishna, New York 1988.

Sufi, Abd al Kadir: Der Pfad der Liebe, München 1986.

Tart, C.: A Psychophysiological Study of Out-of-Body Experiences in Selected Subjects, in: J. Achterberg: Imagery in Healing. Shamanism and Modern Medicine, Boston 1985.

Tennyson, A.: Complete Poetical Works (1898), in: R. Arasteh: Toward final Personality Integration, New York 1975.

Tucek, G.: Yunus Emre – Seit ich mich selbst vergaß ..., Gedichte und Lieder (Schule für Altorientalische Musik- und Kunsttherapie), Zeining 1991.

Vilayetname: Le Livre des Amis de Dieu – Les Saints des Derviches Bektashis, Paris 1984.

Vitray-Meyerovitch, E.: Rumi and Sufism, Sausalito, Kalifornien, 1987.

White, J. (Hrsg.): Kundalini Energie, München 1990.

Wilber, K.: Halbzeit der Evolution, Bern/München/Wien 1987.

Wilber, K.: Gibt es die Chakras wirklich?, in: J. White (Hrsg.): Kundalini Energie, München 1990.

Winkelman, M.: Shamans, Priests and Witches. A Cross-Cultural Study of Magico-Religious Practitioners (Arizona State University, Anthropological Research Papers No. 44), Tucson 1992.

Weiterführende Lektüre zum Sufismus

Andrae, T.: I Myrtenträdgården; deutsch: Islamische Mystiker, Stuttgart 1960; englische, gründlich überarbeitete Übersetzung: In the Garden of Myrtles, Albany 1989.

Arberry, A. J.: Sufism, London 1950.

ʿAṭṭār, F.: Musībatnāma; französisch: Isabelle de Gastines, Le Livre de l'épreuve, Paris 1981.

Corbin, H.: L'Homme de lumière dans le Soufisme Iranien; deutsch (von Annemarie Schimmel): Die smaragdene Vision, München 1989.

Chittick, W.: The Sufi Path of Love, Albany 1983.

Chittick, W.: The Sufi Path of Knowledge, Albany 1989.

Gramlich, R.: Die schiitischen Derwischorden, 3 Bde., Wiesbaden 1965–1981.

Gramlich, R.: Die Wunder der Freunde Gottes, Stuttgart 1989.

Heiler, F.: Wesen und Erscheinungsformen der Religion, Stuttgart 1961.

Meier, F.: Vom Wesen der islamischen Mystik, Basel 1943.

Meier, F.: Die fawāʾiḥ al ǧamāl wa fawāti al-ǧalāl des Naǧmuddīn al-Kubrā, Wiesbaden 1957.

Meier, F.: »al-Qušairis Tartib as-sulūk«, in: Oriens 16 (1963).

Murata, S.: The Tao of Islam, Albany 1991.

Nwyia, P.: Exégèse coranique et langage mystique, Beirut 1970.

Nwyia, P.: Ibn ʿAtaʾ Allāh et la naissance de la confrérie šadilite, Beirut 1972.

Padwick, C. E.: Muslim Devotions, London 160.

Ritter, H.: Das Meer der Seele. Gott, Mensch und Welt in den Geschichten Farīdaddīn ʿAṭṭars, Leiden 1957, 1976.

Schimmel, A.: Rumi. Ich bin Wind und du bist Feuer. Leben und Werk des großen Mystikers, München 1990.

Schimmel, A.: As through a Veil. Mystical Poetry in Islam, New York 1982.

Schimmel, A.: Look! This is Love! From the Divan of Jalaladdin Rumi, Boston 1990.

Schimmel, A.: Pain and Grace. A study on two eighteenth-century mystical writers of Muslim India, Leiden 1976.

Schimmel, A.: Gärten der Erkenntnis. Das Buch der vierzig Sufi-Meister, München 1991.

Schimmel, A.: The Triumphal Sun. The Life and Works of Maulana Jalaladdin Rumi, London / Den Haag 1978, Albany 1993.

Bücher von Annemarie Schimmel zum Sufismus:

Mystische Dimensionen des Islam
Die Geschichte des Sufismus
736 Seiten, Leinen mit Schutzumschlag

Professor Dr. Annemarie Schimmel gibt hier erstmals eine fundierte Geschichte und Analyse der islamischen Mystik – des Sufismus – von den Anfängen bis zur jüngsten Entwicklung.
»...*das* Standardwerk über Sufismus, das lange Zeit bestehen wird.«   *America*

Rumi
Ich bin Wind und du bist Feuer.
Leben und Werk des großen Mystikers
232 Seiten mit 9 Abb. und Frontispiz

Eine der großen mystischen Traditionen der Menschheit wird hier im Werk des neben Hafis bedeutendsten persischen Dichters dargestellt. Übersetzung, Biographie und Kommentar von Annemarie Schimmel. Die erste deutsche Monographie über den Begründer des Ordens der tanzenden Derwische.

Gärten der Erkenntnis
Das Buch der vierzig Sufi-Meister
272 Seiten mit 40 Kalligraphien und Frontispiz

Ein historisches Lesebuch der islamischen Mystik und zugleich eine Art Lebensbuch. Vierzig sufische Meister werden in Lehre und Dichtung dargestellt. In dieser Vielfalt, in der reizvollen Verknüpfung von historischem Nacheinander und sprachkulturellem Nebeneinander entstehen die *Gärten der Erkenntnis*.

EUGEN DIEDERICHS VERLAG

Mit den Augen des Herzens

106 Seiten

Reshad Feilds Betrachtungen zu den wichtigsten Themen dieser
»Schule« stehen Gebete und Gedichte östlicher Meister und
abendländischer Traditionen zur Seite. Ein Kopfkissenbuch, für
alle, die ihren WEG suchen.

Die Alchemie des Herzens

200 Seiten

»Die Alchemie des Herzens« ist die Essenz der über 30jährigen
Arbeit Reshad Feilds.

EUGEN DIEDERICHS VERLAG

Idries Shah

Die Sufis

Botschaft der Derwische, Weisheit der Magier
320 Seiten mit 4 Abb. und Frontispiz

Das unerreichte Meisterwerk über den Sufismus von einem großen Sufi-Meister.
Der Sufismus, die Mystik des Islam, offenbart sich in Lehrgeschichten der Derwische und Magier, die frappierende Erkenntnisse enthalten. An Deutungen unerschöpflich reich, öffnen sie unserem Bewußtsein neue Wege.

Omar Ali Shah

Sufismus für den Alltag

256 Seiten mit einem Glossar der wichtigsten Begriffe

Mit Weisheit und Klarheit, mit Witz und treffenden Bildern gibt Omar Ali-Shah Richtlinien und Lösungswege vor, wie sich der einzelne in der modernen Welt zurechtfinden kann, wie er handeln kann und wie er in die Lage versetzt werden kann, wahre Erkenntnisse zu erlangen. Als international renommierter Lehrer der Sufi-Tradition bietet er Inhalte an, die aufgrund ihrer Einfachheit und Pragmatik überraschen. Ein echtes Schlüsselbuch voller unkonventioneller Impulse.

EUGEN DIEDERICHS VERLAG